文化地理学講義

〈地理〉の誕生からポスト人間中心主義へ

Mori Masato
森　正人

新曜社

まえがき——「文化」の「地理学」

地理学について

「地理学」と聞くとどんな印象が浮かぶのだろう。ある人は中学、高校での社会科「地理」を思い浮かべるだろうか。日本の都道府県名、世界の首都、人口、気候区分から、工業地帯にいたるまでの、この国、あの国、この星のさまざまなことを暗記するという印象があるだろうか。同じ社会科でも、その時代の英雄が活き活きと活躍する歴史よりも、どちらかというと地味で、ダイナミックさに欠けるという印象があるかも知れない。

二〇二二年度から高校の社会科で「地理総合」が必修化されるということで、地理学界は勢い込んでいる。地理の視点から世界や社会、人間を捉えることの意味がどれほど提示できるのだろうか。わたし自身は高校で地理を学ばなかったし、大学で地理学を選んだ（正確に言えば選ぶしかなかった）のはかなり消極的理由だった。

私が学部生だった一九九〇年代の半ばごろ、高校の地理と大学の地理学は違うとよく聞いた。高校の「地理」は暗記中心、大学の地理「学」は自分で考えるものだというのが、その違いである。わたしは、それは正しくないと思う。むしろ高校という学校と大学という「場」の違いこそが、高校の地理と大学の地理学の違いを生み出しているのではないだろうか。というのも、大学、とくに人文学は答えの正しさが問われる高校までの教育そのものを疑問に付すからである。そこでは「おのれ」を含む自明とされるあらゆるものを問う「態度」が重視される。

「地理」とは大地の理《ことわり》、地表が特定の状態や様態であること、その仕組みを指す。この地理は中国語に由来し、英語の geography の訳語として明治時代以降に用いられる。英語の geography は一五世紀後半にラテン語の geographia、フランス語の géographie から派生したもの。geo は地表面 earth であり、それを記述 graph するのが geography である。

とはいえ、現代の人文学において、ただ地表面で生じる出来事を記述するだけでは十分ではない。地表面の出来事を生じさせる「理」を考える必要がある。理のなかでも人間の活動に注目するものを人文地理学 human geography、地形や天気、海流など人間以外の自然要素に注目するものを自然地理学 physical geography と呼ぶ。さらに、人文地理学のなかでも、経済活動にとくに注目するのが経済地理学、政治に注目するのが政治地理学、社会に注目するのが社会地理学、そして人間の文化にとくに注目するのが文化地理学である。これ以外に村落や農村、都市といった場所の種別に注目するものはそれぞれ村落地理学、農村地理学、都市地理学、歴史的経緯という時間軸に注目するものは歴史地理学と称される。

こうした人文地理学は系統だった下位分類が上手くなされていない印象を与えている。そもそもある現象を分析する時点でその現象は過去の出来事なのであり、何を「歴史」とするかは恣意的ですらある。いや、人間の活動において、政治や経済から「文化」を分けることなど可能なのかという問いもある。そうして分けられた文化を分析する文化地理学とは何なのだろうか。

文化の地理

人文地理学、とくに文化地理学は人間活動と大地の関係性を考える。人間の活動の「文化」的側面が、大地の形態や様態を改変し、特定の意味や価値といった象徴性を与えていったりする。大地は特定の原因や理由によって作られ、変化したりする。このようにして作られ続ける大地をここでは「地理」と呼ぶ。

地理を捉えるために、人文地理学では空間 space、風景 landscape、場所 place という視点、そして自然 nature という視点と対象物を採用する。

空間とは、簡単に言えば特定の現象が特定の時間に示す面的な広がりである。面的な広がりは地域 region という視点でも捉えられるが、社会の諸関係に応じてその面的広がりや特性を変容させる様、身体からグローバルに至るさまざまなスケールの相互の関係性を明らかにするには空間の方が便利だ。

風景は、かつて面的な広がりを特徴づける地上の一定の形態として、地域と同義で用いられることもあった。地理学では分析概念の側面を重視して「景観」と呼ぶのだが、一般用語ではない。また文化地理学は特定の風景の美的評価、審美性、価値観も研究の射程に組み入れるようになった。そのため、本書では形態的特徴を強調する景観よりも意味論・象徴論的特徴を併せ持つ風景という言葉を原則的に用いる。

文化地理学で用いられる場所は、地表面のただの地点 location とは異なり、特定の意味や価値を持つ。人間主義地理学において、場所は人間が主観的に意味や価値を与えた地表面の一地点として重視された。場所感覚 sense of place と呼ばれる場所の意味は、決して個人的なものであるばかりでなく、たとえば国家や宗教集団にとっての「聖地」のように、特定の社会集団によって、特定の社会的背景において共有されるものでもある。

文化地理学において自然は人間との関わりを持つものである。それは自然そのものが実在すると考える自然地理学の自然観とは異なる。文化地理学において自然の考え方は時代や立場によって異なり、人間活動の外側にありつつ人間によって影響を受けるもの、人間によってつねに意味を与えられることで人間活動の内部にあり続けるもの、人間や文化と対立的に捉えられるのではなく相互に構成し合うもの、などというように概念化されてきた。そして文化地理学はこの自然を、あるときには形態論や象徴論などを論じるための視点として、別のときにはその形態的変化そのものを論じるための対象として用いてきた。

こうした視点や対象を採用する文化地理学は、人文地理学のなかでももっとも思想的展開と転回を見せてきた分野である。つまり、マルクス主義をはじめとして、文化人類学や現代思想、カルチュラル・スタディーズといった関連分野を刺激し、されることで、扱う対象物もトピックも変化し、多様化してきた。

本書はこの文化地理学について記す。ただし、文化地理学の研究や視点を網羅する「教科書」となるように書いてはいない。それよりも、私が経験してきたこと、読んできた論文、書いてきたことを中心に、「伝統的」な文化地理学から人間主義地理学、文化地理学の「新しい方向」、そしてポスト人間中心主義に至る道筋を跡付けようとするものである。できるだけ誰がどういう学説を、主張をしたという記述形式にならないように心がけた。自分の解釈とは違ったり、あるいはこれは地理学ではないと思ったりする読者もいるだろう。場合によっては、この研究が挙がっていないと不満を感じるかも知れない。

最後に、本書で選んだ参考文献について説明しておきたい。現在、一定の時間が過ぎた日本語の論文の多くがオンラインで読める。そのため、本書では原則的に、後に書籍として刊行されたものであっても、オンラインで読むことのできる論文を優先的に示した。地理学の理論動向には英語圏の研究が大きな影響力を持つことは否めない。日本語で理論動向を紹介する展望論文も併せて示すが、一次的な議論として英語圏の論文や書籍をその場合は優先した。

目次

装丁＝はんぺんデザイン　吉名　昌

《第一章》 地理のはじまり

本章はとくにヨーロッパにおいて世界がどのように理解されてきたのかを通時的に見ていく。世界の理解とは地理の理解である。この理解は客観的でも、一貫したものでもなく、さまざまな時代の文脈にしたがって多様である。地理の理解の多様性を確認することで、わたしたちのものの見方、考え方が自明ではなく、状況に置かれたものであることを考えたい。

キーワード：状況に置かれた知、人間と自然、博物学、古典主義時代、近代

地理学のはじまり

英国では王立地理学会 Royal Geographical Society がアフリカ協会とラレー・クラブを主な母体として一八三〇年に設立された。この時代の英国では、すでに地質学会（一八〇七年）や王立天文学会（一八二〇年）などさまざまな学問分野の協会がロンドンに設立されていた。これらを支えていたのは、アマチュ

アの研究者だった。ただし王立地理学会設立以前、一九世紀の前半にはアマチュア地理学者、自然史学者の団体が英国のいくつかの場所で設立されていた。当初の王立地理学会は研究者の集まりというよりは食事会などをとおした社交の場だった（Livingstone 1992）。

同時にアフリカ協会とラレー・クラブから生まれたように、王立地理学会は一八世紀以降、世界の各地に英国から旅立った、植物や動物などの新種を発見する「ナチュラリスト」、南極や北極、南米大陸のパダゴニアなど、前人「未踏」の大地を目指す探検家たちを支援する役割も果たしていた。こうしたことも理由として、この時代の地理学はまた、同時期に生まれた多様な学問分野と深く繋がっていた。後に『種の起源』を発表するチャールズ・ダーウィンが、王立地理学会に入会したのは一八三八年である。彼の種の進化／変化は地表に広がる多様な種の地域的分布という地理学的主題に基づいて導き出されたものである（Livingstone 1992）。なお、トーマス・クックが計画した鉄道を利用しての団体日帰り旅行が、ほぼ同時期の一八三九年であることは決して無関係ではなく、英国内においても他所へ出かけて観察することへの関心が高まっていた。

王立地理学会は会誌 *Society Proceedings* を発行していた。これはさまざまな探検報告が多くを占めるもので、とくにさまざまな場所の地図を含むことで好評を博しており、学術的な議論が主ではなかった。そのため、一九三三年に研究者の協会として、王立地理学会のなかに英国地理学者協会 Institute of British Geographers が作られ、今に続く会誌 *Transactions of the Institute of British Geographers* の刊行を一九三五年に開始した。また、英国のオクスフォード大学とケンブリッジ大学に王立地理学会の支援を受けて地理学研究室が開設されるのは、一八八七年から八年にかけてだった。英国の大学における地理学の学問分野としての確立の遅さは、新興国ドイツの政治状況（とりわけ軍事と植民地政策）と密接に結びつきながら地理学が専門分野として確立していくことへの焦りとして感じられていた。というのも、ドイツにおいては一八七〇年代にフリードリッヒ・ラッツェルやフェルディナンド・フォン・リヒトホーフェンといった著名な地理学者が次々と大学に職を得ていたからである（Livingstone 1992）。なお、米国ではアメリカ地理学会が一九〇四年に設立されたが、当初は地質学に重きを置いていた。また地理学会設立以前の一八八八年に世界各地へ地理学の普及を目指したナショナル・ジオグラフィック協会が設立され、やはり世界各地への探検に関する情報をアマチュアの地理学者たちへ提供していた。

日本では、一九〇七年に京都帝国大学のなかに初めての地理学研究室が開設され、以後、一九一九年に東京帝国大学にも作られた。初の全国規模の学会として一九二五年に日本地理学会が設立された。ただし、地理学的な実践はそれよりもはるか以前に見ることができる。江戸時代に出版された名所図会は地理的な情報の集積であるし、一九世紀半ば以降は節用集で「地理」や「風景」という言葉の使用が確認できる（立岡 二〇一三）。幕末の伊能忠敬による測量は地理的な実践であるし、近代にはさまざまな形でアマチュアの地理学者たちが各地を記述していた（Takeuchi 2000）。

江戸時代と明治時代を画するのは、国家的な事業としての地理情報の収集と整理である。一八六九年に明治政府が二官六省を設置し、民部省に地理司が設立され、洋式測量方法は採られなかったものの地図作成と地誌編纂などが行われた。七一年には工部省測量司による三角測量が開始し、七四年に内務省地理局が新設されると、三角測量事業が全国的に展開した。

国家によって地図作成と地誌編纂事業が近代に推進されたことは、これらが決して単なる学術的な価値や技術的発展の問題に収まらないことを意味する。地誌編纂事業として一八七四年に成果を見た『日本地誌提要』は、一つの統合された国土の姿を書物として提示することで、日本人の間に国威を発揚させようとしたものであった。その後、一八七五年から始まる皇国地誌事業を経て大日本国誌に至る事業は、それに関わる人びとの思惑を超えつつも、新しく作られた日本という国民国家を統合するために機能したのだった（島津 二〇〇二）。

こうして地理学が制度化されていく過程を見ていくと、学問的な営みが価値中立の無垢なものではないことが見えてくる。それは長い歴史の産物である。学問を歴史の産物だとここで言うのは、地理学の「学史」において、どのような研究者がどのような研究をしたのかという時間的な蓄積だけを意味しない。地理学的な「知」がどのように作られてきたのか、どのようなものが見たり考えたりする価値のあるものと見なされたのか、その認識の土台の成立と転換を捉えるということである。

地理学に限らず、多くの学問分野では、その学問を振り返るときに、いつ、誰がどのようなグループを組織し、どのような主張を行ったかが詳述される。それはもちろん重要なのだが、同時に、ある学問分野を成立させてきたもの（認識、経験、権力）を問うことは、自分たちの依って立つ地盤を問うことである。

> わたしは地理学という学問分野《ディシプリン》よりも地理学の言説に関心がある。この押し広げられた意味において、地理学とは一つの学問分野、学問の特殊化された語彙群に制限されるものではない。代わりにそれは、社会的諸実践全体を行き来し、権力と知識の無数の地勢と絡み合ったものである。（Gregory 1994: 11）

フェルメールの天文学者と地理学者

オランダのデルフト出身のヨハネス・フェルメールの作品に天文学者（一六六八年）と地理学者（一六

六九年）がある。二つの絵画は、同じような窓のある室内で、同一人物のようにも見える天文学者と地理学者が、前者は天球儀に手を伸ばし、後者は海図らしきものを広げ右手にディバイダを持っている。窓から室内に光が差し込んでいるが、それぞれの学者は室外との唯一の回路である窓から目をそらし、思索にふけっている。

1-1　フェルメールの天文学者（1668）と地理学者（1669）

彼らが所有する海図と地球儀は大地の計測・測量と計算によって作られた。そうして測量された大地はジオ geo である。では測量以前は何なのだろうか。それは古代ギリシア語で地表面を意味する地 ge である。ge はギリシア前の「ガイア gaia」を基底に持つと考えられる。ガイアはギリシア神話においてカオスから生み出された原初神であり、地母神である。地母神ではあるが、それは大地だけでなく、天や海をも含む神であった。そして、男を要せずに自らの力だけで、海、天、愛、暗黒の四人の神を産む。つまり、大地と天、海が、男と女が截然と分かたれていない混沌とした状態が ge である。

その ge がジオ geo になるのは、測量され、計測され、計算された瞬間である。ge の計測と測量は長い歴史を持ち、その方法は歴史的に変化してきた。そして、フェルメールの天文学者と地理学者は、近代に特定の方法で世界が測量され計算されることで、人間にとって理解可能になったことをほのめかしている。地理学 geography はそうして作られた「geo」を安定した一つの地表のシステムとみなしてきた。

また、フェルメールの天文学者も地理学者も、ともに地球を、世界を知ろうとするのだが、窓の外にある外界に目をやらない。地球儀と海図をとおして地球と世界を観察する。彼らは「内部化された主体」である。この内部化された主体は、外世界から完全に隔たれつつ外世界を観察する。観察は人間の五感のうち視覚だけを必要とする。

地図やグーグルマップのストリートビューで世界を観察し理解するわたしたちもまた、内部化された主体である。このようなわたしたちの営為はどのように登場したのだろうか。

地図と世界観——状況に置かれた知

フェルメールの天文学者、地理学者が手元に置くのは、三角測量に基づく近代的な測量技術によって作られた地球儀と海図である。三角測量を用いた地図はギリシア時代にすでに見られた。それはこの時代の数学的技術の賜物ではあるが、地図は技術的発展だけでなく、それぞれの時代、場所の世界観を示している。それゆえ、現在のわたしたちの見方からすれば奇妙に見える過去や他所の地図表現を見ることは、それらがどのような「状況に置かれた知」（ハラウェイ 二〇〇〇）であるか理解することを可能にする。状況に置かれた知とは、知っていることが絶対ではなく、その時代の価値観や認識の土台、そしてテクノロジーによって作られたものであることを強調する。わたしたちの地図もまた状況に置かれた知に過ぎない。どのように世界観が作られていったのかを概観してみよう。

古代エジプトと古代バビロニアには地図が存在した。今から見れば地図とは呼べないこれは、当時に必要とされた情報を伝えるものだ。当時の灌漑システムを用いた農耕では洪水によって耕地が乱れることは課税にとって支障があったため、耕地の境界画定が重要だった。地図は課税システムと結びついて作られ、そのために用いられる。同時に、バビロニア人は大地とは平たく、陸地は円盤であり、その周辺を「苦い川」である海が取り巻き、さらにこの世界の外側には別の七つの陸地があると想像した。地図は古代バビロニア人の世界観を今に伝える（織田 一九七四）。

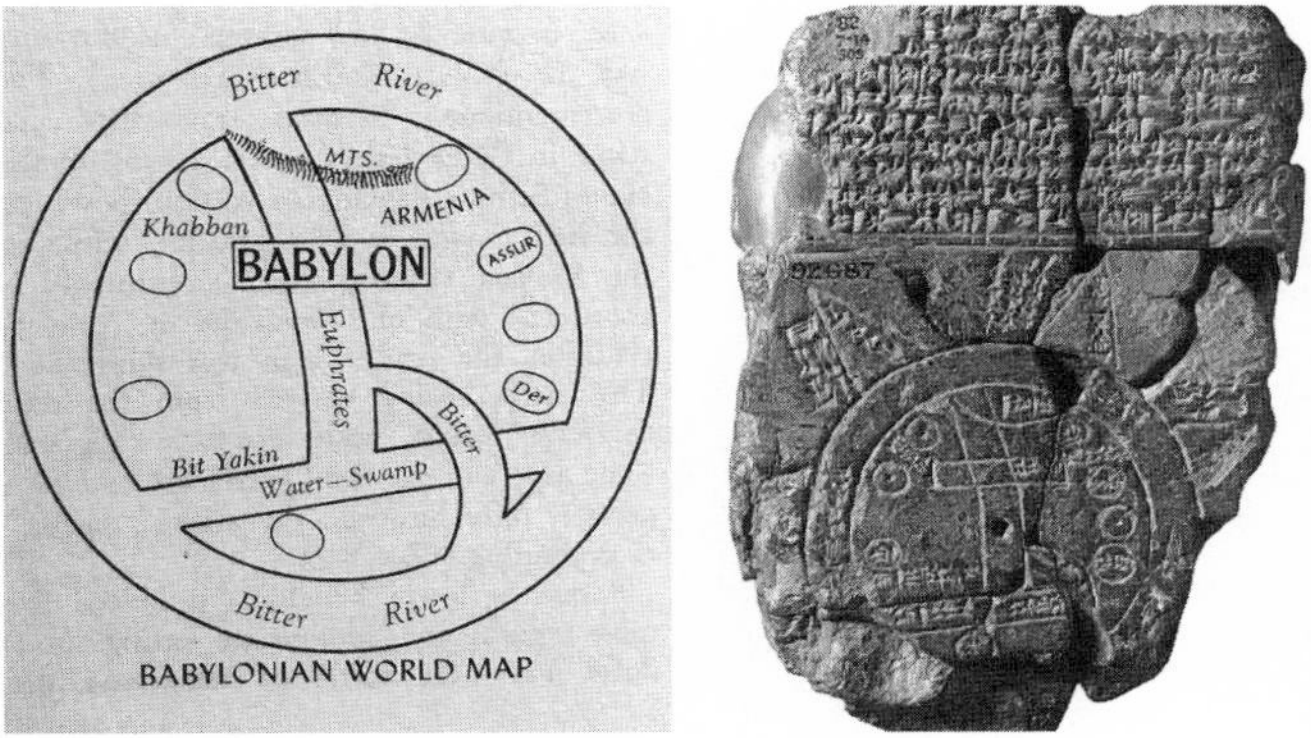

1-2　古代バビロニアの地図

初期ギリシア人（紀元前二〇〇〇年ごろ以降）は世界の大地の周辺にはオケアノスという大洋があり、天空は平らな大地の上を鉄の鐘のようにして覆っていると考えた。紀元前八世紀ごろ、人口増加にともないエーゲ海、地中海、黒海沿岸に植民都市を形成すると、地理的情報が増加する。ヘカタイオス（前五五〇年ごろ）の世界図は同時に地中海、黒海がかなり正確に描かれていて、インド、インダス川の存在も示されている。またこの時代にヨーロッパやアジア、アフリカといった大陸の概念が現れ（織田 一九七四）、ヘカタイオスは世界をエウロペ（ヨーロッパ）とアシエ（アジア）に分け、後者にエジプトとリビアを含ませた。歴史家のヘロドトスはオケアノスの存在を否定した。

ギリシア人は旅と測量をとおしてさらに地球の地理情報を集積していった。アレクサンダー大王のアジア遠征（紀元前三三四〜三二三年）は、ギリシアにおけるアジアの地理知識のさらなる増大を促し、ピタゴラス学派の哲学者たちが、物体の最も完全な形は球体であるとすれば、宇宙の中心たる地球は太陽や月と同様に球体であるという地球球体説を提唱することにつながった。アリストテレス（前三八四〜前三二二）は自然科学的方法で地球は大きな球体であると主張し、またエラトステネス（前二七五〜前一九四）は地球の測定を行った。こうして地球はわたしたちが現在想像するような「形」となっていったのである。

紀元前五世紀ごろからのローマ時代、地球の計測はいっそう進められた。とくに紀元前二世紀ごろの植民都市アレクサンドリアの天文学者であり地理学者のプトレマイオスは、プトレマイオス図と呼ばれる地図を残した代表的人物である。これは経度一八〇度、南緯二〇度までを円錐図法で記述したもので、地球上の諸地点における一年の最長時間から緯度を測定した。しかしこの時代、時計がないため二地点の時差の測定が不可能で、ゆえに経度は測定ができず、結果として東西の距離が不正確である。詳しく見ると、これは地中海沿岸から北西ヨーロッパまでを比較的正確に示している。アフリカ大陸は、フェニキア人やギリシア人から寄せられた情報によって赤道付近までの沿岸を正確に描いている。また、それまでの地図にはなかったガンジス川以東の「黄金半島」（マレー半島）、「大湾」（シャム湾）、インドからヒマラヤ山脈の北東までも描き出す。一方、スカンジナビア半島は描かれておらず、これは当時のローマにおける地理情報の北限をほのめかす。またアフリカ大陸の赤道以南、アジア北部は「未知の土地 terra incognita」であった。

中世ヨーロッパの世界観と地図

こうして古代ヨーロッパは地球についての知識を相当量蓄えたのだが、五世紀後半にローマ帝国が衰微し、キリスト教が支配する中世に地図作成法は大きく変化する。それは技術の退化としてではなく、世界を理解するための世界観の変化として捉えられるべきだろう。そしてそのことは、わたしたちの物の見方や考え方が、状況に置かれた知に過ぎないことを知らしめる。

「教皇権は太陽であり、皇帝権は月である」とインノケンティウス三世が残したように、キリスト教権力が増大すると、地球球体説は聖書に反するものと斥けられた。この中世とルネサンス期には、次のように世界は認識された。宇宙は金魚鉢のように有限な球状の空間で、質的な差異のある階層構造をなしている。宇宙は殻を持った球体であり、そのなかに多数の球体が入れ子状に納まっている。世界の空間認識としては、イエスキリストが誕生し、昇天した東方が地上の楽園であり、楽園からはナイル、インダス、チグリス、ユーフラテスの四河川が流れ、それらは楽園と地下でつながっている。地上は平板なもので、その中心はエルサレム、そして大地をオケアノスが囲む。

この中世ヨーロッパではマッパ・ムンディと呼ばれる世界地図が作られた。TOマップはその代表例である。これは世界をナイル川と地中海によってアルファベットのTの字に三つに分け、その大陸の周りを取り囲むオケアノスを○の字で描く。大陸はそれぞれアジア、ヨーロッパ、アフリカであり、イエスが誕生したアジアが上に位置している。ヨーロッパの教会は東側を向いていることからも分かるように、東方＝アジアは世界の始まりと終わりの方角である。つまり、TOマップはキリスト教的な価値観に基づき、アジア、ヨーロッパ、アフリカの空間配置と、エルサレムが存在するアジアが上方にあることから世界の

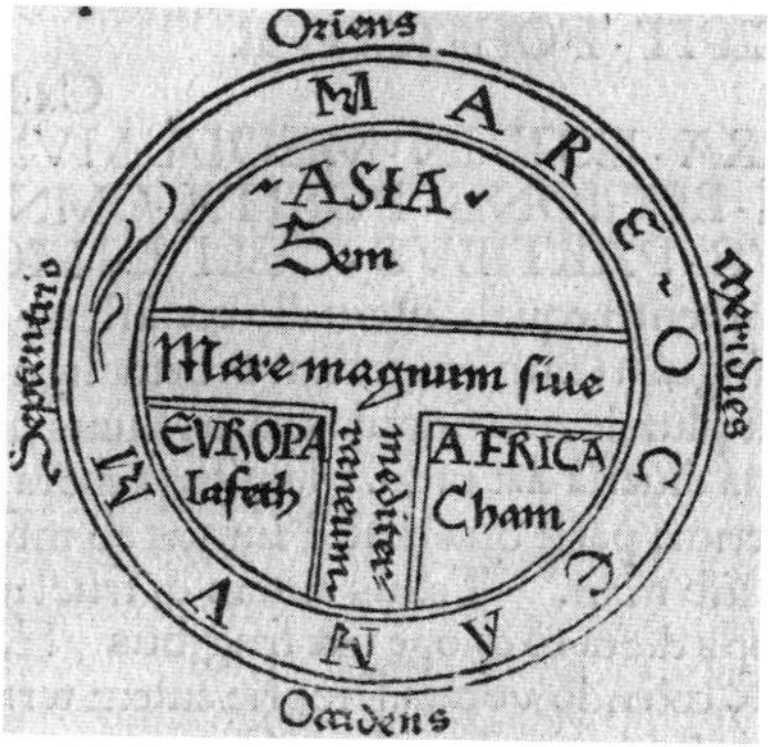

1-3　TO マップ

1-4　ヘレフォード図

始まりから終わりまでの時間的経過も示しているのである。

　同じようなことは一三〇〇年ごろに作成されたヘレフォード図にも見られる。ここには、TOマップと同じく、アジアを上方にして、ヨーロッパとアフリカの空間配置が示されている。インドの向こうは到達しえない場所であり、火炎に包まれている。都市の位置、山脈と河川の配列、陸地の形状は不正確で恣意的でもあるが、それでもこの地図は中世ヨーロッパの世界観において必要な要素が含まれている。このヘレフォード図も、地図の上方にイエスの顔が描かれ、これはその誕生と世界の終わりである最後の審判を意味している。つまりここでも空間と時間がともに描かれている。

　古代の地図に比べると「退化」にも見えるこうした地図表現の変化は、当時の技術の状況と関わっている。というのも、中世の西ヨーロッパには、ものごとを数学的に表現しようにも、加算、減算、除算などの演算を表わす記号も、等号も、平方根を表わす記号もなく、そのため、必要な明確で簡潔な手段がないという事情があった。つまり知は状況づけられているのである。

近代の測量と地図

今のわたしたちが知る地図の再登場は、一五世紀末に始まる大航海時代に後押しされた。帆船の航海は、船の座礁を防ぐと同時に、停泊可能な入り江を探すためにとりわけ海岸線の正確に描写された地図を必要としたからだ。一三世紀末ごろ海岸線と周辺の水域を描いたポルトラノ海図が作られるようになった。これは方向と距離を正確に示したが、面積と形状を正確にするための地図が依然として必要だった。また、地図の大量印刷は一五世紀後半のグーテンベルグによる活版印刷によって可能になる。

こうしたなかで、プトレマイオスの『地理学』の写本が一四〇〇年ごろ、コンスタンチノープルからフィレンツェにもたらされた。プトレマイオスの地理学によって、ヨーロッパ人は地球を平面上に描く方法として、投影図法を知ることになった。ヘロドトスのような見聞によるのではなく、測量と計算による地図作成は、地球を経線と緯線の編み目に覆われた球体と想像させていったのだった。

こうしたヨーロッパにおける古代の計測と地図の復活は、一一世紀末から一三世紀後半にまで続く十字軍遠征にともなうイスラーム世界との活発な接触が関係する。というのも、ギリシア時代の幾何学のような数学的知識は中世ヨーロッパで不要と見なされる一方、イスラーム世界において発展したからである。イスラーム世界との接触や刺激を経て、一二七五年から一三二五年までの五〇年間にヨーロッパで最初の機械時計と大砲が作られ、それによりヨーロッパ人は数量的に時間と空間を把握することに取り組み始める。一二世紀には西ヨーロッパで大学が現れ、それによって一六世紀に時間、空間、音などあらゆるものを数量化する「数量化革命」が起きた（クロスビー 二〇〇三）。ピーテル・ブリューゲルの『節制』（一五六〇年）に描かれた、当時の測量技術を支える器具類はその証左である。画面上部の中央では天文学者が

1-5　ピーテル・ブリューゲルの『節制』(1560)

北極点の上で月とその近くの星の角距離を測り、その下では、地図製作者が地球上の二点間の距離を測っている。地球の下方右側には、コンパス、直角定規、下げ振りなどの測量器具と、それを使う人物が描かれている。

ちなみに、プトレマイオスの天動説に対して、ポーランドのニコラウス・コペルニクスは死後に出版された一五四三年に『天球の回転について』で地動説を主張した。地動説は、地球と恒星間の距離、太陽のまわりを周回する地球の軌道の計算を必要とする。これもまた数量化革命において可能になった。

数量化革命は時間も計測した。機械式時計がどこでいつ発明されたのか定かではないが、一四世紀の西ヨーロッパでは時間を均質なものと見なし始めていた。ドイツは一三三〇年、イングランドでは一三七〇年に定時法が不定時法に取って代わられ、一三七〇年にはフランスのシャルル五世がパリにあるすべての時計を、シテ島の宮殿の時計に合わせて鐘を鳴らすよう命令した。一六世紀末には計算に基づきユリウス暦を改訂したグレゴリオ暦が採用される。こうした時間をめぐる変化は一般の人びとにも波及し、一四世紀前半に現代のような統制された労働時間が出現したのだった。

一六世紀以降、たとえば一六六〇年ごろのフランスを中心に地理学および地図作成法に改良が加えられていった。また、近代的地図作成の幕開けにおいて、初めての地図帳が一五七〇年に『世界の劇場』としてオルテリウスによって出版された。この地図は日本をかなりいびつな形で表現しているものの、全体的には現在のわたしたちが知る大陸の形を示している。

ところで、プトレマイオスの地図にもポルトラノ海図にも経線と緯線が引かれている。大航海時代には自らの位置を知るために経度と緯度の把握が不可欠であり、緯度は北極星の高度を測れば把握できたものの、経度を正確に求めることは困難だった。一つの方法は、正確に時を刻む時計を使用することで出発地と現在地の時差から経度を求めることなのだが、正確な時計がなかなか完成しなかった。一七三〇年に英国のジョン・ハリソンがクロノメーターを発明し、これを用いた試験航海によってようやく経度が測定されたのだった（ソベル 二〇一〇）。

地図に見る近代性

近代における地図の変化は時間と空間の関係性の変化を示している。中世における地図は時間と空間の一体化を表していた。時間と空間がともに描かれるのはヨーロッパに限られない。一七七六年の年次を持ち、表題を欠く、後に「トンブリ版トライプーム絵入り写本」と名付けられた仏教説話の写本には、釈迦の誕生から旅、そして涅槃、さらに仏舎利が納められたスリランカまでの聖人たちの旅に至る時間的経緯が、現在のラオスやタイからマレーシア、スリランカに至るマレー半島周辺の空間情報とともに描かれている（ウィニッチャクン 二〇〇三）。

近代という時代は時間と空間の関係を劇的に変えた。社会学者のアンソニー・ギデンズは一七世紀半ばに登場した特有の生活様式全般を「近代性」と呼び、その三つの特徴を挙げる。時間-空間の分離、象徴的通票の登場、再帰性である。象徴的通票とは貨幣や専門家を指す。農村から都市への人びとの流入が激しくなると、農村で維持していた地縁、血縁関係を基盤にした信頼関係によって可能になる交換が難しくなり、代わって貨幣や専門家システムへの新しい「信頼」をとおして見知らぬ人と物を交換できるようになる。再帰性とは自らや旧来のものを客観的に吟味することであり、反省とも呼ばれる。

ギデンズは先に見たような時間と空間がともにある中世の時代から、分かたれ、それぞれが独自の単位となり社会を動かすことを近代性の特徴とする。たとえば、英語では一七世紀に、世紀 century、時代 epoch、十年 decade、未開 primitive といった時間に関連する単語が増加する。一方、次の節で紹介するように同時期に近代的な測量技術によって空間が計測される。こうして一秒、一分、一時間、一センチメートル、一メートル、といったどこでいつ誰が計っても同じ単位が作られ、均質な時間と空間が登場する(モーリス゠スズキ 二〇〇二)。

時間と空間が分かたれ、それぞれが計測・測量されるなかで、時間は経過とともに社会を変化させるものと想像されるようになった。これにはアイザック・ニュートンが考え出したニュートン力学(一六八七年)が関係する。運動、慣性、作用・反作用の法則は、いつどこで誰が実験しても、同じ条件なら時間の経過とともに物体は動いたり止まったりする。時間が運動を作り出し、しかもそれは予測可能である(プリゴジン、スタンジェール 一九八七)。時間は運動を引き起こす、それによって社会の発展を生み出すものと考えられた。一方、空間、そして地理は時間によって変えられるもの、変えられるのをまっているものと考えられるようになった。

幾何学の権力

近代における空間の測量は、単なる数学や測量といった技術的発展だけでなく、人間中心主義という権力と結びついていた。少しだけ時計を戻してみよう。

たとえば遠近法は、自らを「神の代理人」として世界を統治する存在とする人間中心主義にとって重要な権力の道具であった。というのも、一四世紀の人間の復興を宣言するルネサンス以降の近代にあっても、キリスト教は依然として人びとの世界観を規定していたからである。

レオナルド・ダ・ビンチの「最後の晩餐」は、イエスが食卓で弟子（のちにユダと判明する）による裏切りを預言した際の情景を描く。この作品はイエスの顔を消失点としてそこから放射状に引かれた直線に沿って人物と事物が配置される。三次元の空間を平面上に、立体感、奥行きを伴って表現するためのこの技法を遠近法と呼ぶ。

遠近法は一五世紀のイタリアの建築家ブルネレスキが、幾何学を用いて考案したとされる。重要なのは、この遠近法が消失点と放射状の直線によって整然と並べられた世界を描くことである。それは完全な神が作り出した完全な（はずの）世界の表現方法であるからだ。遠近法とユークリッド幾何学はそのための重要な方法であった（辻 一九九五）。

ユークリッド幾何学は普遍で不変、すなわち同じ条件であれば、いつどこで誰が計測、計算しようと同じであるという公理である。それゆえ、これは地図作成、土地測量、土木や建築などといった実用的な活動の基礎として用いられた。大地をユークリッド幾何学で計算するだけでなく、ユークリッド幾何学を用いて都市がデザインされもした。一六世紀半ばのイタリアのベネツィアの都市計画においては、地形、河川、海岸線といった多様な地理的な特徴を、幾何学を用いて設計された直線的な運河や排水路が乗り越えていく（コスグローブ 二〇〇一）。原野の上を規則的な測量境界線が網の目のように広がる。フランスのベルサイユ宮殿の庭園に見られる幾何学模様は、神の代理者である人間による自然環境の技術的支配を示している。ユークリッド幾何学は、権力の道具なのである（Cosgrove 1984）。

ちなみに、英語に geography という語が登場するのは一五世紀後半である。この時期までに測量、計測、計算を通して ge は geo となっていたといえるだろう。

人間と怪物

数学と器具を用いた測量は、当時のヨーロッパ人が世界を新しい方法で「知る」ことを可能にした。科学的、合理的に知ることは、それまで神話や伝説に覆われていた「未知の土地《テラインコグニタ》」を飼い慣らしていくプロセスであった。たとえば、オルテリウスの『世界の劇場』の地図には、よく目をこらすと、ところどころに怪物が描かれている。これらの怪物は、当時のヨーロッパ人にとって未知であることを暗示している。

ヨーロッパにおける怪物への想像力は中世にすでに存在した。その想像力は大航海時代にも引き継がれ、とりわけ、南北アメリカ大陸の航海者たちは中世の騎士物語の主人公に自らをナルシスト的に重ねたのだった。そして先住民たちに怪物を投影し、彼らの食人慣行を強調することで怪物退治と称して大量虐殺を正当化した（彌永 一九八八、第七章も参照）。地図の中の怪物たちは、こうしたヨーロッパ人の自らを主役として世界を支配したいという欲望を表している。

ここではキリスト教徒であるヨーロッパ人が人間であり、そうでない者が怪物として表現される。この時代、人間と人間ではないものの境界線が新しく引かれたのである。そして人間ではないものは、「自然」の側に属するものとされた。この区分の発生をもう少しキリスト教の歴史から考えてみよう。

キリスト教の支配する中世以降のヨーロッパにおいては、自然は長く恐怖と畏敬の対象だった。同時に、絵画においては自然を描くことは重要ではなかった。たとえば、レオナルド・ダ・ビンチの代表作「モナリザ」の背景には、女性を中心にして左右にまったく関わりのない自然の風景が置かれている。

大きな変化の一つは一六世紀半ばのマルチン・ルターによる宗教改革である。たとえば、プロテスタンティズムは山岳に付与された迷信や神秘の物語を取り除き、山は単なる地球の表面の醜い「イボ」や「おでき」だと見なした。自然がキリスト教的な世界観から完全に切り離されたわけではない。大地の褶曲である山や谷といった自然地形は、神の創りたもうた完全な「球形」の地球を歪めた醜いものであると見なされた。それは人間が犯した深い罪によって堕落した世界を罰するために神が引き起こした大洪水の結果だと説かれた。これは自然の状態を神の予兆と見なす認識である。

この神の予兆は、彗星や記録的な気象、地震のなかにも見いだされた。たとえば一六九三年ごろから一七五五年まで地震の科学的調査の方法によって説明されつつ、それが神の不服の徴であるとも語られた。そして自然の、地理の知識は、神の怒りを買わないよう振る舞うべきであるというように道徳化の道具として用いられたのである（Livingstone 1992）。

これは人間の身体にも当てはめられた。身体の一部が欠損していたり、変形していたりするいわゆる「畸形」は、一六世紀のキリスト教徒にとって神に起因するものであった。それは世界の終焉を意味する「最後の審判」としてヨハネの黙示録で示されたものの予兆と見なされた。しかし、一六世紀後半から次の世紀にかけて、畸形は自然の驚異として関心を集めるようになる。神、宗教との関わりが薄められ、それは神の下した異兆ではなく、自然の豊穣さ、「冗談」「遊び」と考えられるようになった。つまり、この時期に、自然は神との関係から次第に解き放たれ、人知の及ばない驚異的な力を持つものと考えられるようになったのだった(パーク、ダストン 一九八二)。

英国の哲学者であり法学者でもあるフランシス・ベーコン(一五六一~一六二六)は一六二二年に『自然誌と実験誌』を著している。この中で彼は自然の驚異を自然哲学、超自然的起源を神学の対象とし、両者を区分する。そして自然の過程を自然史に、自然の「過ち」を驚異の歴史に、そして自然の「加工」の研究を技術の歴史に委ねるよう説く。こうして自然は観察され、哲学される客体となる。

ベーコンに率いられた英国王立協会での研究は、いわば例外を収集する驚異誌であったのに対して、一七世紀後半のフランスでは医学、なかでも比較解剖学からもたらされる広い理論の枠組みで畸形を探求した。そこでは形質的異常は獣性や人間と動物の混淆ではなく、子宮に対する圧迫の結果だと論じられるなど、畸形は比較解剖学や発生学の分野での特殊な事例として考察される。こうして一八世紀末には異兆は姿を消した。彗星は天文学、地震は地学、怪物は医学によって探求されるようになったのだった。それはまた、「自然」が神学的な軛から放たれ、人間主体により観察されるべき客体となったことを意味する。

観察者の系譜

一七世紀半ばのベーコンの自然誌は当時のヨーロッパにおける博物学の隆盛に位置づけられる。たとえば、英国のジョン・レイ(一六二七~一七〇五)は医学から独立して自然を理解することは、神を理解することだと主張し、博物学を推し進めた。博物学とはオランダと英国で盛んに行われた動植物、鉱物、民族（俗）資料、古代遺物の幅広い収集と、その分類である。それは自然を客体として収集、分類することであった。スウェーデンのカール・フォン・リンネは自然が神により秩序正しく、整然と作られていると確信し、動物・植物・鉱物の三界を扱った『自然の体系』（一七三五年）以後の著作で、これら神の創造物の分類（属と種）と命名を行った。植物で彼が注目したのが雄しべと雌しべの形態と数であり、これは二名法と呼ばれる。フランスのビュッフォン（一七〇七〜一七八八）も『博物誌』（一七四九〜一八〇四年）で動植物の分類を展開するのだが、彼の場合は神の秩序の解釈という命題から切り離されていた。こうして畸形や怪物と同じように、神学的解釈は後景に退いていく。

自然を客体として扱う博物学は、恐怖の対象である山岳や高山にも目を向けた。先に記したように、神秘化されたり、神の秩序に背いたりしたものと認識された山岳は、一八世紀の博物学によって、地球の起源を解明するための鉱物的研究や植物学的研究の場となった。また、一七八六年にモンブランの初登頂以降、一八七〇年までにアルプスの高峰すべてが登頂された。こうした調査と登頂によって神秘的で恐怖の山は、岩と氷の塊へと変化した。さらに一八世紀後半になると博物学者の枠を超えて、上層市民層、貴族階級の間で「アルプス・ブーム」が起こる。

こうした一七世紀以降の博物学という学問をとおした事物の蒐集と分類は、世界のすべてを一覧表《タブロー》に並べたうえでそれに名を与えて、分類することで世界の秩序を合理的に表すという認識に基づいていた。これはそれ以前の、類似性とその記号に基づいて事物を分類するルネサンス期との認識論の断絶によって特徴付けられる。代わって一七世紀半ばから一八世紀末までにおいて生じた新しい認識においては、計量可能な諸事物が分量と秩序の比較に基づいて分類される。一六世紀に起きた数量化革命を経て、一七世紀半ばに時間と空間が数量化され、そのなかで、キリスト教神学的な事物の目的論的解釈から解き放たれるこ

1-6　カメラ・オブスキュラと主体
（Athanasius Kircher の Ars Magna Lucis Et Umbrae（1645）より）

の時代は「古典主義時代」である（フーコー 一九七四）。
一覧表は実在する生物の特徴の観察をもとに命名し秩序付けするものであり、畸形や怪物はむろんそこからはみ出してしまう。これらはいまだ偶発的変異にすぎず、しかしいずれは分類可能になるような、現時点での例外としてのみ捉えられる。しかし、すでに見たように一八世紀になると発生という時間のなかでの変異として理解されるようになるのだが、もう少しここでは一覧表の時代を見てみたい。

観察によって確認される同一性と差異に基づく分類は、視覚に大きく依存する。「物を視線と言説に同時に結びつける新たな仕方」（フーコー 一九七四：一四三）として、視覚装置が古典主義時代を支えるのだが、ここで一七世紀のヨーロッパに登場したカメラ・オブスキュラという視覚的装置を取り上げたい。これは、ヨーロッパにおける主体と客体の分別を象徴的に示している。図はカメラ・オブスキュラをデフォルメしているが、観察者は室内で、壁に空いた小さな穴から差し込む光が結ぶ像から外界を理解する。「彼」は外界から遮断され、影響を受けることなく室内で観察を続けることのできる自律的な存在である（クレーリー 二〇〇五）。彼はフェルメールの天文学者、地理学者と同じく「内部化された主体」であり、つまり、観察する主体とされる客体が峻別されている。またカメラ・オブスキュラを用いた観察は、人間の五感のうち、視覚だけを必要とする。英語で「わたしは理解した」をI seeというように、見ることが世界の理解の方法として特権されたのだった。

虚構の「近代」

合理的で活動的な主体と、意志のない静的な客体という近代が掲げた命題は、たとえば「政治学者」トーマス・ホッブズと「自然科学者」ロバート・ボイルの間で一六六〇年代に繰り広げられた論争に早くも現れている。ボイルが一定の温度の下では気体の体積が圧力に反比例するという、後に「ボイルの法則」と呼ばれる内容を発表するや、その「知識」の提示方法をめぐって論争が繰り広げられた。当時のヨーロッパでは知識は論理学と幾何学によって確実に論証する必要があった。ボイルはそれに対して知識を蓋然的なものとみなし、自宅の実験室という局所で観察できる「事実《ファクト》」を積み重ねることで知識を書き換えた。この時点での「事実《ファクト》」とは作られたものを意味するに過ぎなかった。しかしボイル以降、観察可能な実験をとおした「事実《ファクト》」の積み重ねが論証よりも知識を形成するものと考えられるようになったのだ（シェイピン、シャッファー 二〇一六）。

事実の形成は実際に実験室にやって来て実験の様子を観察する人びとによって作られる。これに対してホッブズは、公的な秩序は、公的なものに属するふるまいと理性によって作られるものと考え、実験室にやってくる個人に属する信念や意見がこうした秩序を作るのは普遍性を欠くと、その事実形成の過程に疑義を唱えた。そしてこの論争のなかで、「事実《ファクト》」が人間の手出しができない絶対的な領域へと昇格する。結果的に、この論争に勝利したと見なされたのはボイルであり、科学者でもあったホッブズは「政治学者」に、政治学者でもあったボイルは「自然科学者」とカテゴライズされていく。

両者は対立するように見えるが、「代理」をキーワードとして見ると同一の理論の上にある。ボイルの主張では実験室を舞台として人間あらざるもの《ノンヒューマン》が事実を代理する。一方、ホッブズはこのときすでに『リヴァイアサン』（一六五一年）を著しており、そこで万人の万人による闘争が見られる自然状態を回避するために、国家や教会の下に人間を置くのではなく、人間が社会的な契約を行うことで人間の代表として国王と国家に自らの権利を委譲するシステムを説いた。国家とは社会契約をとおした代理制なのである。

この論争から次の三つを指摘しておきたい。第一に、科学的事実は一七世紀半ばの、空気ポンプが置かれた非常に局所的な実験室において作られるものである。第二に、知識を証明するのは、幾何学や論理学を備えた人間ではなく、人間あらざる器具とそれを用いて事実を作り上げる人間の混淆である。第三に、事実の蓄積を目指す過程において、人間と人間あらざるもの（自然、事物など）が別の領域に属すると見なされるようになる。こうして、人間と人間あらざるもの、それらの特性と関係、能力、下位分類を定義する「憲法 constitution」が作られる（ラトゥール 二〇〇八）。

人間と自然、事物はこのような社会的な文脈において二分される。そしてこのことが、地表、自然、風景といったものを対象物として観察する人間主体を、そしてその営為の総体である地理学を立ち上げたのである。しかし、他方で人間と人間あらざるものを二分するはずの「憲法」は、その立ち上げから不可能性と矛盾をはらんでいた。というのも、社会なるものは人間だけでなく人間が作ったはずの諸事物によっても作られている、ハイブリッドなものであるからだ。その意味でわれわれは非近代を生きているのであり、一度も近代を生きたことがない（ラトゥール 二〇〇八、第八章以降を参照）。

人間主義の時代と地理学

一七九九年、スペインの港町コルナを出航し、カナリア群島へ一人の青年が向かった。青年の名はアレクサンダー・フォン・フンボルト。のちに「近代地理学の父」と呼ばれる。彼の研究においては、それまで分業体制にあった科学の客観性、自然支配、美的な描写が統合されていた。

彼がこの出航までに行った準備のうちでおそらくもっとも重要だったのが、機器習得の訓練であった。鏡面六分儀、クロノメーター、温度計のほか、彼が重宝したのが高度を測定するパラメーターであり、このパラメーターを用いて、それ以前のデータの誤りや誤差を次々と明らかにしていった。これらは一八世紀後半から一九世紀前半にかけて持ち運びが可能なほどに小型化され、精度が飛躍的に向上していた。そしてこうした科学的機器の技術的展開は、ヘルダーやゲーテなどの全体性思考と、綿密な観察に基づく近代の自然科学との融合の一因となっていったのだった。

フンボルトの時代のヨーロッパでは、あらゆる人間は共通の理性をもっており、それによって世界にある根本法則を認知することができると考える啓蒙思想が主流であった。これは神の目的ではなく、ホッブズやボイルのような科学的な合理主義、経験論に基づいて世界を説明する。そして啓蒙主義はヨーロッパ的な社会に対して「未開」な段階にある世界各地の人びとを、ロマン主義的な憧憬もともないながら啓蒙、近代化することを目指した。ボイルは旅をとおして世界各地のさまざまな自然の歴史を作成することが、人間の改善にとって重要だとも考えていた（Livingstone 1992）。

啓蒙主義と地理との関係をはっきりと語るのは、哲学者のイマヌエル・カントである。彼は一七五六年から九六年までの四〇年間、ケーニヒスベルク大学で自然地理学の講義を行っている。彼は、認識には、人間の理性によって与えられる純粋理性と、感覚をとおして獲得される経験的認識があるとし、後者の経験的認識は心ないしは人間という内的な感覚対象と、自然という外的な感覚対象を観察するものであると説いた。自然という人間の外部に存在するものと、人間ないし心という内部に存在するものを観察することで世界というものが認識できる。ゆえに、自然地理学は世界を認識するための第一歩、あらかじめ知っておくべき体系化された知識であるとして、カントは大学で前期に人間学、後期に自然地理学を講義した（カント 一九六六）。

カントのこの考えは、人間の内部としての心、外部としての自然という二分法に基づいている。同時に彼は、時間と空間を二分する。歴史は時間の記述であり、空間は地球上の場所ごとに異なる植生や動物相などが上演されるものである。地理学とはこの空間を記述するものである。そして、ここで彼は、歴史を発生させる基礎、基盤としての空間を強調し、「自然全体の出来事が、あらゆる時代を通じて、どのような状態にあったかを述べる」（カント 一九六六：四八）ために、そして歴史と空間をともに考える「自然歴史」のために、まずは自然地理学の知識が必要だと主張する。こうした知識をとおして世界の「全体」が姿を見せる。フンボルトは、一六歳のときにこのカントの熱心なファンであるマルクス・ヘルツの大きな影響を受けていた（Livingstone 1992）。

フンボルトは植物誌において植生の分布と分類を行うと同時に、その風景によって自らの想像力が刺激されることを書き付ける。彼は世界、つまり空間を充填する物質すべての美しい全体的、統合的な秩序を「コスモス」と呼ぶ。それは自然の事物が時間の経過とともに生み出され変化することで現れる秩序である（手塚 一九九一）。また、フンボルトの記述は時間的経過にともなう空間移動がある。つまり、彼の記述は時間のダイナミズムと空間の多様性が総合されている。フンボルトの「相貌」の記述はその後、ドイツ景観論、とくにオットー・シュリューターの文化景観へと引き継がれる（山野 一九九八）。

重要なのはカントの全体、フンボルトの秩序は、ともに時間と空間によって立ち現れることである。それは、人間の有限性に関する新しい認識の登場と関わっている。この時間的有限性の認識が埋め込まれることで、古典主義時代を特徴付ける一覧表による事物の表象が効力を失い、そこから表象される事物があふれ出し始めるのだ。すると、博物学は時間にともなう生物の進化を考える生物学、富の分析は時間にともなう労働の多産性を考える経済学、一般文法は言語の歴史的展開を考える文献学に取って代われ、それらの交差点として思考の新しい根本的配置である「人間学」が形成された（フーコー 一九七四）。働き、生き、話す「人間」は、労働や生命、言語の諸法則に従属する限りにおいて「人間」になるのであり、この認識論的土台こそが、単に観察するだけでなく、観察されもする人間を作り出したのである。「人間」とは一八世紀末にこのようにして誕生した形象に過ぎない。

人間という主体の誕生には、人間と自然や事物といった客体をつなぐ、人間ではないものの案出が不可欠である。そもそも、文化を持つ人間とは何であろうか。人間を動物から画すのは言語を話すことだとも言われるが、一八世紀まではオウムに代表的なように鳥も言語を話すと思われており、リンネもまた人間やサルと一緒にギリシア神話に出てくる鳥の姿をしたセイレーンを分類している。そのリンネは『自然の体系』の冒頭で、人間という種の特性はその特徴ではなく、自らを認識できるということだけだと記している。つまり、人間とは何かなど定義できず、むしろ人間とは人間たるべくして自らを「人間」として認識しなければならない動物なのだ（アガンベン 二〇〇四）。

ではどのようにして人間として認識するのか。それは人間であるためには何かを欠いているもの、その形象を作り出し、それを人間から区分することによってである。そのときの指標の一つとして採用されたものが言語である。リンネの『自然の体系』の一七五八年版には、野生児、オオカミに育てられた赤ん坊などが、人間と動物との間をつなぐホモ・フェルス（野獣人）として記されている。これらが先に記してきた、人間と自然の間にある畸形や怪物の系譜上にあることは言うまでもない。さらに一八九一年にジャワ島で発見された「言葉を持たない猿人」の大腿骨もまた、動物と人間との間をつないだ。畸形、怪物、野獣人、猿人は、人間の内側から外側へと排除され、かつそれらの特性（言葉を持たないこと）が人間による自己認識を作り上げるという意味で人間の内側に包摂される「人類学機械」（アガンベン 二〇〇四）なのである。

人文地理学、そして文化地理学がこの時代において成立することは、決して当たり前ではない。

まとめ――状況に置かれた知

古代、中世、近代において、世界を理解するための枠組み、世界観はそれぞれ異なってきた。そしてその世界観は旅行記や地図に反映されていたし、そうした反映物（地理表象）が人びとにありうべき世界観を提示してきた。わたしたちの物の考え方は時代の産物であり、それはさまざまな技術によっても支えられてきた。思想があって技術が発展すると単純に捉えてはならない。技術が思想を刺激する。そうした時代に特有の思想と技術のもつれ合いを「状況に置かれた知」（ハラウェイ 二〇〇〇）と呼ぶ。

一七世紀のヨーロッパに登場する、近代に特有の生活様式は、時間と空間を分離し、人びとに再帰的（反省的）であることを求める。時間と空間は、それぞれ計測、測量、計算されながら分かたれ、前者は時代を推進する役割、後者は前者によって変化させられる受動的な役割を与えられた。空間、そして地理はこのようして観察される客体となる。また、再帰性は活動的で自律的な人間主体と、自然や事物、さらには他者という観察され、分類され、操作される客体との区分を生み出した。古典主義時代において世界の地理、世界の事物が一覧表に表象される。

近代における空間の測量、それによる空間の馴致は、技術的発展に下支えされていた。遠近法、ユークリッド幾何学といった計算技術から、測量器具、クロノメーター、温度計、パラメーターといった諸道具。地図や地図帳、探検記から辞典といった地理学的メディアを成立させたのは活版印刷技術の発展だった。

わたしたちの知が制度的、技術的な状況に置かれたものであるなら、近代に登場した新しい視覚経験も状況づけられたものである。見るということは多様な方法で、社会的に構築されている。ある時代の機制において人間はあるものを見ることができ、あるいはある部分が強調されて見せられ、別のものは見られないようにされている（フォスター 二〇〇七）。そして見るという行為をとおして、アイデンティティや性差、規範といったものが人びとに植え付けられていく。見るということは純粋無垢な経験ではない（第一〇章も参照）。

そうであるなら、地図という視覚的に世界を表現したもの（視覚表象）は当然、価値中立ではない。そこに何を描くのか、描かないのか、どの地名を用いるのかはつねに政治的な問題を孕む（ブラック 二〇〇一）。地図に描かれた怪物たちは植民地主義的支配の正当化に寄与してきた。

一八世紀末から一九世紀にかけて登場する、有限性に従属しつつそれを行使する「人間」は、「未開」の闇を照らす光を掲げながら、世界各地を旅し、地理情報を収集する。それはまた、人間ではないもの、人間に満たない「他者」を作り出す営為でもあった。その地理的想像力《ジオグラフィカルイマジネーション》は、自分たちとは異なる人びと、場所、という「差異」を作り出すことで、そうした人びとや場所とは異なる「自分たち」という想像力を掻き立ててきたのだ（Gregory 1994）。民族学博物館に納められた展示品は、植民地支配と事物の分類をとおして、世界の秩序を一覧表にしたものの産物であり、それを閲覧することで世界を所有する欲望を満たす。フランスのパリの大通りやエッフェル塔は王政と資本主義的展開の産物であり、それらは世界を見通し、見下ろす経験を提供することで、パリ市民の世界を所有する欲望を喚起した。この時代に地理学はヨーロッパによる植民地主義とそれを支える軍事力と密接に結びつく。

近代だけではない。一九六八年のアポロ八号が捉えた写真、「月からのぼる地球」は、荒涼とした月面と青くマーブル模様に光る地球を映し出している。この写真は、月と対照的な、生命にあふれた美しい地球、さらには守るべき地球というイメージを強く印象づけた（Cosgrove 1994）。衛星写真から、グーグルマップ、スマート・フォンのGPS機能、ウェブ上の風景写真、さらには監視カメラの映像に至るまで、わたしたちの周りには新しい技術的展開と結びついた視覚表象、地理表象があふれ、それがわたしたちの世界観を作り上げているのである。

《第二章》 伝統的な文化地理学と「文化」

本章では「伝統的な文化地理学」として米国のバークレー学派を紹介する。この学派は眼前の風景を、人間存在から自律した文化という超有機体が自然を改変することで作った文化風景だと考える。この考え方においては、風景や自然は人間の外側の領域に実在するものであり、文化は人間の上位に存在するもので、地域ごとに異なるものでもある。

キーワード：バークレー学派、行為者としての文化、大地の改変、文化景観、文化超有機体説

「文化」の複雑性

英語の文化 culture という言葉は英語のなかで最も複雑な言葉の一つである（ウィリアムズ 二〇〇二）。文化はラテン語の colere に由来し、この語は耕す、住む、崇拝するなどの意味を持っていた。耕すという意味は今も英語で農業を意味する agriculture に残っているが、住む colony、崇拝する cult といった語

へも派生した。この語が一六世紀、大地に対して人間が手を加えて改変するという意味を強く持つようになり、一八世紀後半からは「未開」状態に対する高級文化という意味合いで使われるようになる。

一六世紀に klutureが人間の大地に対する手入れを意味するようになるのは、人間中心主義的な世界観と関わっている。第一章で見たように、キリスト教的世界観が支配する中世から、一四世紀のルネサンス以降神の代理者とし、主体として、自然を支配する人間が登場する。また、一八世紀後半からの「未開」に対する高級文化としての文化は、人間と人間ではないものを分割し、後者を支配するヨーロッパの植民地主義と関わっている。ヨーロッパ文明の白人を頂点とし、アジアの黄色人種、アフリカ大陸の黒色人種、そしてサルへと未開の度合いが深まっていく進化論的こじつけは一九世紀の半ば以降流布するが、一八世紀にはすでに未開状態の人間を文明化するという理由でもって、植民地主義は正当化されていた。

とくに一五世紀末にポルトガルとスペインによって幕が切って落とされた大航海時代は、「新大陸」における新しい事物と人間の「発見」をヨーロッパにもたらした。狩猟―牧畜―農業という発展段階のどこに新大陸における牧畜が位置づけられるのか。アダムを始まりとするキリスト教的な人間の単一起源論に新大陸の人びとはどう位置づけられるのか。起源論、発展段階論に簡単に還元できない人間、人間の営みの多様性への問いは、一八世紀に文化概念を成立させたのだった（久武 二〇〇〇）。とくに世界各地からの収集品のなかでも農具の分類、比較と、その地理的分布を調べることは、文化の発展段階を議論するために重要であった。耕作《カルチャー》と文化《カルチャー》は、かくもヨーロッパ中心主義的な知の体系に状況づけられている。

ドイツから米国へ

ドイツで文化地理学 Kulturgeographies の用語が用いられるのは一九世紀であった。「文化地理学」という名を冠する最初の書籍を著したフリードリヒ・ラッツェルは、人間の移動と歴史的発展、さらには移住による人種や民族の分化を、博物館に収蔵されている収集品をもとに論じる。彼はまず弓や矢などそれぞれの収集品の形態要素の類似性や差異を分類しながら、分布図を作成した（久武 二〇〇〇）。

この分布図をもとにして、それぞれの文化要素の独自の発明の起源の場所や、形態の類似性の拡がりと拡散の伝播過程を復元する方法を、ラッツェルは地理的方法と呼んだ（久武 二〇〇〇）。分布図のなかで、形態要素の数が多いところや、分布の重なる度合いの高いところが伝播の中心と設定され、そこから伝播が同心円状に広がる。古い要素は遠くまで広がる。このようにラッツェルは考えたのだった。そしてその形態の圏域、つまり形態圏と地理的方法は、その後、文化圏説へと引き継がれていく。

ラッツェルによる文化伝播を明らかにするためのこの方法は、米国では文化人類学を経て地理学に導入された。とくに一八四二年の米国民族学局の設立を契機として、米国先住民族各部族の事物が収集、分類されるなかで、ラッツェルの形態圏の考え方は文化領域、年代領域という考え方として米国で現れた。そして各部族の環境への適応、部族の特徴を支える統合的な文化単位の成立過程への関心は、副専攻として地理学を学んだ人類学者フランツ・ボアズによって推進されたのである。

ボアズは、この時代に広く普及していた、環境が人間や社会の特性を決定すると考える環境決定論を否定する。この考えは世界のさまざまな差異を環境的差異によって説明し、かつそこでは西洋とそれ以外との文明化の差異を環境への適応と進化の差異として説明してきた。つまり、環境決定論と進化論は固く手を携えて、世界の差異を解釈してきたのである。ボアズはそれに代わり、それぞれの地域における文化が歴史的にどのように展開し、また伝播したのかという歴史的特殊主義 historical particularlism を強調して説明する（Livingstone 1992）。

ただし、ボアズは、文化伝播 cultural diffusion をラッツェルとは異なる方法で捉えた。ラッツェルは文化伝播を、個別の差異を均質化し同化していく、類似性の拡大と考えていた。それに対して、ボアズたちは伝播の過程で差異が生み出され、次第に独自に分化していくと考える。そのために、差異や変型がどのような地域的、部族的な条件によって作り出されるのかに関心がシフトした（久武 二〇〇〇）。すなわち変化や差異を生じさせる地理が問題になるのであった。

ボアズが教鞭をふるったコロンビア大学は、米国で最初に人類学の博士課程を設置した大学である。この大学でボアズの指導を受け博士号を取得したのがアルフレッド・クローバーだった。カリフォルニア大学バークレー校に職を得ると、クローバーは同校の地理学部とともに先住民の調査を行う。後にバークレー学派と呼ばれる地理学部の中心にいたのがカール・O・サウアーである。

超有機体としての文化

バークレー校における文化人類学と地理学の近さの一例が、一九五五年に米国のニュージャージ州で、人類学的研究のための Wenner-Gren 財団によって開催された「大地の相貌の改変における人間の役割」という国際シンポジウムである。学際的に人間による大地の改変を扱うシンポジウムで共同議長を務めたのがサウアーであった。

サウアーの文化概念は、とくに文化を超有機体と見なすクローバーに大きく影響を受けていた。クローバーは一九一七年に、当時の西欧で流行していた社会進化論や優生学を批判し「超有機的 The super organic」という論文を発表した（Kroeber 1917）。ここでクローバーは、①「有機的」な人間以外の生命の進化のプロセスと、人間による社会的、文化的な進化のプロセスを分けて考えるべきであること、②前者は獲得形質が継承されない一方、後者は獲得形質が人間の学習という知性によって世代や民族を超えて継承されかつ蓄積されること、③そのため人間の社会的、文化的な営為は「超有機的」であること、④心と身体を持ついわば生身の有機的な人間が文化、文明の担い手であるものの、文明や文化はそうした個人を超越した存在であること、の四点をとりわけ強調している。文化は有機体としての生命に超越して持続する超有機的なものだという考えは、「文化超有機体説」と呼ばれる。

サウアーをはじめとする文化地理学はこの文化超有機体説を共有していた。たとえば、サウアーの弟子の一人のウィルバー・ゼリンスキーは「文化とは参与している成員を超えた何か」であり、「その全体性は明らかにその諸部分の総和以上のものであり、というのもそれは本質的に超有機的で超個人的なものであり、歴史的出来事と社会経済的条件によってはっきりと影響されないわけではないが、一つの構造、一揃いのプロセス、それ自身の推進力を持つ実体である」（Zelinsky 1973: 40–41）と文化超有機体説を支持している。

ただし、サウアー自身の文化概念は自然環境という視点を含んでおり、完全にクローバーらの文化超有機体説と一致していたわけではなかった。そもそも、ボアズ自身は物理学から地理学を経て人類学者となっており、カール・リッターの歴史地理学に精通しており、文化と自然の関係性にも注意していた（Livingstone 1992）。環境と文化が特定の地域において種別的に展開する歴史特殊主義とでも言うべきものは、先に紹介した国際シンポジウムで、サウアーが一番手として行った「大地の相貌の改変における人間の役割」という演説に表れている。

人類の誕生から近代に至るとても長い歴史過程において、人間がどのように大地を改変してきたのかを語るなかで彼が強調したのは、人間《マン》が環境要素に制限を受けながらもその行為能力 agency を駆使し、居住地を拡大するために大地を改変してきたことである。この行為能力こそが世代を超えて継承される「文化」である。

彼は冒頭、次のように語っている。

すべての時代で、あらゆる人間は、居住領域の経済的な潜在性を査定し、技術が利用可能か、それを受け入れる価値があるかといった自然環境に関連しながら生活を組織立てていかなくてはならなかった。（中略）人間がどこに住もうが、彼らは自らの利益となるにせよ身を滅ぼすことになるにせよ、生命あるものないもの両方を含む地表の様相を改変すべく働いてきた。（Sauer 1971: 49）

文化景観の形態学

バークレー学派は超有機的な文化が物質文化として地域的な広がりを持ち、かつそれが風景として現れていると考えた。文化地理学の中心を作るものとして、文化、文化領域 cultural area、文化景観、文化史 cultural history、文化生態学がある（Wagner and Mikesell 1962: 1）。文化についてはすでに記しているし、文化景観については後に記すので、文化領域、文化史と文化生態学についてまず紹介しよう。

文化地理学の最初の重要なステップは、文化特性の過去と現在の広がりを調べることである。それによって文化領域の認識と境界画定を行う。文化領域とはおもに器物に見られる文化要素の「相対的な統一性」を持つ一定の領域のことで、中心、伝播の道筋、領域で構成される。文化領域は人類学においても用いられるが、地理学では文化領域を「人間の土地の保有の発現、その表面の人間の利用のすべての手段を記録する文化の集合体」(Sauer 1962: 33) と捉える。

文化史とは、この文化領域が形成される因果的順序を扱う。ある文化領域が他所からの文化伝播によって形成されたのか、あるいは他所からの影響を受けずに独自に形成されたのかを歴史的に明らかにする。そのために、①文化的特徴の時間と場所の起源、②伝播の経路、時間、様式、③以前の文化領域の伝播、④以前の文化景観の特徴、という四種類の事実を解明するのである。

文化生態学とは人間と自然環境との関わりを明らかにすることである。環境は人間の活動を制限するが、また人間に機会を提供するものでもある。観察でえられたデータを相互比較し、また実際のプロセスを発見し分析することで、この人間-自然関係による風景の形成が理解されるのである。

文化、文化領域、文化史、文化生態学は、物質的に地表面に現れているもの、すなわち風景を手がかりにして分析される(日本での伝統的な文化地理学の研究では景観を用いるので、ここからはこの語を用いる)。「景観 landscape」という用語は一九二五年にサウアーが「景観の形態学 The Morphology of Landscape」という論文のなかで米国の地理学界にドイツから導入したものである。

これは当時流布していた、自然環境が人間の性質、なかんずく社会を決定するという環境決定論的な説明に対立するものである。サウアーは文化景観について「人間の記録」(Sauer 1963: 342) が刻印されたもので、「文化は行為者であり、自然の領域は媒介者であり、文化景観は結果である」(343) と要約する。

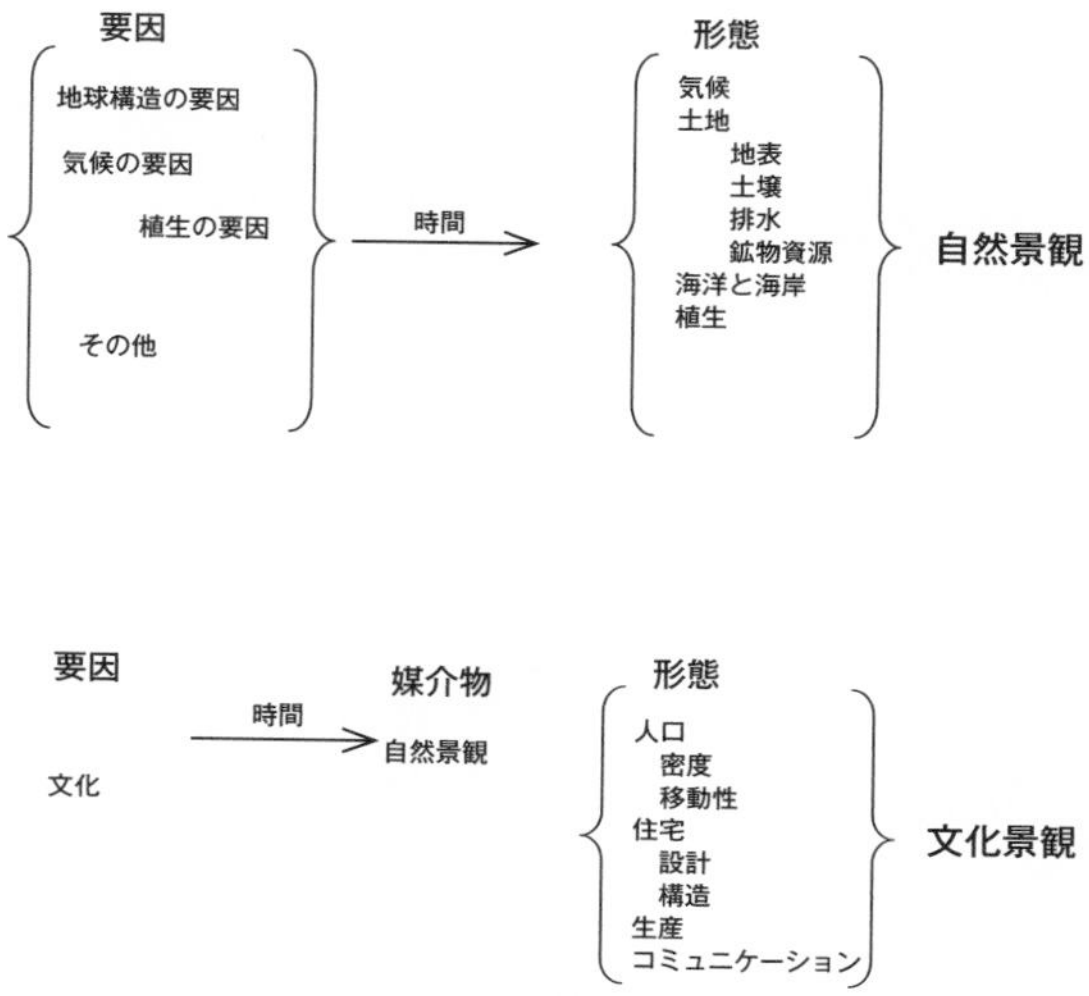

2-1　サウアーによる文化景観形成のモデル（Sauer（1963: 337, 343）をもとに作成）

時間的経緯の説明とともに、彼はその形態学をつぎのように図式化する。すなわち、地球構造、気象、植生などが時間的経過とともに気候、地表面や土壌、水系、鉱物資源といった土地、海や海岸、植生を特徴づけ、それによって自然景観が形成される。この自然景観は媒介物に過ぎない。ある場所に行為者である文化が存在し、それが時間の経過とともに変化しながら、媒介物たる自然景観に作用し、人口過密や人口移動、居住の形式や構造、生産活動や交通といった特徴ある形態を作り上げる。これを文化景観と呼ぶのである。

　自然景観から文化景観への時間的変化の図式的説明は、当時の原因と結果を単線的に説明する科学的態度に影響を受けている。サウアーも影響を受けたクローバーは、社会ダーウィニズム的な説明を批判することで文化を超有機体と定義したのだが、それでも文化景観の説明が進化論的単線的展開を依然として残していることは、文化景観という考えもまた時代の産物であることを示すのである。

　バークレー学派の風景論は、風景を一つの読み物、テクストとして読解する。つまり目の前の風景が、文化とそれを担う人間が長い時間をかけて自然を改変してきた結果であることを、とくに物質としての文化要素に注目することで読み解くのである。

日本における文化地理学的研究

日本の地理学においても文化地理学的研究は長く行われてきた。自然景観と文化景観の例として、今となっては古くなっている二つの研究を挙げておきたい。

一つは、岩手県胆沢平野の散居村の研究である（山口 一九四一）。この平野は胆沢川と北上川で形成される扇状地である。胆沢川は砂礫を運んで扇状地を形成しながら、この地を浸食し六段の河岸段丘を形成してきた。そのため、この地の人々にとっての問題は、一番低いところを流れる水を段丘の高位部にいかに導くかということだった。しかも、用水は豊富なのだが下部に砂礫層があるため、水田での貯水が困難であった。

散居の形成にはいくつかの要因がある。第一は用水に関係するものである。この地は「かけながし」と呼ばれる水田の灌漑方式をとり、用水の入り口に当たる、普通よりも小さな田を「いちくち田」と呼び、水温調整のために犠牲にして、ヒエやあまり品種のよくない糯などを栽培する。わざわざ水田の一部を犠牲にしたため、他の所有地に水が流失しないように屋敷を西方の隅に配し、その下に扇状に耕作地が分布するようにする。第二は家族のシステムである。水の得やすい場所に居を構える本家から分家が出た場合、分家は胆沢川の下流方面に居を構える。第三は「わせだ」という特別な田の形成である。わせだは屋敷にもっとも近い便宜のよい肥沃な田畑であり、もっとも早く作付けされ刈り取られる。本家だけでなく分家もこのわせだに相当する田を持つ必要がある。こうした三つの要因により散居するのである（山口 一九四一）。また、この地方には西北の卓越風が吹く。散居の場合、これを各々が防ぐ必要があり、「えぐね」と呼ばれる屋敷林、防風林が作られた。こうして文化景観としての胆沢平野の散居制集落が作られるのである。

もう一つの例は静岡県を流れる大井川も散居制集落である。これは大井川の洪水によって形成された。川は慶長九（一六〇四）年に大洪水を起こし、南島の扇状地上にある集落の家屋の大部分を流出させた。寛永四（一六二七）年にも大洪水が起こり、以後、以前の大井川の流路が弱まり、本流は新流路に移行した。大井川がもたらす災害に際して、この地の人々は新たに開拓を余儀なくされ、そうしてできた新開地では散居制が採用されてきた（小寺・岩本 一九三九）。一六二七年以前の古い主流路より北の散居制村落は一六〇四年の洪水以後に、南のそれは一六二七年の洪水以後に作られたものである。

文化超有機体説への批判

バークレー学派の文化概念は、学派の主要な論客だったデヴィッド・ソーファーの指導を受けたジェイムズ・ダンカンによって「文化超有機体説」として批判された（Duncan 1980）。文化超有機体説は、文化を人間から自律した autonomous、人間の上位にある super 有機体 organic と見なす。

ダンカンは、この文化超有機体説が文化人類学者のクローバーやロバート・ロウイー、レスリー・ホワイトによって主張され、それが文化地理学者にほとんど無批判に受け入れられていることを指摘する。しかも、有機体説はクローバーの指導者であったフランツ・ボアズによって否定されていたにもかかわらずである。

文化超有機体説は、地理学や人類学といった特定の学問分野の問題だけでなく、大きくは、社会を個人主義として考えるか全体論として考えるかという問題と関わっている。すなわち、大きなスケールでの出来事を、それに関わる個人の行為、態度、状況の総計と考えるか、出来事をそれ自体が自律的でそれが個人を動かしていくと考えるかという問題である。文化超有機体説は後者の全体論の一つであり、社会学で「集合意識」を主張するデュルケムやシステム論的に「社会」を主張するタルコット・パーソンズもそれに含まれるのだとダンカンは主張する。

文化超有機体説は、ダンカン以前にも批判を受けてきた。ダンカンはそれまでの超有機体説批判を整理し、とくに人類学における一九七〇年代末から八〇年代にかけて行われた「表象の危機」や「位置性《ポジショナリティ》」の議論の萌芽に目を配りつつ、人文学における全体論的傾向、構造主義への批判のなかで、文化超有機体説を批判する。すなわち、彼はこの人文学全般における個人主義と全体論という関係性のなかで、全体論に連なる文化超有機体説を批判するのである。

このことは、別の側面に光を当てるならば、次章で紹介する人間主義地理学の問題設定とも関係する。というのも、後にダンカンとともに全体論的傾向を持つ構造主義的マルクス主義を批判する論文（Duncan and Ley 1982）を執筆したデヴィッド・レイは、計量・理論革命において人間を地図上の地点や統計の数値として扱う機械論的、決定論的な見方を批判し、人間主義地理学の重要性を主張するからである（Ley and Samuels 1978）。

サウアーらの文化景観の考え、すなわち人間が自然と大地を改変した結果としての風景は、マルクス主義の物質代謝にあたる。バークレー学派の隆盛期は、東西冷戦期に重なり、マルクス主義が米国で表立って採用されにくかった。ダンカンによる超有機体説と構造主義マルクス主義を重ねた批判は、米国における冷戦末期のマルクス主義の論争としても読み解ける。

それゆえ、文化超有機体説批判は単にバークレー学派の批判にとどまることなく、人間の行為能力とは何であり、どのように分析されうるかという問いと同じ地平にある。

文化超有機体説批判では、有機体説が持つ四つの前提が批判的に検討されている。以下でそれぞれ見ておこう。

第一の前提は、文化を個人に対して外的なものとして捉えるものである。これは、地上のさまざまな出来事の生じる時間、空間・場所、そのありように対して文化が決定する力を持つと考える。そしてそうした前提では地上の出来事を生じさせる文化以外の説明要因の可能性に蓋をする。そのことをダンカンは次のように記している。


因果的な力を文化に帰すことで引き起こされるもっとも大きな結果は、多様な「文化的特性」の人びとの間での、その起源、伝達、差異化に関して多くの重要な問題をぼやけさせるという事実である。地理学の下位分野や社会科学で採用されている多種類の説明の変数を、それは驚くほど欠いている。たとえば、社会的階層化、特定の集団の政治的利害、対立する利害から現れる対立関係についてほとんど、あるいはまったく議論されないのだ。同じように、政府やほかの制度的政策、あるいはビジネスの組織や金融機関の景観への効果に関する議論もほとんどない。これらのことの多くは「所与」とされ、あるいは詳細に分析されたり、説明において用いられたりすることのない人びとの文化的特性と見なされている。上で言及された要因をおそらく含む文化こそが、景観の上へそのような諸効果を作り出すのだと考えられている。それゆえ、人間や制度の相互作用はしばしば、注意を払われること

がないのだ。(Duncan 1980: 191)

第二の前提は、文化の内部化であり、これはさまざまな出来事を一般化する傾向である。一般化において重要になるのがどのような説明でも利用可能な理念型である。そして文化的な価値や形態は、人々の無意識的な行動様式を説明する際の手軽な理念型として用いられてきた。地理学者に限らず、クローバー、パーソンズ、クルックホーンなどもこうして文化を説明の道具として使っていると、ダンカンは批判するのだった。

第三の前提は、均質性である。均質性の前提は、文化を全体的な統一性として見なし、人間集団の内部の多様性に目を向けないために問題である。集団内には男だけでなく女も子どもも、身体障がい者もいるはずであり、多様なはずなのだ。しかし、バークレー学派の文化地理学者はしばしば調査対象を相対的に「文明化」されていない地域に設定し、その土地の文化を均質なものと考えた。サウアーの場合、メキシコの田舎か、太古の人間生活である。そして均質性の前提こそが、本章で紹介した文化伝播という概念を支えたのである。つまり、ある文化要素がある場所から別の場所へと移動するという前提は、その文化要素が移動する際に生じたかもしれない集団内部の対立や利害の対立といった側面を視野に入れないのである。

第四の前提は、文化の内部化の機械論である。機械論とはすべての事象が生じたり変化したりすることを、個人を超えた必然的な因果関係によって説明するもので、それは個人の目的や意志の介入や作用を認めない。超有機体説においては、文化的価値が個人によって内部化され、それが発現することで様々な出来事や行為が生じると説明する。そこでは人間の意志や目的すらも、文化によって与えられたものとなる。

文化が人間に条件を与えるのである。

文化超有機体説が持つこれら四つの前提を挙げながら、ダンカンがもっとも批判するのが文化の物象化reification である。物象化とはマルクス主義の用語で、人間が形成する社会関係やそこに参与する人間主体が、あたかも物と物との関係のように立ち現れてくる現象を指す。「物象化は、精神の構築あるいは抽象が、たとえば独立した実在物や原因となる効力のような実体を持っているかのように捉えられる誤謬である」(Duncan 1980: 181)。文化超有機体説はここまで挙げてきたような全体論的、機械論的前提において、人間によって営まれる様々な地表面の出来事を、文化があたかも自律的な「物」として支配的に作り出すと考える。

そこで、ダンカンが文化超有機体説に代わって提示するのは、文化を物象化しない解釈の方法である。それは、ときに対立し、ときに調停する人間同士の相互作用、社会的文脈によってその都度、形作られるものとして、風景や空間を論じる方法である。「個人なるものはそれゆえ、この文脈の産物であると同時に、その文脈の生産者でありそれを維持する者なのだ」(Duncan 1980: 197)。

第四章のためにここで三つのことを強調しておきたい。一つ目は、ダンカンの文化超有機体説批判で展開された文化の記述の問題は、文化表象の危機と関係する「地理的表象の危機」につながる。二つ目は、ダンカンの全体論批判は文化唯物論と関わる。三つ目は、「文化の物象化」の問題はさらにマルクス主義的視点から議論されることになる。

まとめ

一七世紀初頭までに英語での風景という用語は一定の地理的範囲の外見を意味するようになる。この風景・景観を米国の地理学界に導入し、カリフォルニア大学バークレー校において文化地理学が登場した。サウアーを中心に形成されたバークレー学派は、文化を世代を超えて伝達される超有機体的なものと見なし、その文化を引き継ぐ人間が自然環境を改変する歴史的過程を捉えようとした。そこでは自然環境が文化を決定する環境決定論が斥けられ、代わりに自然環境は機会を提供するという環境可能論が採られた。とりわけ彼らは文化の物質的な発現として、家屋などの建造物や器物、そして風景に注目する。文化領域、文化史、文化生態学、文化景観という用語をとおして文化を捉えようとしたのだった。

なかでも文化景観は非常に重要な分析概念だった。サウアーの景観の形態学は、自然の条件によって形成された自然景観を、文化を引き継ぐ人間が改変する時系列的プロセスを模式的に示した。

文化を超有機体的な実体と見なすバークレー学派の「文化」概念に対する批判はあったが、とくにジェイムズ・ダンカンによる批判は、文化の物象化を問題とした点で重要である。ダンカンが視野に入れたのは文化超有機体説だけでなく、人間をシステムに完全に従属するものとして前提する全体論でもあった。

《第三章》 意味づけられた地理

本章では風景や場所の意味作用や象徴化に注目する文化地理学的態度を紹介する。人間の外側に実在する風景や場所、自然は、つねに人間によって意味や価値を与えられることで人間の内側に取り込まれる。地表面の現象や人間は単なる地点や数に還元されるものではなく、意味に満ちたものである。

キーワード：土地に根付いた風景、人間主義地理学、場所、記号論、象徴

日常風景の解釈と土地に根付いた《ヴァナキュラー》風景

バークレー学派の文化地理学がおもに農村の歴史的な風景の復原に比重を置いていたのに対して、J・B・ジャクソンやピアース・ルイスらの議論は、都市の日常的な風景を解釈する。大学に勤務していない在野の研究者であるジャクソンは一九五一年に雑誌*Landscape*を創刊し、一九六八年まで編集を務めた。彼は大学で景観デザインや風景史を学んだ。そのため彼はバークレー学派と直接関わりがあるわけではな

いが、風景をテクストとして読み解く手法には、バークレー学派との類似性も認められる。

ジャクソンは米国のどこでも見られる風景のなかに、その国の象徴性を見て取る。米国の都市計画で採用される格子状の街路で縁取られる区画は、素朴さと平等性、正義と互換性といった多くの国民の美徳を象徴するもの、「われわれの国民的象徴」(Jackson 1986: 6) だと言う。街区だけでなく、まっすぐ延びる自動車道、鉄道、アメリカンフットボールのスタジアムと周辺の広大な駐車場。こうした米国の日常的な風景から、ほとんどの米国人が都市や街で日々を生き生きと楽しんでいることを、次のように記している。

わたしたちの現代の都市環境のなかの空間は、多くの場合、利害も芸術的な利点も持たないのだが、それでも指定された時間や日、駐車場、ショッピングセンター、スポーツ施設、遊び場所、ストリートを考えれば、すべては活気を帯び、都市にリズムと活力を与える簡単な大衆の出来事を設えるのに役立っている。(Jackson 1986: 9)

ジャクソンはとくにその土地特有の風景を「土地に根付いた《ヴァナキュラー》」という言葉で表す。彼はバークレー学派の景観研究は反歴史的で、風景の永続的な形態に関心を寄せすぎてきたと指摘し、風景を構成する時間的経緯を検討する必要性を説く。これはどういうことだろうか。バークレー学派において取り上げられる文化景観の多くは、前近代的なものである。つまりそれは、動的に変化しないことが前提とされている。ジャクソンがバークレー学派の景観研究が反歴史的だというのは、そうした「変化しない」と前提する風景を意図的に選んでいるという意味である。しかしまた、バークレー学派の文化景観という概念は、人間が自然景観を改変するプロセスをとおしてできあがるものであると同時に、その形態的特徴を地図に示すことで、特定の文化要素の起源と伝播過程を抽出するためのものだった。ただし、それは風景が作られる歴史的、時間的な経緯をきちんと捉えようとしない。それもまた反歴史的と言えるだろう。ジャクソンたちにとって、土地に根付いた風景は特定の時間、特定の空間に現れるものなのである。

土地特有の普通の風景、ヴァナキュラーな風景は、そのなかに自らの文化を見いだす契機を与える。たとえば同じ著書に寄せたピアース・ルイスは次のように書き付ける。

人間が作った風景――人間が作って地表面に置いた普通のありふれたもの――はわたしたちがどんな人間であるのか、あったのか、そしてわたしたちが依然として生成のプロセスにあるという強力な証拠を提供する。言い換えれば、あらゆる人々の文化は普通の土地の風景のなかに、意図しない形で反映されているのである。(Lewis 1979: 15)

人間が作った日常的な風景、土着の風景とは、ショッピングセンターやスーパーマーケット、自動車などであり、それこそが戦後の米国が経験したさまざまな変化を明らかにする。しかも、戦後の米国社会が近代化や合理化を経験したからといって、それが直ちにヴァナキュラーな風景を作るわけではなく、そこには選択や設定、応用があるはずである。したがってジャクソンらの風景解釈は風景が美的であるかどうかだけでなく、その社会性もまた重視する。目に見える「現在」から研究を始め、それを解釈するために目に見える以上のものへと分け入っていくのである(Meinig 1979b)。

風景の象徴性と人間主義

J・B・ジャクソンらは、バークレー学派の風景／景観論を引き継ぎつつ、象徴的な風景を展開している。米国のニューイングランドの風景美的な価値観の象徴性に目をやれば、風景とは表面には現れない神話である。それはわたしたちが捉えようとするけれど捉えられないものであり、個人の精神を無限の世界と結びつける意味を持つものであることが分かる（Meinig 1979a）。

それゆえ、すべての風景は象徴的なものであり、文化的な価値観や社会的な行動、個人の行動が、ある特定の地域で長い時間をかけて蓄積されたものである。つまり、風景とは特定の意味が込められたコードであり、「同時にパノラマであり、構成物であり、羊皮紙《パリンプセスト》であり、小宇宙」（Meinig 1979a: 6）なのだ。ギリシア語で「再び（palin）わたしはこする（psaio）」を意味する羊皮紙とは、字のとおり羊の皮で作った紙で、その上にペンで書いては消し、書いては消しを繰り返す。消すと言っても完全に字が消えないので、何度も使っていると以前に書いた字がうっすら残るようになる。同様に風景はそれぞれの時代特有の価値が書き込まれた層なのである。風景とはまた、精神や感性のイメージでありそれの構築物でもある（Tuan 1979）。こうした人間の精神や感性、そして神話は「文化」によって作られるとここでは前提されている。

日常的風景の象徴性を明らかにするドナルド・メイニグはさらに、風景とは場所であるとも言う。場所は、一方で位置や地点といった一定の領域を意味するが、他方で個人・私的な経験や感性によって意味が与えられたものでもある。場所はより個人的、個別的であるのに対して、風景はより外的で客観的なものではあるが、ともに人間の世界や環境に対する解釈と結びついたものだとみなされた（Meinig 1979a）。風景と場所の象徴性が議論の前景にせり出す。

こうした議論のなかで、とりわけ場所は意味を充填された地理的現象として重視される。これは、一九六〇年代の米国の地理学で起こった計量的手法によって空間を分析する計量革命、そしてそのなかで場所はたんに地点《ロケーション》としての意味しか与えられない事態に対抗して、人間の価値や意味を強調する態度である。トゥアン（一九九二）は人間が五つの知覚をとおして空間と環境を経験し、意味を与える様態に注目する。人間と場所、あるいは環境との間で、知覚と経験をとおして形成される情緒的な結びつきを彼は「トポフィリア」（場所への愛着）と呼ぶ。そこでは「意味の源泉とのふれあい」、「生きられた世界」（レルフ 一九九九：一〇）の中心として場所が注目される。人間は特定の場所に愛着や根付いている感覚を「住まいの場所」として持ち、その場所への精神が風景を作り上げる。「場所の本質は、場所を人間存在の奥深い中心と規定しているほとんど無意識な『意識の志向性』に存在する」（レルフ前掲：七七）ものであり、アイデンティティの源泉と見なされるのだ。

さらに、こうした「本物の場所」への感覚に対して、産業化のなかで作られた新しい風景や場所、ディズニーランドのようなまがい物の登場により、場所への感覚を持ったり本物性のある場所を作ったりすることが困難になってきている状況を「没場所性」（前掲）と呼ぶ。

意味に満ちた場所に注目し、それを解釈する態度は人間主義地理学 humanistic geography と呼ばれる。日本ではこの語は「人文主義地理学」と訳され紹介される（山野 一九七九）。しかし、この研究群が社会科学全般における計量革命と呼ばれる潮流において、人文地理学も人間を一つの地点として扱う空間科学へと向かう傾向にあり、そうした傾向に反対して人間の価値や意味へ注目することの重要性が主張されたことを勘案して、本書は「人間主義地理学」（松本 一九八九）と呼ぶことにする。

バークレー学派の文化地理学は「地に固着した earth-bound もの」であり（Wagner and Mikesell 1962:

し)、風景や場所といった「地理」はあくまで人間にとって外的な自然環境だった。人間主義地理学はこうした外的な自然環境に人間が意味づけしている、つまり人間の意味の世界に取り込まれていることを前提にする。外的に思われる自然環境や地理すらも、人間によってつねに解釈され内部化されているのである。

意味作用と言語論的転回

人間主義地理学の最大の特徴は、ギリシア哲学以降の人間主義の思想の系譜を持つ実存主義的な人間主義である。人間主義地理学は「主体に捕らわれない客体はない」(Ley and Samuels 1978: 11)、つまりあらゆる客体《オブジェクト》は主体の解釈の対象《オブジェクト》なのだと考える。ここでは、主体(人間)と客体(事物)の素朴な二元論的理解をひとまず「括弧に入れる」という現象学的な態度を介して、場所や風景が主体による意味づけによって成り立つのである(阿部 一九九〇)。

風景や場所は現象学的な意識の対象であるだけでなく、言語をとおして意味が与えられる。人間は言語をとおして外的な環境に象徴的な意味を与えることで内部化するものだと前提するのである。人類学者のクリフォード・ギアツは、事物、行い、出来事、その他あらゆるものに対する人間の認識の仕方や感じ方、判断の仕方を枠づけ、方向づける知識を「意味の網」(ギアツ 一九八七)と呼ぶ。この意味の網に従って、人びとは現実世界を解釈する。さらに彼は、文化を読まれるべきテクスト、社会の実体から組み立てられた想像の産物として扱われるべきものだと記している。

風景や場所は記号である。後に見るように、この記号は幾重もの「記号化」の層がある。つまり様々な契機に記号が作り続けられるのであり、それは一回象徴化されたものを対象とする象徴論とは異なる(千

田 一九八〇）。そしてこの記号化能力を千田稔は「地理的ランガージュ」と呼ぶ。その能力により成立する仮想的な空間を地理的「場」と名付けた。

ここで記号とシステムについて簡単に説明しておこう。

まずは記号論の歴史的経緯から。一九世紀の言語学は旧約聖書のバベルの塔の物語を前提としたポールロワイヤル法の研究を行っていた。バベルという都市で人間が神の国に達する塔の建造を始め、怒った神が塔を壊し、人間の謀議を不可能にするために言語をバラバラにしたという話である。バベルの塔が真実であれば、世界のすべての言語は同根を持つはずである。この前提に立って、ポールロワイヤル法は各言語の対照関係を追求することでオリジナルの言語を突き止めようとしていた。

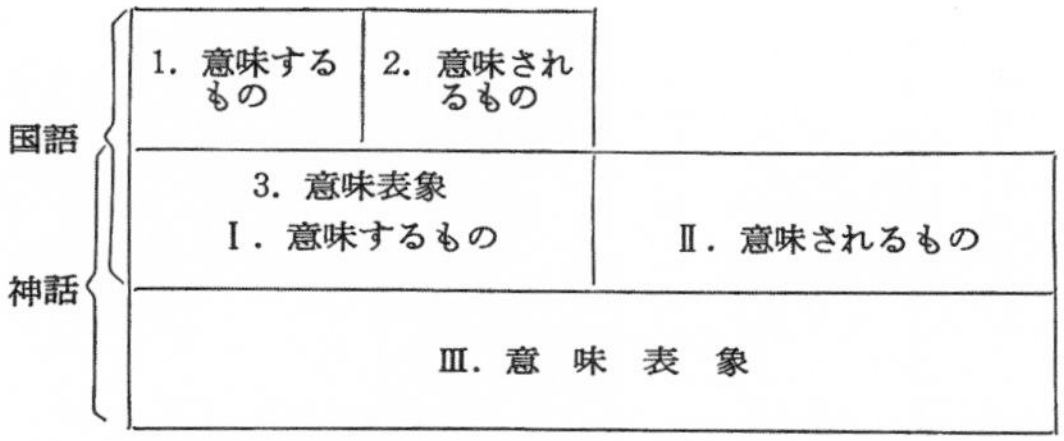

3-1　記号のモデル図（バルト（1967: 148）より転載。バルトのモデル図は意味するものと意味されるものが結びついた記号（意味表象）が、別の次元において意味するものとなり、意味されるものと結びつくという、記号の連続性を暴いている。詳細は本書の54-56ページを参照）

これに対してオリジナルの言語も、共通のルールもなく、すべての言語は独自のルールのなかで勝手に記号を作っていると考えたのが、スイスの言語学者フェルディナンド・ソシュールである。彼は「記号の恣意性」を主張した。記号とは、音声である意味するもの（シニフィアン）と、概念である意味されるもの（シニフィエ）が結びついたものである。たとえば、日本語では「いぬ」という音声（意味するもの：シニフィアン）と「四つ足でシッポがありワンと鳴く動物」という概念（意味されるもの：シニフィエ）が結びついて、「犬」という記号を作っている。別の言語であれば、「ドッグ」などといった別の音声と「四つ足でシッポがありワンと鳴く動物」、あるいは「猟をともにする動物」という概念が結びつく。さらに、たとえばある言語では犬と呼ぶ動物をチワワやダックスフンド、柴犬のようにさらに一〇種類に分類するが、別の言語では五種類にしか分類しないというように、言語によってどのように記号を分類するかが異なる。これを記号の恣意性と呼ぶ（丸山 一九八一）。

記号とはつまり、特定の言語のシステム（ラング）のなかで、ある音声と概念を結びつけつつ、そうしてできた記号は、別の記号とは異なるものとして切り離されるという運動である。これを分節化《アーティキュレーション》と呼ぶ。このようにして作られた記号群は範列（パラグマティック）と連辞（シンタックス）によって文として構成される。範列とは、記号のストックであり、たとえば自分のことを表す記号が「私」「俺」「わたくし」とあるような貯蔵状態を指す。人間は言語のシステムのなかに貯蔵された記号から、その場そのときに適した記号を選び出す。そして、たとえば日本語の場合は主語、目的語、動詞、英語の場合は主語、動詞、目的語というように、特定の言語のシステムにおいて記号を連ねて文を構成する（連辞）。

記号の恣意性の主張は、言語学のコペルニクス的転回を起こした。これを言語論的転回と呼ぶ。

象徴的な風景

千田（一九八〇）は先に記した地理的「場」を捉えるために曼荼羅図に注目する。ここで彼は曼荼羅図を四角形、垂直体を表す点状図形、線分の三つの記号表現に分ける。四角形、点状図形、線分それぞれにはいくつかのバリエーションがあるが（パラダイム）、それらが必ず一定の法則でセットになっている（シンタグム）ことを指摘する。そしてそれは、曼荼羅図だけでなく、洋の東西を越えて古代都市の設計、絵図、村落の形態、日本古代の祭儀の場などでも見られるという。こうした風景や空間を構成する普遍的な地理的「場」を千田は「始原性」と呼ぶ。

近世以前に作成された曼荼羅や絵図には象徴性や世界観が現れる。ゆえに、この絵図にひそむ様々な形成原理（約束事、ないしラング）を明らかにすることができる。たとえば、図像は何らかの基準で選択され、それらが指示する地物の属性によって描き分けられ、さらに充分に構想された構図に即して絵図画面に配置される。それを、絵図の「ことば」としての地図記号（パラダイム）と、「文法」としての画面を構成する投影法や縮尺など（シンタックス）に注目しながら読むのである（葛川絵図研究会 一九八八、一九八九）。

人間主義地理学の視点は、民俗学における村落領域論の興隆とも相まって、一九八〇年代に村落の空間が持つ象徴性に関心を注いだ。村落の境界が地蔵や道祖神、勧請縄といった物質、道切りや虫送りといった儀礼によって象徴的に出現する（小口 一九八五a）。道や施設といった特定の空間が儀礼の催行によって特定の時間に象徴的な意味を持つ（八木 一九九〇）。村落内の峠、坂、辻、渡、境といった地点は、日常の生活世界以外の回路となったり、神霊、魔性のもの、災厄などとの交流を可能にしたりする象徴的な機能を担う「境の場所」であり、それは分類が不可能な

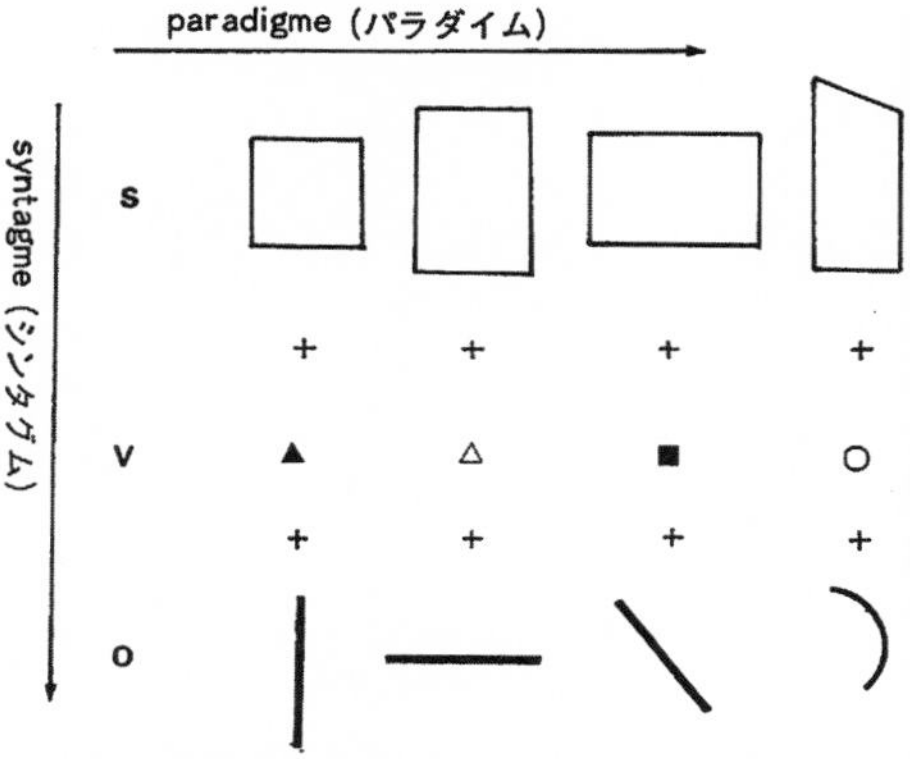

3-2　地理的「場」のモデル図（千田（1980: 54）より転載）

アノマリー性を持つ（八木 一九八四）。この分類不可能なアノマリー性が、この世とあの世、村内と村外といった二元論的世界観を媒介する装置を村内に配置する。すなわち、野生性との境界である恐怖の場所が存在し、辻や墓、閻魔堂といった文化的装置が設置されるのである（山野 一九八五）。そして一つの村落において、民俗分類体系、ムラ、ノラ、ヤマといった村落の領域と境界の体系が、風景や場所の現れ方を規定するという考えもある（今里 一九九九）。

神話としての風景

意味が充填された象徴的な風景は記号である。そしてこの記号は個人の主観や意味付与にとどまらず、ある集団における判断基準、世界観、価値観、道徳観、時代精神といった意味母体をとおして認識される（阿部 一九九〇）。たとえば、ラブホテルという建造物はその経営者側の判断基準と、それが建てられる地域の側の判断基準、すなわち両方の意味母体（「世界」）の間を、建造物を規制する法令（「物語」）が媒介することで作られては、修正される（阿部 一九九一）。日本の象徴的風景としての富士山は、戦前の学校教育の教科書において記号化されたものである。すなわち、一九〇四年の第一期国定教科書では富士登山に関する記述があったが、一九一〇年の第二期国定教科書では登山は消え、代わりに富士山の美を称える記述が登場し、以後、日本という国の国柄を抽象的に意味する「国体」と富士山が結びつけられる。国家という意味母体は富士山をシニフィエ、国体をシニフィアンとし、それに基づき象徴としての富士山を記載する教科書が作られる（阿部 一九九二）。

社会において共有される象徴的風景を、記号論を用いてもう少し図式的に考えてみよう（内田 一九八七）。シニフィエ（場所）とシニフィアン（地名）の結びつきによって形成された記号としての場所は、その場所に対する特定のイメージと対応関係を結び、特定のイメージの場所となる。その場所が、別の記号との相似や相同、あるいは相反関係を取ることで、さらに新しい意味をまとう。たとえば、長野県の避暑地の軽井沢は、軽井沢という地名と特定の範囲の場所が結びついた記号である。この軽井沢は、二〇世紀末に外国人宣教師や外交官のほか、留学経験を持つ日本の上流階級の間で次第に知られるようになり、大正時代になると「高級避暑地」というイメージが定着する。敗戦後もこのイメージは変わることなく、より多くの人に知られるようになり、軽井沢（シニフィアン：音声）と高級避暑地（シニフィエ：概念）は対応関係を結び続けた。こうして高級避暑地軽井沢という記号ができる。そうすると、軽井沢の名を冠する別荘分譲地が拡大し、その名を冠する各種の施設が軽井沢周辺に増え、さらに沓掛は中軽井沢、御代田町東部の東台区が西軽井沢区というように他集落が「軽井沢」を含むように地名変更した（内田 一九八九）。つまり軽井沢（シニフィアン）と高級避暑地という概念（シニフィエ）が結びついた記号「高級避暑地軽井沢」が、別の集落（シニフィエ：たとえば沓掛という場所）と集落名（シニフィアン：たとえば沓掛という地名）との相似関係、相同関係を図ろうとすることで、「軽井沢」地名が増殖すると考えられる。

　このように記号化のプロセスを見ることで、わたしたち

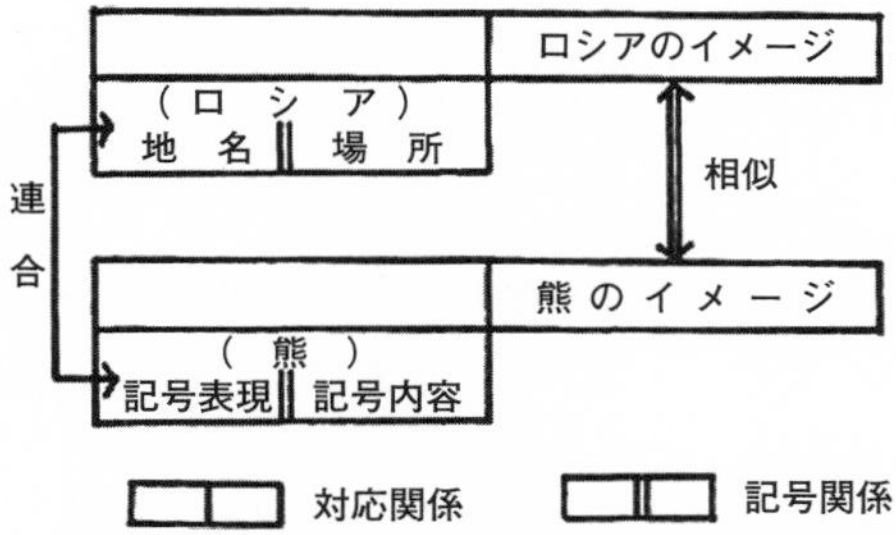

3-3　場所イメージの意味作用（内田（1989: 10）より転載）。この図はロシア（記号）とクマ（記号）の相似関係によって構成される「クマのように巨大、怖い、ロシア」という場所イメージを表している。

が普段意識することのない地名や場所のイメージが歴史的に作られたものであること、幾層もの記号化によって作られたものであること、にもかかわらずそうした表層下で織りなされてきた記号化のプロセスが意識されないことが分かる。それは政治的なイデオロギーによる効果なのだ（第四章も参照）。

フランスの記号学者であるロラン・バルト（一九六七）はこれを「神話」と呼ぶ。神話とは、記号内容と記号表現の結びつきが自然なものとして捉えられているものである。実際にはこの神話は、特定の時代に、特定の思想的文脈によって作られた独特の世界観の表現であるにもかかわらず、あたかもそれが古来続いてきたかのように見えてしまう。これをバルトは神話作用と呼ぶ。

この神話作用は幾重もの記号化、意味作用によって機能する。一例として英国最初の国立公園である湖水地方を挙げておこう（森 二〇一二b）。湖水地方はレイクディストリクトという音声・シニフィアンとイングランド北西部の一領域という概念・シニフィエが結びついた記号である。この湖水地方という記号は、一八世紀まで、不気味で恐ろしい場所と見なされてきた。つまり、湖水地方という記号は次の層でシニフィアンとなり、不気味、恐ろしいという概念・シニフィエと結びつき、不気味で恐ろしい湖水地方という記号になる。この記号はさらに次の層でシニフィアンになり、一八世紀半ばに、絵に描いたように美しい、ピクチャレスクな風景、崇高な風景という肯定的な概念と結びつく。美しい湖水地方は次の層でシニフィアンになり、一九五一年に国立公園に指定されることにより、イングランドだけでなく英国全体を代表する象徴的風景という概念と結びつき、英国を代表する湖水地方という記号となる。このように、バルトの記号論を用いた神話作用という概念は、現在の象徴性や価値を自明のものと見なさず、それが成立するまでに幾層もの記号化のプロセスがあることを明らかにする。そしてそれにより地理の象徴性が形成される際に、どのような政治的、経済的な対立や調停があったのかが分かるのである。

この神話のアイディアは次章で紹介する、新しい文化地理学における風景の批判的読解にとって有効となる。

主体と社会的編成をめぐる問題

地理の象徴性を論じるとき、大きな問題となるのが特定の意味を付すのは誰なのかということである。「村人」「人間」「日本人」にとっての象徴性といっても、それぞれの人は決して一様ではない。トゥアンが「男」「女」で場所の経験の相違を語るとき、性差によって本当にきっちりと分けられるのか、同性は同じ経験をしうるのかという問いがつきまとう。つまり、人間主義地理学の研究が前提としている、意味を与えたり読み取ったりする「主体」の詳細な検討が必要となる。

その意味で、福田珠己による林扶美子の『放浪記』における場所論は示唆的である（福田 一九九一）。ここで福田は、林という主体の内的な経験から場所への根付き rootedness と根付いていないこと rootedlessness を、そして内なる者 insiderness と外なる者 outsiderness を読み解くからである。そして林の一連の作品も参照しつつ、福田は、場所への根付きや内なる者、根付いていないことや外なる者という感覚が、決して物質的な場所との関わりだけでなく、人間関係をとおして作り出されること、そして根付いていること、根付いていないことが決して対立項として定位され得ないことを指摘する。

都市空間をテクストとして解釈する成瀬厚による代官山の研究（一九九三）もまた、主体の特性に注意を向ける。成瀬は特定の雑誌において特定の場所が別の場所と差異を持つ商品として記号化され、それが特定の年齢層や嗜好性を持つ読者に対して提示されることを論じる。ここで彼が解釈するのは現実の代官山の風景ではなく、あくまで雑誌の中の言葉やイラストといった「記号」である。

また、人間主義地理学が前提する主体の場所や風景への感覚は、社会編成によって作り出される。たとえば、人間によって意味づけられた風景に関心を寄せた英国のデニス・コスグローヴは、J・B・ジャクソンの日常のヴァナキュラーな風景への関心を、日常生活を所与とせず、さまざまな力関係によって作られていることを明らかにしようとする態度と評価する（Cosgrove 1984）。それは、そうした風景の美的価値（審美性）が特定の社会編成によって象徴化されているからである。そのためには、風景の美的価値が作られ、風景が作られ、それがまた美的価値を再び作り上げる歴史的過程を跡づける必要がある。そうであれば、エドワード・レルフによる、場所性と没場所性という考え方は、本物の場所や風景と偽物のそれらを誰が、どのように判断することができるのかという問いも提起するだろう。

たとえば、死者を埋葬し祀る墓地とは、場所への愛着、場所に根付いていること《ルーティッドネス》が特定の社会的編成によって作り出されたものである。墓地は共同体によって意味を与えられた記号である。つまり、それは死者を記憶する人びとの生存によって意味を与えられる場所であり、その人びとが死去することで無縁の場所となる。注意すべきは、この共同体は自明のものではなく、近世においては地縁的なつながり、近代においては血縁的なつながりによって想像されるような、社会的な文脈に依存する偶有的なものであることだ。これは近代において系譜的な長さや永続性が、国家という共同体の正統性の指標として用いられるようになること、それが村落レベルにも影響を与えることを意味する。それゆえ、場所や場所への愛着、場所感覚は人間個人の感性によって感じられるものではなく、社会の動的なメカニズムのなかで、あたかも自明で本質的なものであるかのようにして作り出されるものなのである（大城　一九九四）。

まとめ

バークレー学派の風景をテクストとして読む手法は、土地に根付いた《ヴァナキュラー》風景として都市の風景の解釈へと繋がっていった。J・B・ジャクソンらによる都市の日常的風景の解釈は、単調、単純に見える風景がその土地、国の人々にとっては象徴的な価値を持っていることを明らかにした。

こうした象徴的な風景の解釈は、現象学的手法、日本の民俗学の潮流とも相まって、人間主義地理学として一九七〇年代に姿を見せる。人間主義地理学は一様ではなく、視点や手法は多岐にわたるが、概ね、人間主体の言語によって記号化され、象徴化された地理を読み解くものだった。

人間主義地理学はバークレー学派が自然環境を外的なものと見なしたのに対して、そうした外的に見える自然環境が意味作用や「意味の網」によって内部化されていることを明らかにすることに成功した。しかし、人間主義地理学は主体の問題や記号化のプロセスにおける政治性や経済的な条件をあまり考慮しなかった。この限界は、次章の文化地理学の「新しい方向」で乗り越えられる。

《第四章》 文化論的転回と新しい文化地理学

本章は新しい文化・社会地理学を紹介する。これは制度化され自明視される場所や風景の価値を批判的に捉え、それが社会的に構築されていることを明らかにする。「構築」という言葉は社会において作動する権力によって作られていることを意味している。特定の階級や性差がどのような言語やイメージをとおして社会を支配していて、それがどのように地理を構築し、誰がそこから排除されているのかを検討する。

キーワード：新しい文化地理学、文化論的転回、イデオロギー、表象と言説、権力、テクストとしての風景、ものの見方としての風景

文化地理学の新しい方向

社会人類学の影響が強かった英国では文化地理学よりも社会地理学が盛んだった。それは英国の社会において階級に基づく経済格差が顕在的であり、しかもその階級が年齢階層や旧植民地からの移民と結びついていると、研究者が了解していたからでもあった。

この英国で文化地理学が展開し始めるのは、一九八〇年代の後半である。「文化地理学の新しい方向」という論文においてデニス・コスグローヴとピーター・ジャクソン（Cosgrove and Jackson 1987）は、伝統的な文化地理学が農村を対象にして、古い時代の空間（つまり時間を止めたときに現れるある現象の面的広がり）現象を解明しようとしてきたと批判した。それに対して「新しい方向」は、「歴史的なものと同時に現代的、空間的なものと同時に社会的なもの、農村的なものと同時に都市的なもの」を対象に据え、支配的なイデオロギーとそれに対する抵抗の諸形態に焦点を合わせるのだと宣言した。

新しい方向のなかで、文化の概念が大きく変わる。文化は「そのシステムを通じて（他の手段とともに）社会秩序が伝達され、再生産され、経験され、探求される」（ウィリアムズ 一九八五：一二）記号のシステムと定義された。記号のシステムとしての文化という考え方は、文化を、言語をとおして意味するものとされるものが恣意的に結びつけられたものであり、その結びつきが政治的、経済的な要因によって不断に構成されるものと見なす。

英国で主張された文化地理学の新しい方向は、カルチュラル・スタディーズという研究群のなかのレイモンド・ウィリアムズやスチュアート・ホールに大きく影響を受けていた（McDowell 1994、カルチュラル・スタディーズについては成瀬（一九九四）も参照）。たとえば、ジャクソン（一九九九）は文化を「意味の地図」と呼ぶ。地図は人びとに、世界のどこに何があり、そして自分がどこにいるのかを伝える道具である。同じように意味の網で作られた意味の地図は、わたしたちに世界をどのように見るのか、解釈するのかを伝える。その意味の地図はさまざまな象徴物によって構成される。象徴物とは意味するもの（音声や事物）と意味されるもの（概念）が結びついた記号である。そして、記号のシステムとしての文化はさまざまな象徴物や価値を、その中にいる人間に伝え共有させる。つまり、文化はある種の世界観を伝える意味の地図なのである（地図と世界観については、第一章も参照）。

ジャクソンは文化を意味の地図と呼ぶそのすぐあとに、それが単なる頭のなかの言語的に組み立てられるものではなく、社会組織をとおして具体化され、そしてさらに人びとに経験され、理解され、解釈されることで再構成されるものだと付け加えている。社会組織をとおして具体化されるということは、特定の政治的な作用を含むということでもある。

また、コスグローヴやステファン・ダニエルを中心として立ち上げられた英国地理学会の社会・文化研究グループは、場所や風景の善悪、美醜といった「道徳」的判断が決して当たり前（自明）ではなく、特定の時代、社会の産物であることを明らかにする姿勢を「道徳の地理学 moral geography」と呼んだ（Philo 1991）。すなわち、記号のシステムとしての「文化」は、特定の支配階層のイデオロギーであり、そうしたイデオロギーによってさまざまな審美性や価値観、そして道徳が作られ、維持され、そのなかで風景や場所、空間が作られることを明らかにすることが宣言されたのである。

一方、大西洋を挟んだ米国では、第二章で紹介したようにバークレー学派が前提とする文化概念、文化超有機体説が批判を受けた。地理学だけでなく、隣接分野である文化人類学では一九八六年に『文化批評としての人類学』『文化を書く』が出版され、文化を記述することの政治性が指摘されていた。バークレー学派以来の風景をテクストとして読解する景観研究は、テクストの政治的読解を行ったロラン・バルトの『神話作用』の英語訳が一九七二年に出版されたことに勢いを得て、大きく変化していった。

こうした英国と米国でそれぞれ展開する潮流は「新しい文化地理学」と呼ばれる。「伝統的」と見なされたバークレー学派や人文主義的な研究においても、その時代の社会科学が華やかなりしときには社会理論に関心を寄せる研究はあったが、新しい文化地理学はより理論指向で政治的であり、権力関係や社会構造に大きな関心を寄せた（Rowntree 1988）。そしてこの新しい潮流において、記号のシステムとしての文化は「自明」「所与」ではなく、ときに特定の立場の人びとの利害関係が競合《コンテスト》し、ときにそれらが調停や交渉されるものと再定義されたのだった。ある事象や考え方などが、多様な利害関係によって構築される様は、「政治学《ポリティクス》」と呼ばれる。

文化を政治経済化する

文化地理学におけるこの新しい潮流は、カルチュラル・スタディーズだけでなく、文化地理学の外側における多様な変化に呼応している。その一つとして挙げられるのは政治経済学《ポリティカル・エコノミー》の多様化である。政治経済学は、諸階級における余剰の分配が単なる経済的領域を越えて政治的利害関係においても行われることに目を向けてきた。そのため、これは一九六〇年代後半のラディカル地理学（竹内 一九八〇）で積極的に議論されることになった。当初の焦点は都市や地域の諸問題に当てられたものの、一九八〇年代初頭には、政治経済学は文化現象を含む多様かつ広範な領域をカバーするようになったのだった（Peet and Thrift 1989）。

政治経済学が文化的な現象に関心を向けるのは、次の五つの契機と関わっている。第一は、構造と人間の行為能力の問題である。第二章で紹介したように、ジェイムズ・ダンカンは文化超有機体説が文化を人間から自律したものと見なし、その文化を用いて全体論的、機械論的に説明することを批判した。そのダンカンは人間主義地理学で紹介したデヴィッド・レイとともに、構造主義的マルクス主義もまた人間の行為能力を無視し、「経済」や階級によって全体論的な説明を行っていると批判したのだった（Duncan and Ley 1982）。第二は、マルクスによる研究が批判的リアリズムのアプローチを最もよく例証するものだと評価するアンドリュー・セイヤーに代表される批判実在論である（Sayer 1984、セイヤーの批判実在論は泉谷（二〇〇三）を参照）。第三は、場所や産業立地を経済と政治の両面から捉えるドリーン・マッシーに代表されるロカリティ研究がある（マッシィ 二〇〇〇）。マッシーは、たとえば英国のノーザンプトンにおける靴産業の展開が、女性を男性に比べて能力の低い労働者と見なす性差別主義に支えられていることを論じている。つまり、製靴産業の立地は特定の時代の産業構造だけでなく、性別規範や家父長制によっても決定されるのである。第四は、本章で紹介する文化景観を特定の政治経済的編成の産物として理解する立場がある（Cosgrove 1984）。そして第五が、デヴィッド・ハーヴェイの『ポストモダニティの条件』に代表される、ポストモダニズムに関する諸議論である。

なお、一九九〇年代になると、J・K・ギブソン・グレアム（Gibson-Graham 1996）により、経済地理学において、政治経済学を文化の政治学やポスト構造主義と統合する議論がなされるようになる。彼女らは資本主義経済においても、表層下では多様な経済活動が存在し、それらが社会全体を支えていることを明らかにする。

このように、とりわけ一九六〇年代末から展開するラディカル地理学（竹内 一九八〇）以降の経済と政治の複雑な関わりのなかに、文化地理学の新しい方向を位置づけることができる。

文化を記述する位置性

英国における新しい文化地理学には、文化唯物論と呼ばれるマルクス主義の理論が影響を与えていた。文化唯物論はカルチュラル・スタディーズと呼ばれる研究群において展開したもので、文化をイデオロギーと権力、主体性の問題に関わって議論する。そしてマルクス主義やフェミニズム、精神分析、ポストコロニアリズム、また様々な形のポスト構造主義やポストモダニズムにおいて発展してくる議論では、文化的なるものと政治的なるもの、経済的なるものとの関わりに焦点が当てられる。これを「文化の政治学《カルチュラルポリティクス》」と呼ぶ。

ただし、この時期の文化の政治学を形作ったのはカルチュラル・スタディーズだけではない。歴史学においてはエリック・ホブズボウムとテレンス・レンジャー編の『創られた伝統』が大きな影響を与えていた。この本全体をとおして、「伝統的」文化が国民国家を前提とする政治や経済活動と決して無関係でないことが強調されたのだった（ホブズボウム、レンジャー 一九九二）。

また、文化を誰が何を代表して書くのか、という位置性《ポジショナリティ》の問題もあった。第二章で紹介したジェイムズ・ダンカンは、文化を均質なものとして記述する態度について、人類学における文化記述の問題を参照しながら問題化している。その後、一九八六年に出版された『文化批判としての人類学』と『文化を書く』において、人類学者が民族誌を作成するためにフィールド調査に出かけたときの営為が問題にされたのだ。位置性とは「私たちが全体としての社会構造のなかのどこに位置づけられ、どの制度のなかにいるのかということが、（中略）わたしたちがどう世界を理解するかということに影響を与えている」（Hartsock 1987: 188）という状況である。それは、特定の人びとの利害関係の競合と調停のプロセスとして文化を捉える考え方と通底している。なぜならそれは、人びとを特定の位置性に基づき利害関係に埋め込まれた存在と見なすからだ。つまり、文化を記述する位置性の問題は、現地にあるさまざまなもの、人間関係を目にしつつも、調査者が望む「文化」を選択してきたこと、そしてそれが調査者の所属する主に先進国と被調査者が属する後進国の「文化」の差異を強調すること、さらにそうした関係が植民地主義的であることが、文化を書くことに否応なく関わっている。このことが文化表象の危機として自省的に批判されたのだった。

バークレー学派の文化地理学では変化しない農村を形態学的に捉えようとした。また検討する時代も現代ではなく歴史的なものであり、サウアーは古代にまで遡る。それは、文化地理学が変化する大地の様子とそれを生じさせる複雑な力関係を見ようとしなかったことを意味する。特定の「レンズ」をとおして調査対象地を選ぶ位置性の問題は、「地理的表象の危機」と呼ばれる。

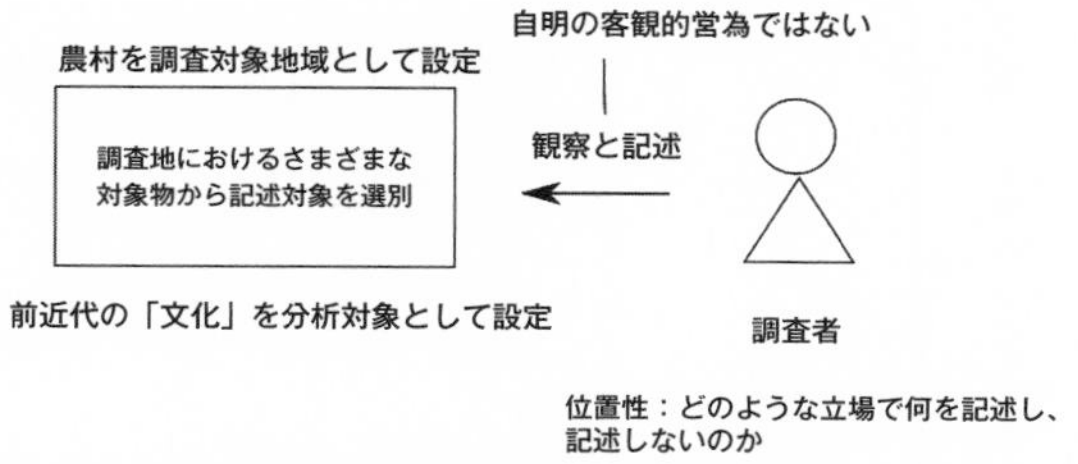

4-1　文化表象と地理的表象の危機

文化人類学における文化を記述する営為（文化表象）と研究者の位置性の問題は、人類学を越えてフェミニズムや植民地主義の問題とも関わる（Jackson 1991）。「日常的なことは政治的である」というシモーヌ・ボーヴォワールに代表されるように、性差とそこでの女性の劣位の自明性を掘り崩すフェミニズム研究は、性差のイデオロギーと男性中心主義的なヘゲモニーを厳しく批判してきた（第七章）。そして、この女性も一枚岩ではないことは、たとえば、インドにおいて声が与えられない、与えられても聞かれることのない最下層の「サバルタン」の研究（スピヴァク 一九九八）や、旧植民地における白人女性研究者と現地の女性たちの割礼儀礼をめぐる相克が明らかにした。これらもまた位置性の問題である。

こうした問題意識に基づいて宣言される新しい文化地理学は、しかし、一九八〇年代から九〇年代にかけて人文学全般で見られた、近代的な大きな物語の終焉を宣言する「ポストモダン」と混同された。ポストモダンは事象から距離を取り全体を高みから俯瞰するモダニズム的視点、つまり、観察者の超越的な位置性を批判し、多様な差異を称揚する。しかし、差異が存在するという認識は、ややもすれば差異の存在を「知っている」という意味で、高みから俯瞰していることを含意してしまう。つまり、近代的な位置性の問題が依然としてつきまとうことになるのである（加藤 一九九九b）。

権力とイデオロギー

位置性の問題は、誰が誰・何を代表しようとするのかを問う。新しい文化地理学とそれより前を分けるのは、この「誰か」がはらむ権力やイデオロギーへの批判的視角である。なぜなら、権力やイデオロギー、ヘゲモニーをとおして、風景や場所の意味の解釈が専有されるからだ。

イデオロギーとは特定の人々が益するように作られた特定のものの考え方、見方であるにもかかわらず、ある集団の中で普遍的な信条のように共有され、それがゆえに不可疑なものとして存在し続けるものである（イーグルトン 一九九九）。通常、自らがイデオロギーの中にいることは人間には見えない。しかもイデオロギーはある時代に作られたものであるが、作られるやいなや、それがあたかも昔から続いているように振る舞う。原因と結果の関係が転倒し、結果が原因のように感じられるのである。

マルクス主義では、このイデオロギーが資本家による労働者の搾取を覆い隠して可能にすると見なす。一方、文化唯物論を主張し、新左翼《ニューレフト》の流れを汲むカルチュラル・スタディーズはこれを文化概念にも応用する。なぜなら、その応用は一九五〇年代半ばの英国の新左翼にとって重要な課題に応えるものだったからだ。彼らは、労働者階級がなぜか「合理的」な選択をせずに、あえて自らに不利益に見える選択をする理由を知る必要があった。そのため労働者階級はどのような小説や本を好み、そこでどのような価値観を形成しているのかといった彼らの「文化」を捉えることで、「一番繊細で、一番感知しにくい部分で働いている」(ウィリアムズ 一九八三:四九)「感情の構造」を理解しようとしたのだった。感情の構造はすなわちイデオロギーによって構造化される。

文化地理学においてもう一つ重要なカルチュラル・スタディーズの概念が、スチュアート・ホールによる「節合 articulation」である。ホールは、アントニオ・グラムシのヘゲモニー概念とルイ・アルチュセールのイデオロギーの再定義を流用し、一九七〇年代以降、この「節合」を鍵概念とするようになった(Slack 1996)。

ヘゲモニーとはイデオロギーよりも広いカテゴリーである。それは同意により獲得されるもので、暴力的に押しつけられる可能性を持つイデオロギーと区別される。ヘゲモニーは、特定の階級がその力を維持するために、諸制度や階層、諸観念や社会的実践などを統合することで正当化され、同意を獲得した支配的イデオロギーである。とりわけグラムシはヘゲモニーを形成するときに、神父や教師、村長といった層が、日常生活のなかで道徳観や価値観を伝え、実践する役割に注目し、彼らを「有機的知識人」と呼ぶ(グラムシ 一九九九)。

イデオロギーとヘゲモニーによる風景の創出と解釈の多様性についてもっとも優れた研究の一つが、ケ

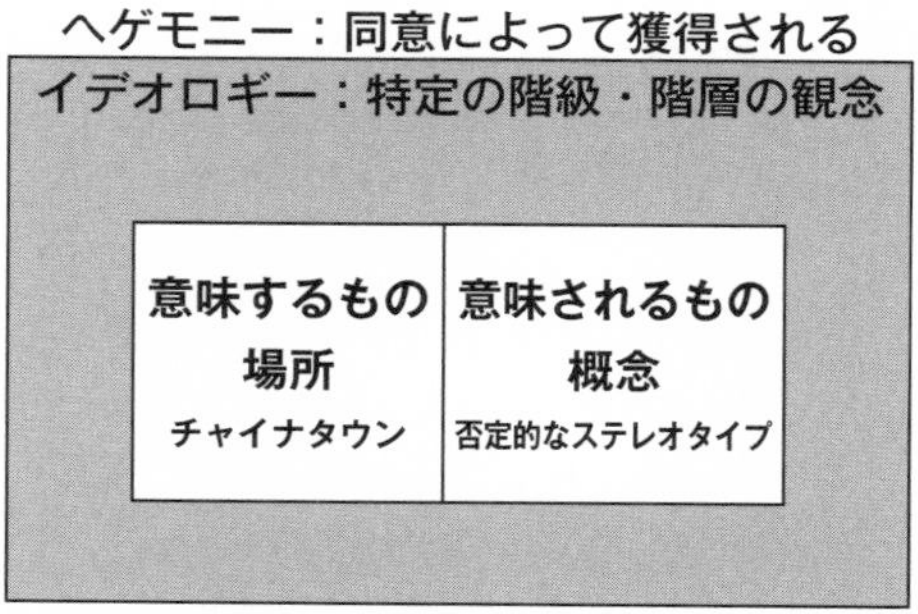

4-2　イデオロギーとヘゲモニーによる場所表象

イ・アンダーソンによるカナダのバンクーバー市のチャイナタウンに関する研究である。一九世紀後半、北米大陸西海岸でのゴールド・ラッシュにともない、多くの中華系移民がバンクーバー市に流入した。彼らの存在、生活様式、そして彼らが形成したチャイナタウンは、市を支配する西洋の白人によって一方的に周辺化され、ステレオタイプが与えられる。ステレオタイプとは単なるイメージではなく、一定の対象について回る単純化され固定された記号である。このステレオタイプはイデオロギーであり、それは、文化的諸過程（ヨーロッパ中心的な価値やものの見方）、政治的諸過程（国家による移民の制度化）、経済的諸過程（労働市場においてせめぎ合う位置）の三つの過程をとおして作られたものだった。この解釈では、風景とは中立的な要素では決してなく、イデオロギーの産物となる（Anderson 1987）。

カルチュラル・スタディーズはヘゲモニーをアルチュセールの重層決定という考え方と結びつける。重層決定とは、下部構造としての経済と上部構造としてのイデオロギーや文化の相互的かつ永続的規定の過程である。これは旧来のマルクス主義の考えにとってはある種の革命である。というのもマルクス主義では政治やイデオロギーといった社会のあらゆる事象は下部構造によって規定されると考えたのに対して、アルチュセールは下部構造が最終審級として上部構造を規定するという考えを維持しつつ、「一方では（経済的）生産様式による最終審級における決定があり、他方では上部構造の相対的自律性と独自の有効性がある」（アルチュセール 一九九四：一八二）というように上部構造もまた下部構造を規定し直し、さらに規定された下部構造が上部構造を規定するというような「『最終審級』という孤独な時の鐘が鳴ることはけっしてない」（前掲：一八五）過程を、重層決定として提出したからだ。

そして、ホールはこの重層決定を大胆に読み直して、無関係であった諸要素は変更可能な構造において絶えず分節化あるいは接合されると主張する。彼は節合概念を政治的実践から、文化における多様性とその役割、政治学、経済、ジェンダー、人種、階級、エスニシティなどへとさらに押し進めたのだった（Hall 1980）。それはつまり、上部構造とされる人種や性差、エスニシティや階級といったものがある契機に切り取られてアイデンティティと結びつけられ（節合）、政治的実践の基盤となり、その政治的実践をとおして下部構造を規定するという絶えざる運動の状況を指している。アイデンティティの政治学である。

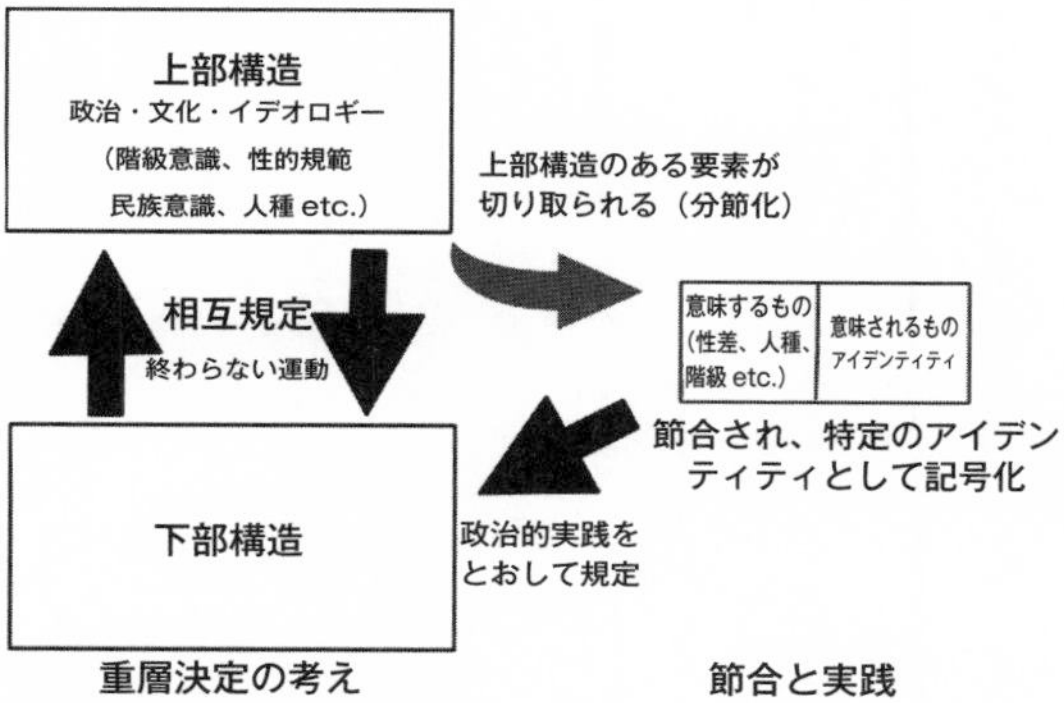

4-3　重層決定と節合

このようにして、「文化」と見なされるものは、その実、政治、経済といった力の分節化によって記号化されたものであることが強く認識される。そうした力の重なりは決して自明ではなく、特定の文脈において作られる。第三章で見たように、記号の恣意性を暴いたのは言語論的転回であり、文化の研究においてそれは「意味の網」として検討されてきた。カルチュラル・スタディーズを中心にして、どのような経済的、政治的力をとおして記号が

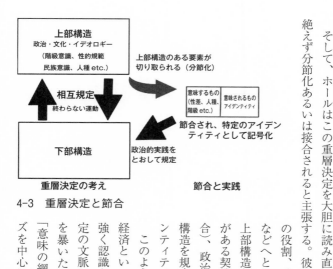

作り出されるのかが「分節化＝節合《アーティキュレーション》」の概念を通して議論された。そうした試みの総体を文化論的転回cultural turnと呼ぶ。

表象への問い

先に紹介したスチュアート・ホール（Hall 1997）は、ソシュールの言語学を批判的に参照しながら、人・対象・出来事・抽象的観念などの事物とわれわれの概念体系を結びつけることにより世界に意味を与えたり、概念的な布置と記号を一致させたり、さらにそれらの概念を代表する多様な言語に編成し直したりすることを「表象representaion」と定義している。この表象の体系は概念体系と記号を固定するコードによって構築され固定されており、この表象の体系が意味を構築する。

表象のコードにおいてシニフィエとシニフィアンが結びつけられるとき、多くのものの中から一つないし、二つの要素を取捨選択し、その特定の要素に全体を代表させる。それがステレオタイプとなって、別の時間、別の空間で何度も用いられる。こうした別の空間、時間に再度、表れる言葉や事物、視覚イメージを代表＝表象（再現前《リ・プレゼンテーション》）という。第一章でみたアメリカ大陸の怪物はヨーロッパ人によるアメリカ先住民の代表＝表象である。

地理学は、場所に対する特定の表象が特定の社会的文脈によって構築されたものであることを明らかにしてきた。先に紹介したアンダーソンのチャイナタウンの風景は、表象の産物である。米国のジェイムズ・ダンカンとデヴィッド・レイは、二〇世紀の北米における人文地理学においては、四つのタイプの表象があると言う。すなわち、①伝統的な文化地理学がフィールドでの観察に基づき土地の状況を記述するもの、②一九五〇年代以降の実証主義科学に緩やかに基づき、さまざまな現象を特定のモデルに還元するもの、③あらゆる出来事に絶対的な信用を置くことなくそれらを相対化するポストモダニズム、④解釈学を基盤とした場所や風景の理解である。④が新しい文化地理学の態度である（Duncan and Ley 1982）。

彼らが編んだ論集は、近代都市や国家などそれまでの地理学ではほとんど扱われてこなかった領域に踏み込み、それらにおける風景や場所を解釈する。それは地理的表象の危機への応答である。場所や風景の解釈は第三章で紹介した人間主義地理学にも見られたが、政治的な立場の違いによって別様に編まれる意味の網や資本主義の権力が、場所の表象の研究では検討される。つまり、誰が特定の風景や場所、つまり地理の意味を解釈する方法を作りだし、自然で自明のようにし、さらに支配や占有をするのかを問うのだ。本章と第六章で紹介するが、この時期の地理表象の研究は、階級（資本主義）と植民地主義における地理表象の専有、すなわちヘゲモニーをとくに強調した。

権力と言説

表象は特定の言葉や、絵画や映像、インターネット上の画像など視覚イメージをとおして作り出され、維持される。英文学者のエドワード・サイード（一九九三）は、フランスの思想家、ミシェル・フーコーに依拠しながら、アジアから北アフリカにかけての「オリエント」と呼ばれる場所の表象が、文学や政治家たちの言葉、「言説《ディスクール》」によって構築されてきたことを説き、そうしたステレオタイプを心象地理imaginative geographyと呼ぶ。西洋のオリエントへの一方的な表象は、植民地支配を強化することを彼は暴き出し、他者を知ることは権力と共犯関係であることを指摘した（第七章を参照）。

権力とは人間をさまざまな方法で強制する力である。イメージしやすいのは政治的権力で、これは党の組織、警察国家、強制収容所などをとおして人間を抑圧する権力である。政治的権力以外に、階級や性差を作り出すことで搾取と支配を可能にし、かつイデオロギーをとおしてそれを自明にする資本主義的権力や家父長制の権力が展開する。前者はマルクス主義、後者はフェミニズムがそれぞれ批判的に介入する。マルクス主義は階級、フェミニズムは性差という普遍的に見える集合性やアイデンティティを問題にする。しかし、フーコーが提示する権力のありようは普遍的ではなく、局所的な力の諸関係である。というのも、権力は分散されており、ある特定の源泉もしくは行為媒体をもたないからだ（フーコー 一九八六）。たとえば、フーコーは権力、とりわけ近代社会の権力を、監獄や兵舎、孤児院や学校という局所において、人びとがもつ潜在的な力を規律という機能をとおして最大限に発揮させるような力と考えた（第一一章を参照）。これを規律訓育型権力と呼ぶ（フーコー 一九七七）。

それぞれの局所は装置として人間を律する。そこでは真理の言説が制度化され、慣習化されている。言説とは、この権力を発動させる特定の時代の言葉の束である。つまり、道徳、真理などはその時代の実践によって規則的な仕方で形成、編制された総体である。これらは学校、研究所、科学ラボ、医療施設、法律、政治制度、政策作成、宗教、出版制度によって吟味され「濾過」され、その時代の人びとに「○○しなければ罰せられる、隔離される」というように、禁止、抑圧、分離、管理といった否定的な形で従うように迫る。そしてこの「真理」を受け入れたときに人は主体＝従属《サブジェクト》になる。こうした語られる、語ろうと欲せられる、そしてそれが社会を作り上げてもいく、その時代特有の言葉の束を言説と呼ぶ。つまり、権力は直接的に抑圧や禁止、そして支配に関わるのではなく、制度化され、慣習化された言説をとおして作動するのである（Duncan and Ley 1982）。

したがって、新しい文化地理学は言説の分析をとおして地理を作り上げる権力へとアプローチする。言説と権力が地理をどのように作り上げるのか、例を挙げてみたい。明治期の大阪でコレラが流行し、それにともない特定の都市空間が不衛生な不良長屋としてメディアをとおして問題化され（表象と言説）、大阪府と警察権力によって立ち退かされた（制度的実践）。興味深いのは、日常的にはあまり意識されてこなかった差別意識が、疫病の流行という特殊な状況において、言説と表象をとおして問題化され、それによって不衛生な「不良長屋」という排除すべき空間が浮上し、さらに行政によって制度的に立ち退かされることである（加藤 一九九九ａ）。言説はすなわち実践なのだ。

テクストとしての風景

バークレー学派以降続く風景をテクストとして読み解く態度は、バークレー学派の文化超有機体説を批判したジェイムズ・ダンカンらによって再構成された。その名も「風景を（再）読解する」と題された論文において、ジェイムズ・ダンカンとナンシー・ダンカンは、風景と文化が特定のイデオロギーによって作られ、「神話」として自然化されていると考え、それが作られる過程と同時に、そうして作られた風景が社会を作り上げる過程を読解する必要性を説くのである（Duncan and Duncan 1988）。この風景が作られると同時に、それが作っていく経済的、政治的諸関係を「社会的過程 social process」と彼らは呼ぶ。

ダンカンらは風景の読解のために、第三章で紹介したソシュールを引きながら恣意的な記号の結びつきによって織《テクスチュア》られたものとテクストを定義する。むろん、このテクストは無垢ではなく特定の時代に状況づけられたものである。そして二人は風景をテクストとして、つまり、特定の時代において織られたものとして読解する。

　織られたテクストとしての風景とはいったいどういうことだろうか。織物は経糸と緯糸をどのタイミングでどの箇所に編み込むかでそれぞれ異なる風合いやパターンとなる。風景という織物を誰がデザインするのか、どのように経糸と緯糸を編み上げるのかは時代や社会によって異なる。あるいはより風景の歴史的重層性を強調する場合、風景は羊皮紙《パリンプセスト》に譬えられる（第三章参照）。風景を羊皮紙に譬えた最初の地理学者はドナルド・メイニグ（Meinig 1979a）である。バルトの神話作用のように、羊皮紙としての風景に目をこらすことで、前に誰がどのような文字を書いていたのか、どのようなデザインをしていたのか、その前はどうだったのか、というように風景の歴史的な層を見ていくことで、社会や権力の複雑さを理解する。

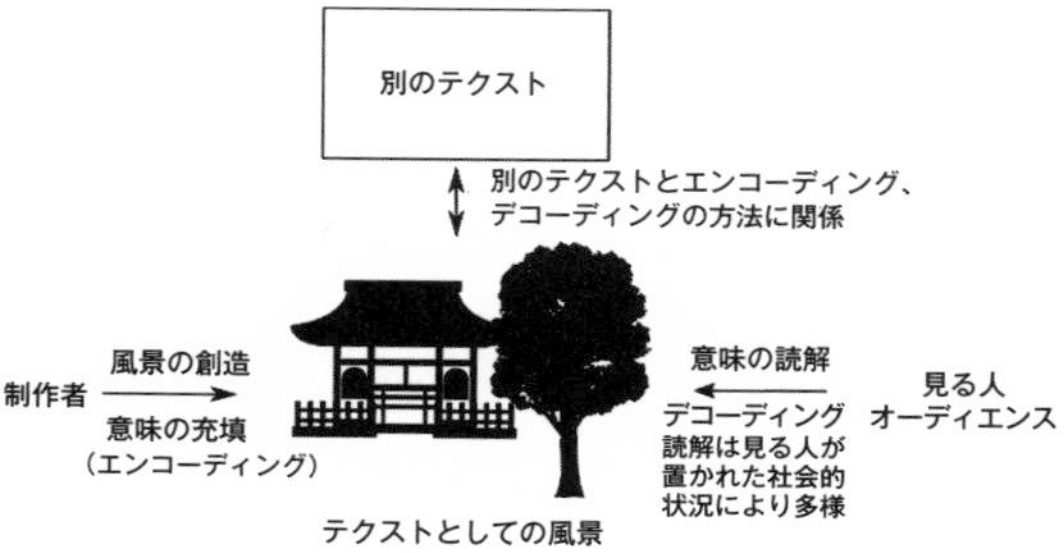

4–4　テクスト、間テクストとしての風景

　しかしまた文化論的転回以後、羊皮紙というメタファーは時間的経過と同時に、「複数の歴史的かつ同時代的なアクターをも意味する」（Schein 1997: 662）ようになる。同時代的な羊皮紙への書き込みと解釈とは、相異なる社会集団や諸個人（アイデンティティ、職業、ライフスタイル、経験、想像力、感情的な要因によって区別される）によって、風景が別様に「読まれる」ということである。テクストとしての、羊皮紙としての風景は直線的であることを拒み、複数存在し、多義的であることを認めるのである。

　このことを理解するためにダンカンらは、バルトの間テクストの考えを導入する。バルトにとってテクストとは単に誰かが書き、誰かが読むというような一方通行的なものではなく、読者が積極的に意味を生産する織物《テクスチュア》である。このとき、読者は所与のテクストに内在すると想定される意味に制限されることなく、またこの意味を外部に存在すると想定される源泉に求めるのでもなく、様々に織られたテクストの表層を横断しながら読解する。これが間テクスト性という概念である。

風景を同時代的な書き込みの羊皮紙と譬えることで、テクストとしての風景を、間テクストとしての風景へと押し広げることができる。つまり、複数の意味を持つ相互参照の構造として風景を捉えることになる。

間テクスト性は研究の立場によって意味するところが異なる。ダンカンらはテクストの参照系や共鳴、隠喩を追跡し、そのテクストを例えば同時代のエクリチュールの編み目の中に定位するというアプローチを風景の読解に採用する。風景が「一揃いのテクストを土台にして構築される方法、それらが読まれる方法、それらが媒介的な作用を与える方法」(ibid: 120)を理解する必要があると説くのである。

ジェイムズ・ダンカンは、現在のスリランカにあったカンディ王国の権力によって編まれた都市の風景を読み解く。仏教王国であったカンディでは、王は先代の諸王や神の王であるサクーラをモデルにして振る舞っていた。王としての適切な振る舞いが宗教的かつ政治的なテクストとして書き込まれていたのである。また、都市の設計と維持も仏教のカリスマ的な王の振るまいとしてテクスト化されており、それに基づいて都市の風景が作り出されたのだった(Duncan 1990)。ただしテクストが複数の読解を許容するように、カンディ王国のテクストもまた、大英帝国の助けを借りたアハレポーラという人物によって別様に読解され、利用された。こうして王国は終焉を迎えたのだった。

ものの見方としての風景

このように風景はテクストとして多様に読まれうる。しかし、その時代において特定の解釈が支配的でもある。つまり、解釈がその時代の支配的な力によって専有される。専有された解釈が自明で自然のものとなる。英国のコスグローヴとステファン・ダニエルズが編んだ論集に収められた一連の論考は、ヨーロッパにおける支配的な風景の解釈が歴史的産物であることを論じている。ここでキーワードとなるのが図像学と、「ものの見方」である（コスグローブ、ダニエルス 二〇〇一）。

第三章で紹介した葛川絵図研究会による研究も、図像学という言葉を使っているが、その意味合いは少し異なる。コスグローヴたちはアーヴィン・パノフスキーのイコノグラフィーとイコノロジーという考えに依拠する。パノフスキーはイコノグラフィーを意識にすり込まれた因習的な象徴の深層を突きとめるもの、イコノロジーをある作品に凝縮された国家や時代や階級や宗教、あるいは哲学に関わる根本原理を確認し、本質的意味を解釈するものとする（パノフスキー 二〇〇二）。コスグローヴらは、このイコノグラフィーとイコノロジーを、人類学者クリフォード・ギァツの意味の網であるテクストとしての「文化」と結びつけつつ、風景を図像学的に解釈する。

また、コスグローヴは風景を単なる物質的実体ではなく、特定の社会階層の「ものの見方と表象の仕方」と定義する。この定義は、英国のマルクス主義的美術批評家であるジョン・バージャーに由来する。バージャーがものの見方として例に挙げるものの一つが、英国の画家トマス・ゲインズボロがパトロンであるアンドリューズ家のために描いた「アンドリューズ夫妻」である。絵の左端には広葉樹の前に狩りの格好をして銃を片手に持って立つ男性と、イスに腰をかけた女性が、残りの部分には奥まで続く広大な敷地が描かれている。広葉樹はそれが生えている敷地の所有者家族の威厳や繁栄を象徴するものであり、その前に夫妻が描かれていることは、夫妻の営む家族の威厳と繁栄が示されていると理解できる。草原と広葉樹の風景は典型的で理想的な英国の田舎の風景だと言えるだろう。バージャーはこの絵画から、アンドリューズ夫妻の「地主として描かれた自らの姿を見るという喜び」（バージャー 一九八六：一三六）を指摘する。

彼らの所有する自然の風景は、一六世紀に起こった第一次囲い込み《エンクロージャー》と呼ばれる一連の土地の買い占め以降の、歴史的過程をとおして獲得されたものである。そして「農業革命」と呼ばれる農村における農業生産の増大は、広大な土地を所有する郷紳《ジェントリ》と呼ばれた農村富裕層を生み出した。

一方、絵画に現れる広大な敷地の所有者である男性は趣味の狩猟の出で立ちをしており、労働している形跡はない。しかし所領地では誰かが労働しているはずである。農場で労働しているはずの農夫の姿は絵の中に現れていないのだ。

資本主義は人間をギルドなど同職組合の強制から「解放」し、労働力以外に何も得るものを持たない労働者に転じさせる（第六章も参照）。土地を失い、自らの身体以外のものを何も持たない農夫は労働者になったのだ。ゲインズボロの描いたアンドリューズ夫妻の敷地は、広がる草地に広葉樹が広がっている。枝の剪定をし、草を刈りこみ、あるいはこの風景を維持するための生産活動を行っているのは、こうした労働

4-5　アンドリューズ夫妻

者である。彼らは特定の価値観に基づいて、絵画に現れる風景を作り出し維持しているのである。風景はこのような富の蓄積によって作り出された社会の階層・階級化と関わっている。

風景はこのように、所有や支配の権力と分かちがたく結びついている。風景画だけでなく、たとえばルネサンス以後、人間は神の代理人と自認して、遠近法や幾何学をとおして自然を支配してきた（第一章を参照）。ヨーロッパ、イタリアのヴェネツィアの都市計画では、遠近法と幾何学が積極的に採用される。それによって設計され作られた直線的な道路や運河の風景は、自然に対する人間の技術的支配であり、人間により支配されるべき自然というものの見方である。あるいは、英国の特定の階層の間で共有された特有のピクチャレスクという美的枠組みが、美しい英国の田園風景を作ってきた（コスグローブ、ダニエルス 二〇〇一）。

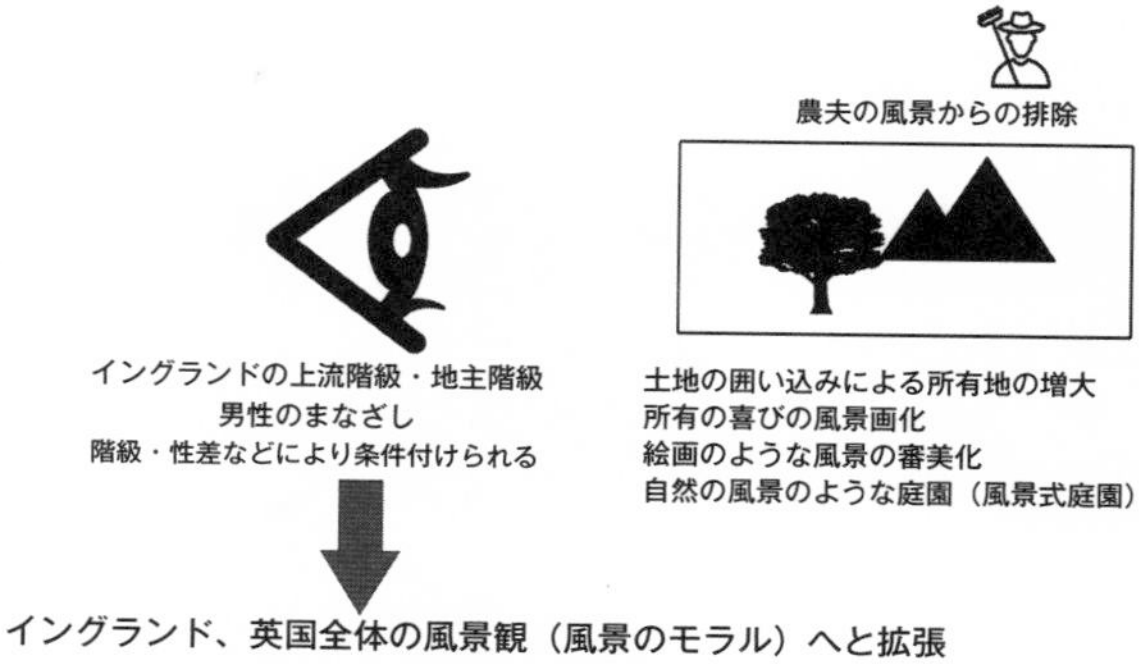

4-6　ものの見方とピクチャレスクな風景

風景は特定の人びとのものの見方とテクノロジーによる歴史的産物である。それはまた特定の人びとを越えた集団において普遍的な、道徳的、文化的な基準となっていく。それはヘゲモニーなのである。

人文地理学における文化論的転回

新しい文化地理学もそこに含まれる人文学全般での文化論的転回は、文化地理学以外の人文地理学の諸分野にも影響を与えた。文化論的転回は文化を所与と見なさず、また文化を経済や政治の分析の残余とも見なさなかったからである。「文化」として現れているものは、政治的かつ経済的な要因によっても作り出された「文化的なもの the cultural」なのだ。

以後、「空間的なもの the spatial」「政治的なもの the political」「経済的なもの the economic」「社会的なもの the social」といった、形容詞に定冠詞を付すことで名詞化した用語が用いられる。これらは、それぞれがそれと名指すことのできる所与ではなく、その時々で編成され続けるプロセスであり、かつそれが空間や政治、経済や社会、文化として現れているに過ぎないことを意味する。

人文地理学において、文化論的転回の考えは相互に関係する三つの方法において用いられてきた。第一は、すでに紹介したカルチュラル・スタディーズにおける文化唯物論と関係しながら、場所や風景とアイデンティティを問うものである。これをアイデンティティ政治学《ポリティクス》と呼ぶ。第二は、わたしたちの日常生活が言説、地理表象、心象地理、アイデンティティ政治学などをとおして、経済学や政治学、さらに医学や人口統計などといったあらゆる制度に埋め込まれていることを問うものである。第三は、マルクス主義的なイデオロギーと階級の理解だけでなく、ポスト植民地主義やアイデンティティ政治学といったものまで含んで政治と文化を理解しようとするものである。

人文地理学全般で文化論的転回が広まった理由には、カルチュラル・スタディーズの影響のみならず、すでに記したように一九七〇年代から八〇年代にかけての政治経済学への関心の高まりも大きく影響している。そして文化論的転回の広まりのなかで、経済地理学においても経済を文化から分かたれた自明の下部構造という領域と見なすことへの疑義が挟まれる。ここでは文化と経済という二分法を乗り越えることが提示された（クラング 二〇〇四）。

しかし、文化論的転回はまた、あらゆる事象を言語や表象に還元してしまっていると、とりわけ経済地理学において批判を受けた。つまり、かつて人文地理学において支配的であった政治的・経済的視角が破棄されることの問題が指摘されたのだった（Sayer 1984）。また、きちんと検討されることなく用いられてきた文化概念が、文化論的転回において再検討されたことが評価される一方で、文化論的転回や文化の政治学では、権力関係が単純化される傾向にあることも指摘された（Barnett 1998）。この議論のなかで純粋な文化を研究者が想定し、それを政治的イデオロギーにおける抵抗や闘争に用いることは、依然として文化と政治を分けて考えるという文化の近代的理解の枠組みに陥っていることが暴かれた。

文化なんてものはありゃしねえ

新しい文化地理学はそれまでの静的で不変的な文化概念を批判し、競合のプロセスにある動的なものとして再定義した。しかし、この文化概念は一九九五年、先鋭的なマルクス主義的立場のドン・ミッチェルより批判を受けることになった（ミッチェル 二〇〇二）。ミッチェルはダンカン、コスグローヴ、ジャクソンのそれぞれの文化概念を引きながら、新しい文化地理学が「精神的な（そして私は社会的という語を付け加えたい）構造と抽象性は、実体、すなわち独立した実在もしくは原因となる効果を保持しているものとして考える誤った推論に陥っている」とし、「文化というような（存在論的な）ものなど存在」（ミッチェル前掲：一二〇）せず、文化の非常に強力な「観念」だけが存在するのだと書く。それが「文化なんてものはありゃしねえ」という、この一風変わった論文のタイトルの秘密である。

ここで重要な用語が「物象化」である。物象化は人間の関係が物同士の関係として現れる作用を指す。第二章で紹介したように、ダンカンは文化超有機体説が文化を物象化していることを批判した。ミッチェルは、ダンカンやジャクソンが文化や風景を言語によって記号化されたものに過ぎず、そうした意味体系がどのように作り出されるのか、その基盤に何があるのかを同定しないことを批判する。さらに、人類学者のジェイムズ・クリフォードが文化間の差異を依然として温存していることを批判し、文化の区分を前提にしているがために内部者／外部者、観察者／被観察者の区分もまた温存していると批判する。

ミッチェルが言う「文化の観念」とは、特定の権力闘争の勝者が、何を、誰の文化とするかを定義していることを指す。その文化の観念は、あたかも実在するかのように物象化されている。それゆえ、文化の観念はその背後にある闘争の歴史を覆い隠すために、イデオロギーとして機能するペテンなのだと言う。イデオロギーを普遍化するのは「文化的インフラストラクチャー」である。これが権力と人びととの間の媒介項として機能する。

ミッチェルは、誰が文化を物象化しているのか、誰の利害関係のなかで文化の観念が展開しているのか、どのような権力関係によってそれは支えられているのか、どのようにそれが作られていく歴史的過程を遡及する作業が封じられているのか、が問われるべきだとする。なぜなら、ジャクソンは「文化地図」は状況に即した「多様な読みに耐える」と書いているが、実際にはそれは多様ではなく、現実の権力の諸関係において特定の読みが封鎖されているからだ。文化の観念は資本主義の生産と再生産の社会的諸関係によって作り出され、そして自明のものとされる。

ミッチェルの批判の翌年、ジャクソンとコスグローヴとダンカンがそれぞれ応答のコメントを寄せた(Jackson, Cosgrove, et al. 1996)。一連のやりとりを今里(二〇〇四)が紹介しているが、ここでテクスト論とは何かを含めてもう少し確認しておきたい。

ジャクソンは、文化を媒介物として説明したことが誤解を生じさせたかも知れないが、文化を物象化することへの反対はミッチェルと共有すると書く。他方で、彼はミッチェルが言う文化の観念には依然として同意できないとも言う。その意味するところは、ミッチェルのように文化を権力を巡るイデオロギー的闘争と見なすだけでなく、文化の物質性や制度性にも目を向けなければならないということである。ジャクソンのこの問題意識は第六章で再び触れることになる。

コスグローヴはミッチェルに対して次の二点で全面的な不同意を示す。第一に、ミッチェルが言うような新しい文化地理学が文化に存在論的価値を与えているということはないとコスグローヴは反論する。第二に、隠喩をめぐる意見の対立である。ミッチェルは隠喩の下部構造を問うのだが、コスグローヴは隠喩を言語的、修辞学的な仕掛けとし、根拠が与えられるべきものではないと否定する。

ジェイムズ・ダンカンとナンシー・ダンカンは、文化地理学の研究課題として次の二つをミッチェルと共有しうると書く。第一に、権力者によって文化が操作概念として用いられてきたこと、すなわち文化を真の社会的プロセス、物質的・制度的な表象の実践として捉え、それが大地でどのように展開したかを問うことである。第二に、文化を物象化することが権力を支えることとの危険性を認識することである。他方で彼らは、ミッチェル自身も文化に存在論的な地位を与えていること、にもかかわらずミッチェルは現実的でない物質・制度的実践から観念を分けてしまおうと考えていることから、このことを認識できていないという問題があるとも批判的に指摘する。

まとめ

一九八〇年代に英国と米国で文化地理学の新しい方向が提起された。それは伝統的な地理学と後に呼ばれるようになるバークレー学派の地理的表象の危機を主張し、現代的、都市的な文化の地理を解明する。また、人間主義地理学において自明とされる傾向があった主体が問いに付され、社会においてどのような状況や条件にあるかが検証されるようになった。

ここで、文化はせめぎ合うもの、競合と調停を繰り返すプロセスとして捉えられる。とくにマルクス主義のイデオロギーとヘゲモニーの概念が、自明視され本質化された文化の政治性を明らかにするために動員された。文化の政治学や文化論的転回が文化地理学において起こった。

風景は織物であり、テクストであり、間テクスト的なものとして扱われた。あるいは風景は特定の社会階層の「ものの見方」として捉えられた。こうしたアプローチは新しい文化地理学と呼ばれた。

文化論的転回は文化地理学だけでなく、人文地理学全般で生じた。それは人文地理学において政治経済学が文化論的転回以前に影響を与えていたこととも関係している。

しかし、文化を言語と記号のシステムと見なす新しい文化地理学の文化概念は、依然として文化を物象化しているとの批判を受けた。ここでは文化の観念が、闘争をとおしてそれを支配する権利を獲得した人びとによって操られていることこそが解き明かされるべきだと主張されたのだった。

《第五章》 政治的なるものの地理

本章は新しい文化地理学において、文化的なるものと政治的なるものの結びつきのなかで作られる風景や場所をどのように捉えられるのか考える。政治的なるものを構成するものとして、国家と地方自治体を取り上げる。

キーワード：政治的なるもの、ナショナルとローカルのスケール、ナショナリズム、風景の解釈の専有

スケールのポリティクス

文化の政治学をとおして、文化的なものは政治的であることが認識されるようになった。政治とは、議会や外交のような大文字の政治（Politics）だけでなく、日常生活のさまざまな場面で実践される道徳や倫理、価値判断が孕むイデオロギー性という小文字の政治（politics）を含むようになった。誰が何を代表して決定するのかという問題は、文化の政治学においては自明ではなく、ゆえに政治ではなく、「政治的な

もの」として現れるものを検討することになる。

以降の章では世界、国家、地域、都市、家庭、身体までのさまざまな地理的スケール（範囲）の現象を扱う。この地理的スケールは、特定の事象が特定の社会的プロセスをとおして、一定の領域的な広がりを見せている空間の単位である（山﨑 二〇一〇）。グローバルからナショナル、そしてローカルといったスケールだけでなく、家庭や身体もまた地理的スケールとなる。身体は一つの場所を占め、そこにさまざまな規範が書き込まれ、あるいはそれが収奪の対象となり、かつそうした収奪へ抵抗するための「空間」であり、家庭もまた、強い男、支える女といった性的規範を作り出す空間、地理的スケールである（第一一章参照）。

それぞれのスケールはロシアのマトリョーシカ人形のように独立しているのではなく、特定の社会的文脈のなかで複雑に入り組みながら、文化的な現象を作り出す。つまり、地理的スケールは、以下の章で取り上げる国家的、資本主義的、植民地主義的、家父長的イデオロギーのなかで、それらが効果を与える範域として作り出されるものである。とくにナショナルなスケールは、世界（グローバル）で起きた事象を、その国が置かれた政治状況に沿ってマスメディアをとおして人びとに伝えることで、人びとの世界観を形成する、つまりイデオロギー操作の役割を担う（山﨑 二〇一〇）。こうして、身体や家庭と国家、国家とグローバルといった相異なるスケールはもつれ合うのであり、スケールは政治的産物だと言える。

また、スケールそれ自体が社会のさまざまな活動のための基盤を提供することで、社会的なプロセスを作り出す（Smith 1992）。そのため、地理的スケールはその範囲をより幅広い範囲に「ジャンプ」したり、別の範囲に「ジャンプ」したりする。人種差別、女性差別への抵抗活動のために、ほかの身体やほかの地域と連帯するためにジャンプする。あるいは、グローバリゼーションのなかで場所が侵食され消滅するのではなく、別の空間スケールや場所が生み出される。これもスケールのジャンプである（Smith 1996）。つまり、空間とそのスケールは政治的なのである。

スケールの政治学とジャンプの例として戦後の沖縄県を挙げておこう。アジア・太平洋戦後、沖縄県は地理的スケールとしては日本本土から切り離され米軍の統治下に置かれた。このなかで米軍は軍事基地増設のために私有地を強制的に接収し、それに対して一九五〇年代の短期間、島ぐるみ闘争が起きた。一九六〇年代には長期的な、平和主義と結びついた沖縄県の本土復帰運動が展開する。ここでの地理的スケールは小さいものから順に、土地（沖縄）、日本、世界である。イデオロギーは反米、日本人・民族（ナショナリズム）、平和主義が挙げられる。島ぐるみ闘争においては、米軍の土地接収は日本というナショナルなスケールでの領土権と民族自決への侵害と強く意識された（山﨑 二〇〇七）。つまりローカルなスケールがナショナルへとジャンプする。一九六〇年代には、米国だけでなく日本政府もまた沖縄県内での基地存続を強いるものであり、沖縄県を社会経済的に疎外するものであると批判される。日本民族という意識は後景に退き、反戦運動、反基地運動というグローバルな運動と節合する。土地（沖縄）はグローバルへとジャンプする。このように地理的スケールはイデオロギーのなかで拡張したり縮小したり、あるいはジャンプしたりするのである。

むろん、どのスケールに注目するかという、観察し記述する側の営為も政治的であることには注意が必要である。というのも、一つのスケールを対象として設定し記述することは、別のスケールで生じている社会的不平等を隠蔽する可能性があるからだ。しかもそれぞれのスケールがジャンプし合っているために入り組んでいる。そのため、各スケールの双方向的なつながりを見いだすと同時に、「各スケールを生産し操作しているのが誰であり、それが何のためなのか、また研究者がある空間スケールを採用するのはどのような問題を扱うためなのかが常に明示化されねばならない」(遠城　一九九八b：二二三)。

「国家」というイデオロギー

大文字の政治と小文字の政治を便宜的に分けてはみたものの、わたしたちにとって自明の知識や道徳は国家的なるものによって強く規定されてもいる。つまり、学校教育や政策などをとおして言説が編成されわたしたちに「真理」が示されてきた。わたしたちの周りに張り巡らされた意味の網を編み上げるこの国家とは何なのだろうか。

国家は一定の領域を持つ国土、主権、国土の中に住む国民を備える政体である。それぞれの国家は国語、国民史、国民文化などを持つと考えられる傾向にある。こうした傾向において、国家は、そしてそれの三大要素である国土、主権、そして国民は所与として扱われる。しかし、国家はイデオロギーであり、国際法や国内法といった言語をともなう法制度だけではなく、地図に示された国境線、国境に置かれたモニュメント、学校教育において用いられる教科書、メディアにおける国民文化の均質性や異国の脅威といった報道などをとおしてその「実定性」が産出されたものである。実定性とは、あいまいな輪郭しか持たない社会的構築物である言説が、あたかもそれが自然な条件であるかのように共有されている状態である(フーコー　一九七〇)。

それゆえ、国家の空間性、国家的風景、国家の象徴的な場所を批判的に読み解くことは、文化地理学にとって重要になる。

一つの国家において、たとえば英国のスコットランドやスペインのバルセロナのように、そのなかの一定の人びとが一定の領域を持つ国家の独立を主張することがある。それはその新しい国家の自己表象と言説実践をともなう。イタリアの北部同盟がイタリア国家からの独立を主張するときには、南部との北部の文化的、人種的差異や、経済的かつ政治的利害関係の言説が生産される（北川 二〇一二）。

既存の国家も北部同盟も、自らの領土の境界線を確定している。その境界線は「われわれ」の住む内側と「彼ら」の住む外側を分ける。しかし当然のことながら、その境界線は誰かがある時期に、特定の基準を設けて、ある政治的な背景のなかで画定したものであり、所与ではない。境界線を引くとき、その境界線周辺部に見られる多様性を同一国家の中の偏差とするか、それとも別の国家のものとするのか丹念に吟味される。そしてひとたび境界線が画定されると、あたかもその境界線が昔からわたしたちと彼らを分け隔ててきたものであり、その境界線によってわたしたちの人種や文化と、彼らのそれらが異なるかのように自明視されるのである（バリバール 二〇〇八）。それは文化的実践と技術論的実践である。

国民の均質化と文化

そもそも、現在の国家は国民国家という政治的統治形態であり、これは国家を前提として締結されたウェストファリア条約（一六四八年）以降に姿を現したものである。それは特定の空間に存在する人びとがすべて同じ「国民」であると想像する共同体である（アンダーソン 一九九七）。とりわけ国民国家という共同体の進展は、人びとが都市へ移住することで地縁や血縁から離れる近代という時代に加速した。地縁や血縁から放たれた人びとは、かつてあった共同体を懐古的に立ち上げて、その喪失を嘆く。そうした「失われた共同体」への喪失感を埋めるのが、近代に成立した国家的共同体だったのである。

近代よりも前に国は存在したが、それは主権、領土、国民を前提とする国家とは大きく異なる。中世の王国は他国との間に排他的国境を持たなかったし、人びとは政治的権利を有する国民でもなかった。宗教的共同体と王国が衰退するなかで、一七世紀のウェストファリア条約で姿を現した国民国家という考えは、一つの国家装置(モジュール)としてさまざまな場所に翻訳、移植され、世界中に国民国家を立ち上げたのだった(西川 二〇〇一)。日本という国家は、明治時代以降、国民国家のモジュールを翻訳し移植することで形成された。日本語(イ 一九九六、酒井 一九九六)や日本文学、日本史は差異化のプロセスをとおして、国民文化と歴史の均質性という想像を与えた。

伝統の創造や捏造は近代、とりわけ国民国家形成期に生じた(ホブズボウム、レンジャー 一九九二：第四章参照)。それは、新しく作られた近代的な国家システムやその統治者が、古来の統治者たちの系譜に連なるものであることを、伝統文化の創出をとおして演出しようとしたことと関係する。近世末期から明治時代の始めに神武天皇像を作り上げたり、歴史的な忠臣や英霊を定義したりしたことはそのためである。そのなかで神武天皇陵や橿原神宮といった風景が作られた。

国民国家というモジュールが移植され、想像の共同体が作り出されるときに、人びとが共通の時間と空間を認識する必要があった。共通の国土空間内で、共通の情報を持ち、共通の言語を話し、共通の歴史を認識することを支えたのが、学校というシステムであり、新聞や書籍といった活字メディアを作り出す出版資本主義であった。また、人口統計、博物館、地図も均質な国土空間、国民性、歴史という認識を創出した(アンダーソン 一九九七)。近代国家としてのタイの国境への国民的想像力は、その国境線を描き出した地図の流通によって創り出された(ウィニッチャクン 二〇〇三)。

国境によって縁取られる国家の空間的広がり、そのなかに含まれる国民の特性は、展示の空間によっても実定化される。各国の博物館では国の成り立ちと広がりが示される。そこではその国の歴史的出来事や人物が展示室ごとに示され、展示室を移動することで国の歴史的展開を知ることができる。国の伝統的文化もここで示される。ここで問うべきは、誰がどのような立場で国の広がりを定義し、国の歴史や代表的人物や文化を決定しているのかである。北方領土や尖閣諸島などで明らかなように、どこまでを自国の領土と主張するかは立場によって異なる。また、国の「正しい」歴史や代表的人物、伝統文化は時代によっても変化する（森 二〇一七）。したがって、展示空間はさまざまな思惑の交叉によって作られた極めて政治的なものである。

国民の風景

一九四九年に独立したインドネシア共和国において民族運動の英雄の一人として崇敬されるのがラデン・アジェン・カルティニである。彼女は書簡のなかで決まり文句をとおして自らの住むジャワの風景に文化的な意味を与えた。そしてそれが国民的風景へと昇華されていくのである（土屋 一九九一）。英国においては、イングランド北西部の湖水地方が一九五一年に最初の国立公園に指定され、英国人の心のふるさとと言われるようになった。その英国に含まれるスコットランド王国のハイランドの風景もまた、一八世紀から一九世紀初頭にかけて、ウォルター・スコットの著述やハイランドの伝統文化の創出をとおして、スコットランドの魂の風景という意味を獲得した（森 二〇一二b）。

日本においても、風景は国民性と結びつけられ、国民精神を鼓吹するために日本を代表する景勝地が国立公園に選定された（荒山 一九九五）。とりわけ、岩盤の上に生える松は、その生命力の強さから男性らしさを表すとされ、荒々しい植生や自然景観が日本の男性性と結びつけられる傾向にあった（森 二〇一七）。風景が国民的特性と結びつけられ、日本文化の真正性《オーセンティシティ》を表象する（荒山 一九九五）。

ここには二重のコード化が潜む。つまり、意味するものとしての自然が、意味されるものとしての国民性と節合されて、記号としての国民性を表す自然が作られるのである。そしてその記号としての国民性を表す自然のいくつかが国立公園に選定されることで、国民性を表す自然が意味するものになり、国家の真正性という意味されるものと結びつく。しかも、ひとたび国民国家の真正性や国民アイデンティティと風景が結びつくや、それは物象化され、自明のものとなり、それが形成される歴史的過程は忘却される（森 二〇一七）。国家の風景とはこのように特定の時代において、見いだされるものである。

国家的な風景は特定の目的で作られる。近代日本においては天皇制イデオロギーが採用され、天皇の皇祖として実在しない神武天皇が確定されると、天皇陵の場所が奈良県のミサンザイに勅裁で決定された。その場所に神武天皇を祀る橿原神宮が建てられ、万葉時代の雰囲気を演出するための樹種が林学者によって選定される（高木 二〇〇〇）。こうして古来不変の日本人の心の風景が作られる。通常の日本国民は天皇になることはできないが、天皇のために命を賭して戦うことはできる。天皇のために戦って命を失った人たちの霊は、近世末期から英霊と呼ばれるようになり、彼らの魂を慰撫する招魂祭が催され、その後に招魂社が建立される。とくに父子で天皇に忠誠を尽くした楠木正成は近代に日本人男性が目指すべきモデルとして設定され、彼を祀る湊川神社が神戸に建立された（森 二〇一七）。楠木の忠義を讃えた水戸光圀の揮毫した石碑はモニュメントとして展示され、国民とはいかなる存在かを見せつけたのだった。

好ましからざる風景

一方、好ましからざる風景は特定の社会的文脈において、特定の言説と制度をとおして確定される。そしてひとたび確定された風景は、特定の政策をとおして改良されたり破壊されたりする。このように言説はただ語られ、制度はただ施行されるのではなく、その前後に一連の実践をともなう言説実践であり、制度的実践なのである。

カナダのバンクーバーのチャイナタウンは人種的に劣った不衛生な中国人の風景として確定され、その改良や中国人の排斥の舞台となった（Anderson 1987）。アジア太平洋戦争中、日本においては敵性言語として英語の看板、敵国の風景として中華街が、米国においては日本人街が好ましからざる風景として排斥された。

これは言説実践である。通常は意識されることのない場所への否定的な想像力が、特定の契機に喚起され、それが恐怖や嫌悪の対象として表象され、言説化される。それが多様なスケールで、多様なイデオロギーの重なりをとおして、排除などといった実践を作り上げるのだ。一九三〇年代の岐阜県美濃地方と鹿児島県奄美大島でのカトリックの排撃運動では、天皇制ナショナリズムのなかでの異教の排斥のほかに、前者はユダヤ教への嫌悪感、後者は島内での人間関係も含みながら、カトリックを排除する言説が作り出された。そしてその言説によって教会という特定の風景が好ましくない風景として攻撃を受けた（麻生二〇一六）。

好ましくない風景は一様に定義されるわけではなく、複数の立場からの言説が付与されるものである。とくにこの定義は力を持つ側から持たない側への「配慮」として行われる。たとえば、富山県富山市ではテレフォンクラブが「健全」な青少年の育成に対して「有害」と見なされ、警察は性非行や性病感染など、住民運動団体や市議会、新聞社は青少年を食い物にする男性や業者の存在、性の商品化など、それぞれ有害に関するレトリックを展開する。これに対して、テレフォンクラブの業者は営業の自由や問題の不在などを主張することで対抗する。こうした有害をめぐる言説の展開をとおして、テレフォンクラブの場所や風景の有害性が確定されていく（杉山 二〇〇二）。フランスにおいては、政治と宗教の分離を図るライシテを基礎づける法律群が、第二次世界大戦中のドイツによる占領を経験したストラスブール市では適用されていない。そのため、ここでは地方法のもとで公認宗教体制がとられてきた。二〇一二年に完成した「ストラスブールの大モスク」は信徒からの寄付、イスラーム国家からの資金援助のほかに、市、県、地域圏からの資金援助を受けた。その際、立場の異なる団体がモスクに対してヨーロッパ、フランス、アルザス地方、ストラスブール市、というような相異なる地理的スケールの意味を付与する。また、モスクの建築材やデザインといった物質的側面もまた、フランスにおいて妥当性を持ちうる風景の創出に寄与する（佐藤 二〇一九）。

風景の解釈の専有

重要なことは、風景の創造と解釈が特定の人びとによって専有されていることである。すなわちどのような風景が美しく、理想的であるのか、反対に醜悪であるのか、という道徳観が特定の社会的文脈において作られ、にもかかわらず自明のものとみなされてしまう。たとえば、英国はイングランド、スコットランド、ウェールズ、北アイルランド共和国が合同する国家であり、「英国らしさ」はブリティッシュネス

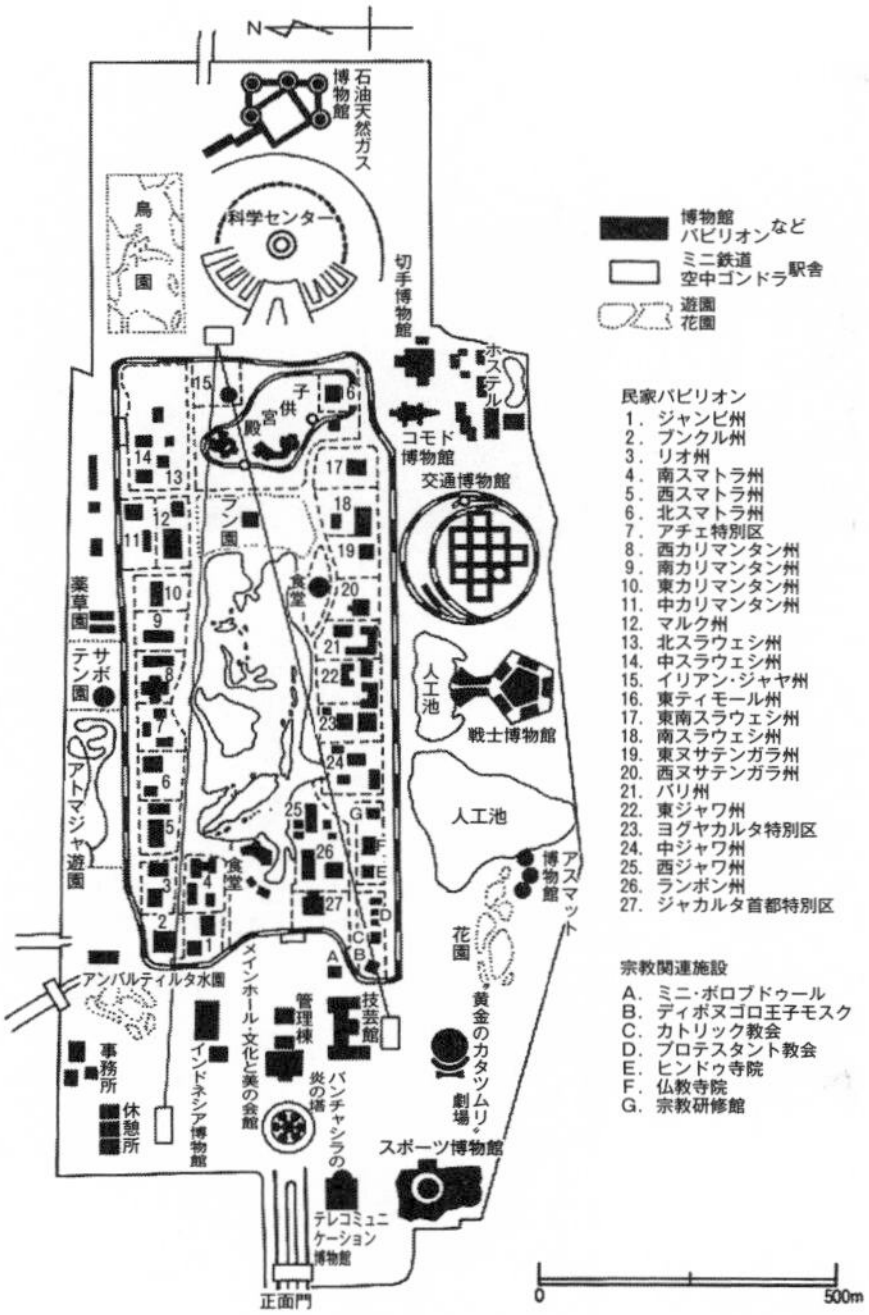

5-1　テクストとしてのタマン・ミニ公園（瀬川（1995: 222）。なお州名は1995年当時）

と表現され、湖水地方はこの英国らしさの源泉と言われる。しかし、このブリティッシュネスの内実は、四つの王国でもっとも力を持つイングランドのイングランドらしさ《イングリッシュネス》がそのままブリティッシュネスに読み替えられたものである。イングランドが英国らしさ、英国国家の風景を決定する力を持つ。つまりイングランドが英国らしさの解釈を専有するのである。

多民族国家であるインドネシアにおいても、国家の風景の読みが専有される。瀬川真平（一九九五）によるインドネシアの美しいタマン・ミニ公園の論考は、第四章で紹介した風景をテクストとして読み解く良好な研究である。首都ジャカルタの郊外に一九七五年に作られたこの公園では、当時のインドネシア全二七州を代表する部族の民家が、すべて同一の展示スペースで展示されている。各州には複数の部族が存在しているが、その多様性は排され代表＝表象する部族が選ばれる。そうして選ばれたそれぞれの部族の民家が同一の広さで展示されることは、部族に関わりなく国民が平等であることを象徴的に示す。つまり、一方で多様性を単純化し、他方

5-2　シンガポールのチャイナタウンとリトルインディア（筆者撮影）

で国民の均質化を図りつつも各州の特性をはっきりと提示するのである。さらに、展示される民家はそれぞれの州の伝統や歴史を強調する。園内には現代的な展示も存在するが、伝統的な民家建築の展示は、各州の多様な歴史を持つ部族の存在の正統性を示すと同時に、そうした部族が一つの国民国家に統合されたインドネシア共和国の正統性も示すのである。

この美しいタマン・ミニ公園は読まれるべきテクストである。そのテクストは特定のイデオロギーによって作られ、それをどのように解釈するのかが専有されている。

同じ東南アジアのシンガポールでは、チャイナタウンやリトルインディアと呼ばれる地区が伝統的な風景を残す。しかしこれは一九八〇年代以降、国家的な政策によって郷愁を誘う風景として作られたものである。チャイナタウンの風景は、一九六三年の英国からのマラヤ連邦独立、六五年のマラヤ連邦からのシンガポール独立以後、不動産開発業者による買い占めによって大きく変貌した。この時期のチャイナタウンの風景の劇的な変貌は開発や成長を是とする考えにおいて好ましいものだった。しかし、ジュロン工業地帯などで繰り広げられていた重工業の成長が鈍化する一九八〇年代、政府は観光を産業の中心に据えようと考える。都市開発機構 The Urban Redevelopment Authority（URA）は一九八六年に保存マスタープランを発表し、そしてチャイナタウン、リトルインディア、カンポングラムを西洋からの観光客を引きつける「オリエンタル」な雰囲気を持つカラフルな風景の地区へと変貌させたのだった(Yeoh and Kong 2012)。オリエンタルな雰囲気は政府当局によって定義され、それに基づいて色も建物の形も決められる。統一的なチャイナタウンやリトルインディアなどの風景は、国家によってその解釈が専有されたものである。

こうした国民国家による風景の解釈の専有は、植民地主義とも結びつき暴力的な様相を呈する。一八七二年から七九年にかけての琉球処分をとおして、琉球は日本国家によって暴力的に廃されそこに組み込まれ、沖縄県となった。この沖縄県では、一村落の地縁的紐帯の共同性を形象する御嶽《うたき》という祭祀施設が維持されていた。アジア太平洋戦争が始まると、一九四一年より新県知事の早川元はこの御嶽を統合して村社へと変換しようと画策する。御嶽を村落レベルを超えた、より広い「国民国家」レベルにおける共同体を想像するための場所へと読み替えようとしたと言える(大城 一九九二)。

戦局の変化(悪化)により最終的にはこの計画は頓挫するのだが、御嶽の村社化計画は、国家的な政策が、県レベルの施策に影響を及ぼし、さらにその下にある村レベルの風景の解釈を書き換え、そしてその風景自体を変化させていくという多層的なプロセスを示している。

国家と場所

一定の国土空間が実定化され、その中に存在すべき国民の心性を象徴する風景が決定される。そしてまた、国家にとって重要な場所も特定の社会的文脈で作り出される。

すでに記した実在しない神武天皇の陵墓は、畝傍山周辺に複数の候補地があった。しかし最有力地である丸山が被差別部落に隣接することを理由として、天皇の勅裁で「ミサンザイ」（神武田）が選定され、国家的な聖地とされた（高木 二〇〇〇）。神武天皇稜の場所の選定は、国家的な場所の偶有性を物語る。すなわち、そこでなければならない理由は本来的にはないのだが、ある社会的状況において特定の基準が採用されて場所が作り出される、つまり場所化されるのである。

これは実在の人物の場合でも同様である。楠木正成を祀る湊川神社の場所は、彼が戦死した湊川の地に残された石碑をもとに確定された。そしてまた、一九三六年には楠木が生まれ育った大阪府の河内地方に残る場所が国宝や史跡に選定され、聖なる場所となった。これら一連の場所はたしかに「史実」を伴っている。しかし、史実は客観的で不変的なものではなく、何を史実とするかは歴史的にうつろうものである。そしてまた、史実があるから場所に意味が付されるだけでなく、特定の基準が作られることで史実が確定され、それにもとづいて場所に意味が与えられたり、史跡などに選定され制度化されたりする（森 二〇一七）。それもまた場所化である。

場所化とは極めて偶有的なプロセスである。場所がどのようなものか、どのように形象化されるのかは、あらかじめ本質的に決まっているわけではない。

国家的政策とローカルの創出

ナショナルとローカルという異なる地理的スケールが関わるなかで、場所や風景が作られる。たとえば、敗戦後の日本において国土計画が再編成され、そのなかで風景の審美性が決められ、それに基づき風景が作られ、さらに美的な場所が作られる。一九四六年九月に公表された「復興国土計画要綱」では、戦前からの大工業都市に集中した工業を分散させ、地域分散が説かれた。しかしその結果は、正反対にかつてからの工業都市への人口集中を生み出すものだった。そして一九六〇年、経済審議会によって太平洋岸ベルト地帯がデザインされた。これは国土計画で目指されていた地方への分散を諦め、瀬戸内海側に存在する従来と新興の工業都市を交通と物流をとおして有機的に結びつけ、国家の産業力を高めようとするものだった（森 二〇一九）。工業都市の石油化学コンビナートの風景は豊かさの象徴となり、審美性をまとう。そして、コンビナートの風景が太平洋岸ベルト地帯に点状に作られた。一方、開発に取り残された農村部の風景には否定的な評価が与えられた。これは国家による国土空間のデザインの問題、つまり国土のどこにどのような税制優遇や交通インフラ整備費を与え、どこを後回しにするのかという政治的判断の問題である。

この時代の都市化は農山村からの人口を労働力として吸い上げていく。都市のなかに流入した人びとの間で県人会をはじめとする同郷団体のネットワークが形成されていく（山口 一九九八）。それは彼らの場所化のプロセスである。

ある種の国策としての都市化は、国土空間のなかに中央と地方という区分を生み出す。この区分において地方は中央から発見され、まなざされる。一九六〇年代地方のなかで特定の歴史的雰囲気を感じさせると解釈された都市が発見され「小京都」と表象される（森 二〇一〇、第六章も参照）。太平洋岸ベルト地帯が生み出した石油化学コンビナートで生産されるプラスティック製品は、合理的で機能的で大量生産される未来の商品と褒めそやされる一方（森 二〇一九）、それと対極にある伝統的な工法で手仕事で作られる民芸とその産地が、「用の美」としての美的な価値を獲得し（濱田 一九九八）、意図的に伝統的な製造法の維持を選択する（濱田 二〇〇二）。こうして民芸の産地は伝統的な産業の場所として表象される。ローカルなものの美的価値は、より広範な国家的政策のなかで理解することもできるのである。

創られる地方の文化

民芸の価値の発見は、すなわち民芸なるものへの解釈の転換を意味する。このような解釈の変更だけでなく、伝統文化そのものが地方において創出されていく。すでに国家的な伝統文化の創出について本章で確認しているが、そのなかでたとえば、一九一三年に行われた共進会という博覧会を契機に富山県の富山踊とそこに含まれる小原節踊が地域芸能として作られた（長尾 二〇〇九）。

地域芸能や祭礼の創出は敗戦後においても見られる。高知県高知市は一九五四年に地域活性化のためによさこい祭りを創り出した。当初は鳴子と民謡をアレンジしたテーマ曲に合わせて踊るものだったが、一九八〇年代に音楽のごく一部にテーマソングが入ればよい創作踊りへと変わると、一気に人気に火がつく。それまでの踊りのチームは町内会や企業で編成されていたのだが、それが同好会へと変わる。そして同好会は毎年独自の踊りを創作し、自己表現や個性の競争の場としてこの祭りを捉え、希薄な人間関係に悩む人たちの新たな人的ネットワークがここでは作り出されたのだった（内田 二〇一三）。

重要なのは、よさこい祭りが大きく様変わりする一九八〇年代という時代である。それに先立つ一九七七年に第三次全国総合開発計画が発表されていた。一九六九年に策定された第二次全国総合開発計画は、各地で環境と生活の破壊を生じさせ、しかも大規模開発によって異常な土地投機と地価急騰を引き起こし、失敗と見なされた。それとは正反対に、第三次総合開発計画は地域特性・伝統文化・人間と自然の調和を開発理念として並べた。太平洋岸ベルト地帯によって地方の過疎化の進行が深刻さを増していたこともこの時代の特徴である。

こうしたなか、国策として地方の創生が推進される。一九七六年の文部省による「ふるさと運動」を皮切りに、一九八〇年代前半は国際化の中で「地方の時代」を実現させるための地方活性化計画が相次ぎ、一九八八年に竹下登内閣による「ふるさと創生基金」に至る。この時期、「ふるさと」と呼ばれる場所が中央たる都会から見いだされた。そしてその中央からの視線に呼応し、「地域らしさ」「ふるさとらしさ」が「発見」され、演出される。

その一つが民俗芸能を中心としつつ、地域住民や自治体によって作られた郷土芸能である。郷土芸能は新しく作り出される地域文化であり、それは一九九二年に施行された「地域伝統芸能等を活用した行事の実施による観光及び特定地域商工業の振興に関する法律」（通称「おまつり法」）や同年末に設立された地域伝統芸能活用センターといった、行政によって後押しされたものなのである。

郷土芸能としての和太鼓演奏集団の多くは一九八〇年代に作られる。新しく作られた芸能ではあるものの、一連の和太鼓演奏集団には共通した自己表象がある。それは住民による地域活性化への熱心な取り組みを強調する創作の語り、歴史や由来の強調により歴史的価値や伝統を誇る伝統の語り、しばらく途絶えていた行事の回復を強調する復活の語りである。これらは、新しく作られたものであるために民俗芸能とは一線を画すものではあるものの、郷土芸能に携わる人びとの民俗芸能の「伝統性」への憧憬を示している（八木 一九九四）。

郷土芸能の創出とは、場所化のプロセスとも捉えられる。すなわち、国家や行政による政策の中で、自らの町や村を「郷土」として自覚し、その郷土の定義を行い、定義に基づき郷土を表象する要素を取捨選択する作業をとおして、郷土という場所がその都度、作られる。

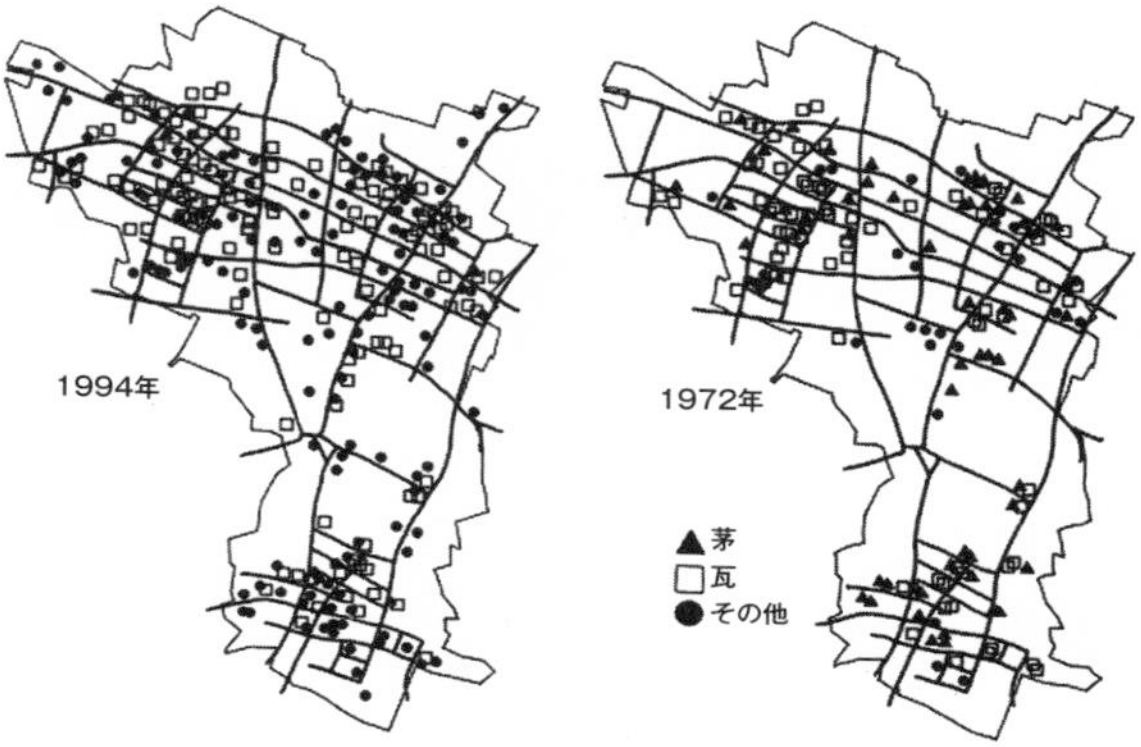

5-3　竹富島における赤瓦の分布（福田（1996: 733）の第２図の一部を転載）。1972年に比べると94年の方が瓦が増えていることが分かる。

場所化は、伝統的建造物群保存地区への選定においても見られる。一九七五年の文化財保護法改正にともなって伝統的建造物群保存地区の制度が発足すると、沖縄県の竹富島では島の伝統的風景として赤瓦が採用され、町並みが整備された。一九七二年の沖縄県の本土復帰によって竹富島の土地の買い占めに対処するために「竹富島を生かす会」が作られ、伝統的建造物群保存地区選定を目指すために一九八六年には竹富町歴史的景観形成地区保存条例が制定され、翌八七年に選定された。島の伝統的町並みの象徴として強調される赤瓦は、しかし歴史的に見れば島内の少数の家屋で採用されたものに過ぎなかった。したがって竹富島の赤瓦の風景は真の歴史を示しているわけではない。しかし同時に、町並みの維持と観光客の受け入れという日常的な実践をとおして自らの日常生活を良好にすることもまた、赤瓦の風景のなかで生じている（福田 一九九六）。多層的なレベルでの思惑と実践をとおして赤瓦の町並みが維持されていることは、場所化のプロセスと言い換えることができる。

まとめ

新しい文化地理学のイデオロギー批判は、国家的な権力に向けられる。国家はイデオロギーの産物であり、かつイデオロギーの創出者であり操作者でもあるからである。国家はその空間的支配を正当化するためにさまざまな地理を作り上げる。国境は地図や博物館での視覚的表象をとおして実定化される。そして国境の内と外に異なる文化や人びとが存在するような表象や言説が作られる。

国境内の人びとの統一性を創出するために、国家の本質や伝統文化が、場所や風景をとおして創られる。国民的な場所や風景はもちろん特定の時代における特定の解釈をとおして作られた記号である。国家はその強大な力を背景に、どのような風景や場所が好ましいのか、どのようにそれを解釈すべきかを専有する。国家政策をとおして場所やローカルなるものが作られる。伝統的な風景の保存政策、伝統的文化の維持の政策のなかで、「地域文化」が作られている。

国家と場所やローカルなるものは、異なる空間的範囲である。しかし両者は完全に別個なわけではなく、相互につながり影響を受けたり与えたりするのである。

《第六章》 資本主義権力の地理

本章では新しい文化地理学において、経済的なるものと文化的なるものとの関わりのなかで場所や風景、空間をどのように捉えるのかを考える。経済的なるものは現在では資本主義というシステムおよび権力形態として現れており、それが地理を生産する。「生産」という言葉は多様であるが、本章では資本主義的権力において商品だけでなく風景や空間が作られることを意味する。グローバル、国家、都市など多様なスケールにおける文化の地理の資本主義的生産過程について考える。

キーワード：資本主義的権力、イデオロギー、都市再開発とジェントリフィケーション、生産と消費

資本主義を確認する

人文地理学における文化論的転回は経済地理学においても影響を及ぼした（第四章参照）。経済地理学、とりわけ批判的地理学が考察するのは資本主義というシステムである。資本主義への批判的介入として文

化地理学が取り得るのは、「文化」を装い自明視されるイデオロギーの批判、微細な場所の差異の創出をとおした価値の創造（ハーヴェイ 一九九九）と「文化的差異」の関係に対する考察、資本主義への批判的介入が孕む経済中心主義への批判、そして消費の多様な実践への視角の提示である。

ここではまず、資本主義を思想家のカール・マルクスの議論をもとに理解しておきたい。マルクスは、諸個人が事物に媒介される、つまり事物と事物の相互関係に全面的に依存、従属するというような特定の社会関係を作り出すシステムを資本主義的社会と呼ぶ。そしてそうした社会関係は商品、貨幣、資本という価値形式によって作り出されるのだとする（マルクス 一九六一）。

資本主義社会ではすべての富が商品で表される。そして、その商品は、その有用性を示す「使用価値」と、それが他の人との間で交換されるときに計られる「交換価値」（商品を生み出した人間の労働量）を持つ。この商品は二重の姿を持つ。一つはその商品の具体的な姿であり自然形態と呼ばれ、もう一つが価値を表す姿であり価値形態と呼ばれる。

資本主義は事物の交換によって価値を生み出すシステムであり、そこでは価値形態はほかの商品との交換をとおして現れる。そしてこの価値を計る物差しが貨幣である。どのような商品とでも交換可能である貨幣が、商品との交換をとおして諸個人の関係を作り出す。しかしそこでは物神崇拝《フェティシズム》の問題が伏在する。これは、わたしたちが事物につけられた交換基準に目を奪われ、その商品を作り出す人間による労働の過程を気にかけない、つまり物が超越的な存在である神となる状態を指す。こうして、人間の関係が再編されるのである。

貨幣は交換において増幅する。このシステムではもとの価値以上の価値、剰余価値を生み出すことで、貨幣を新たな商品を作り出す資本へと変える。資本は蓄積される必要があり、そのために人間の労働力を商品にする。つまり、人間が労働によって生み出す価値を下回る賃金を支払うことで、剰余価値を蓄積する。これを搾取と呼ぶ。

労働力の搾取は文化表象を介して行われる。特定の人種、民族、年齢、性別、階級を劣った労働力として表象することによって、労働賃金が抑えられるのである。そのため、資本主義への批判的介入の一つとして、イデオロギー分析が重視される。そしてイデオロギーはしばしば文化の装いをとるために、文化研究や文化地理学において重要なテーマなのである。

本源的蓄積と収奪の風景

資本主義のシステムが始まる、最初の資本蓄積を本源的蓄積と呼ぶ。マルクス主義者のローザ・ルクセンブルク（一九九七）は、資本蓄積と暴力を切り離すことなどできず、本源的蓄積においては、生産諸力の資源（土地、原生林、動物）などを直接に奪取し、労働力を「自由」にし、資本のための労働へ強制し、商品経済を導入し、農業を農村工業から分離することが起こると指摘する。

このような暴力的歴史的過程は、「資本主義」が単独で作り出してきたものではない。たとえば、土地や資源の直接的な収奪は植民地主義と歩みをともにしてきた。そしてこの協調関係は空間を作り出す。「世界システム論」と呼ばれる収奪のシステムにおいては、植民地支配する一握りの「中核」と呼ばれる国々と、それ以外の「周辺」と呼ばれる国々との不平等な分業体制が敷かれる。この分業体制では、原料や一次産品を単一栽培する周辺と、それを商品へと加工する中核というように役割が分けられる。原料や一次産品の生産の方が労働コストは高く、単一栽培の方がリスクは高い。すなわち分業体制のコストとリ

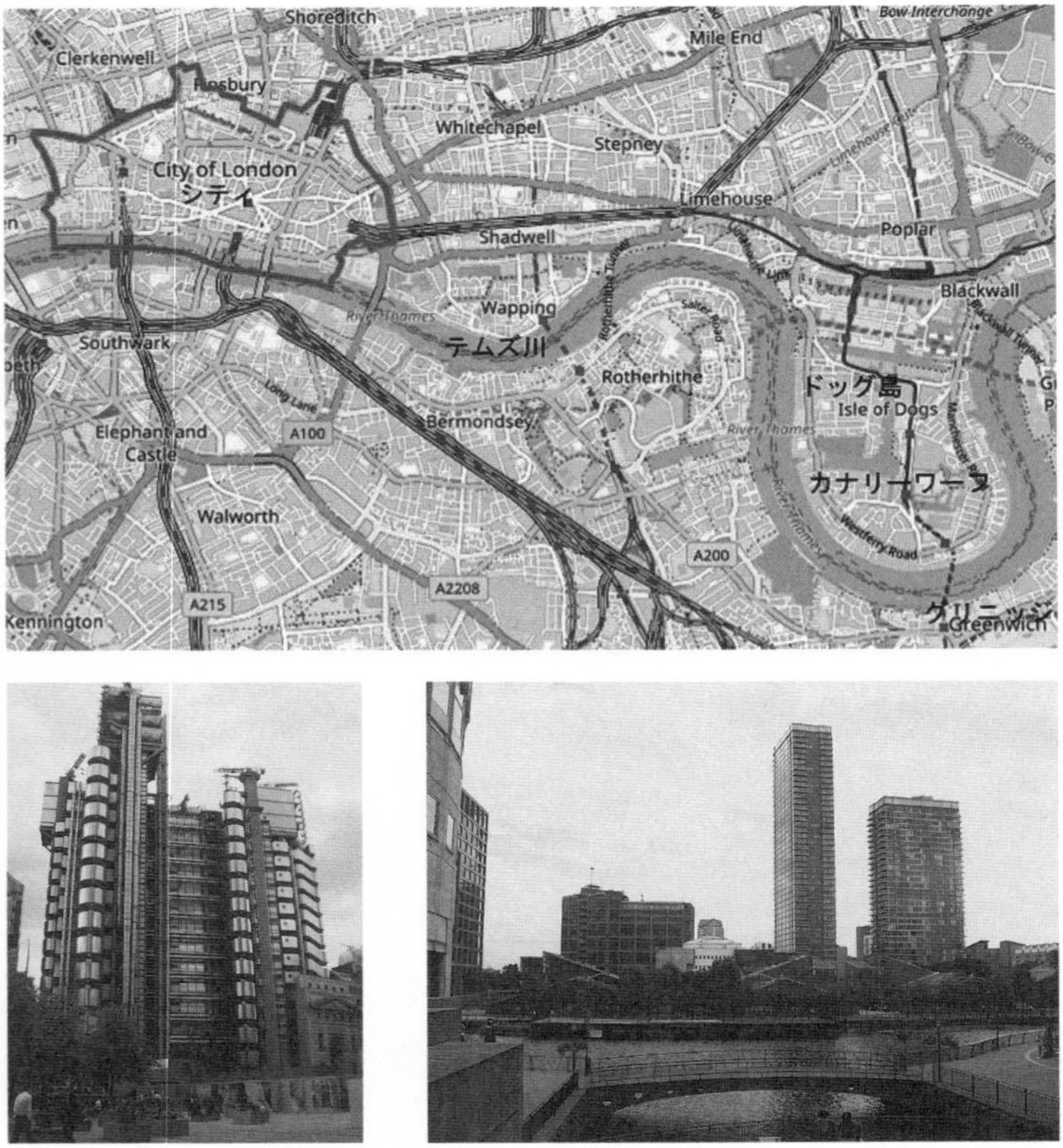

6-1　ロンドンのシティとドッグ島。
写真（筆者撮影）はロイズ本社（左）とカナリー・ワーフ（右）。

スクが不平等なのである（ウォーラステイン 一九九七）。このような収奪の空間編成はポスト植民地主義時代（第七章参照）においても続く。

資本主義と植民地主義による収奪のシステムは、英国のロンドンの風景に現れる（森 二〇一二a）。ロンドン塔の西側に広がる金融街であり保険業が盛んでもあるシティの空間は、植民地からの物品を積んだ船舶がテムズ川を遡行することで編成された。というのも、シティはこれらの船に対して課税を行うことで、金融の中心としての色を一層強め、また船舶を対象とした保険会社も設立されたからだ。また、さまざまな商談の場所として、コーヒー・ハウスの立ち並ぶ風景ができた。世界的な保険会社ロイズはコーヒー・ハウスに起源を持つ。

シティの東側は川を上ってくる船舶が荷下ろしをするための埠頭《ドック》が作られた。ロンドンの港湾のなかでもっとも商業的にも技術的にも成功したウェスト・インディア・ドックスの必要性を説いたのは、保険会社の重役だったウィリアム・ヴォーガンであったことは、埠頭と保険業とのつながりを示している。一八〇二年にドッグ島の北部に広がるウェスト・インディア・ドックスが開設され、植民地で生産された砂糖、コーヒー、ラム酒が輸入された。こうして、ロンドン塔を境に西（シティ）と東（イースト・エンド）では異なる風景が生産された。形成ではなく、生産という言葉を用いるのは、この風景が社会-経済的に作られた建造環境であるからである。

都市における資本主義の政治学

資本主義において空間は絶滅されるべきものだった。なぜなら空間的な隔たりは資源や商品の流通に障

6-2　世界的な製造業の立地変化にともない、かつての港湾が「美しく」再開発されている。右は神戸のハーバーランド、左は英国ニューカッスルのキーサイド（ともに筆者撮影）。

害だからである。そのため、交通インフラや情報インフラの開発をとおした時間による空間の絶滅が図られてきた（ハーヴェイ 二〇〇六）。セーヌ県知事オースマンによるパリの大改造（一八五三－七〇）は、過剰な資本と労働力の集中に対処するものだった。彼は中世以来の複雑な路地をまっすぐな一二本の大通りに置き換えることで整理し、それによって農村や近郊からの合理的な輸送が可能となった。またかつての路地の消滅は、反政府勢力への警察権力による監視を手助けした。つまり、パリの大改造は時間・空間の再編成と圧縮という資本主義的要請と国家による警察権力の効率化の協調関係の表れだった。

時間による空間の絶滅は輸送手段の合理化を伴う。帆船から汽船、鉄道、航空機への変化はそれを受け入れるインフラストラクチャーを変化させる。汽船が主たる輸送手段であったときには港湾が構築され、倉庫群が建てられた。しかし、一九七〇年代に加速する新国際分業により生産地が労働賃金と税の安価な国外へと移転すると、港湾や倉庫街は不要となる。ロンドンのドッグ島は再開発の対象となり、その一画のカナリー・ワーフは一九八〇年代に金融街へと再編された。日本においても一九世紀末から一方で港湾労働者や行商人の蝟集する、他方で金融業や商社の集積する空間となり、衛生政策や道徳教育をとおして住民を規律化してきた北九州の門司港が、産業構造の転換によって弱体化し、北九州市によって門司港レトロとして再開発された（遠城 一九九八a）。同じく近代以降、港湾都市として栄えた神戸の赤煉瓦倉庫群は、震災も含めて一九九〇年代にショッピングモールやシネコンを付帯するハーバーランドとして再開発され、軍需産業や製造業、労働者による労働争議などの記憶がそこからは消されている（大城・中島 二〇〇二）。

海外に生産拠点を移動させるためには、急速な変化や流動性に対応する柔軟な労働力の確保（必要とされるときに一定数の労働力を確保し、不要となれば解雇する）と生産調整様式が必要となる。これをフレキシブルな蓄積体制と呼ぶ（ハーヴェイ 一九九九）。それを可能にするのが電子通信技術を用いて情報や計画、事業取引をやり取りし、資本や労働力を調達する、「フローの空間」（カステル 一九九九）である。これによって、資本主義にとって工場などの生産拠点ではなく、意志決定と資本の取引を行う場と技術が重要となる。工場が海外に移転し、港湾周辺の風景が一変し、そして都心部には一九八〇年代にグローバルシティが姿を現す（サッセン 二〇〇四）。

グローバルシティは都市の地理を一変させる。まずそれは金融業と情報産業をはじめとする高度サービス産業のオフィス街を登場させる。しかも、グローバル化において資本を呼び込むために、しばしば、大規模な規制緩和と市場原理主義を特徴とする新自由主義的な政策が取られ、都市のさまざまな空間が民間企業によって開発される。これを都市空間の民営化と呼ぶ。そしてまたグローバルシティは、一部のエリートと、グローバルシティのインフラストラクチャーを管理する清掃員や警備員、建設作業員、さらにエリートたちの自宅で働く家政婦などのジェンダー化された低賃金労働者を流入させる。しかもこの変化はグローバルシティだけで完結しない。家政婦を海外に「輸出」するフィリピンでは、家政婦として出ていった女性の代わりに、農村部から女性がやって来てその家庭で家政婦として働く（パレーニャス 二〇〇二）。こうして資本主義は人間の移動を引き出すのである（第一〇章も参照）。

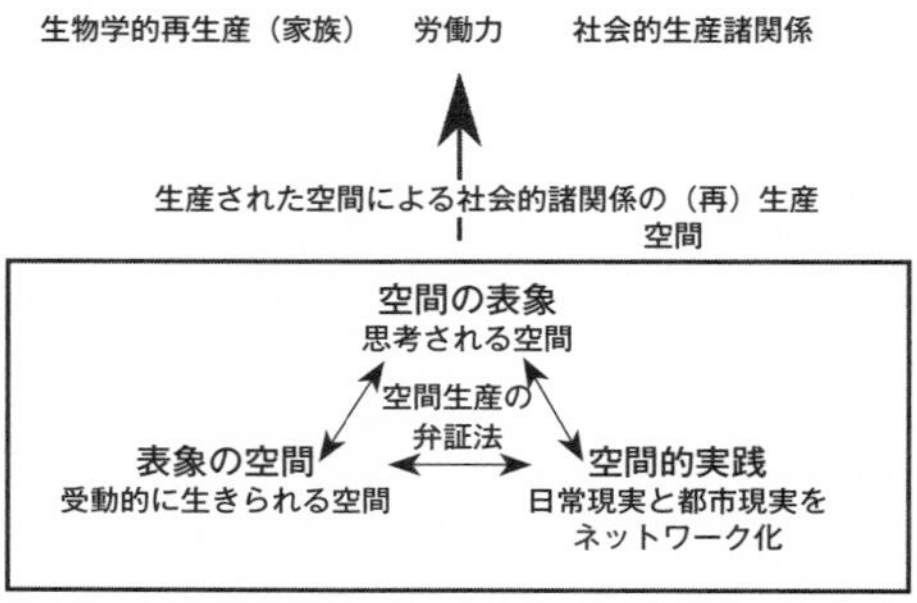

6-3　空間の生産のモデル図

都市の植民地化

空間は資本主義的権力に対して効果的な役割を果たす。それは経済的な諸関係と社会的な諸関係、再生産、生産装置の再生産、拡大再生などの担い手である（ルフェーヴル 二〇〇〇）。空間は①記号化をとおした空間の表象、②日常の現実と都市の現実をネットワーク化する空間的実践、③支配に対して受動的に生きられる表象の空間の弁証法によって生産される。資本主義的権力は、都市においてとりわけ動的に空間を生産する。つまり意味するものと意味されるものの結びつきを操作することで、都市の特定の空間の価値を創出し、見つけて再植民地化するのである（ルフェーヴル 二〇〇〇）。

都市の植民地化は、表象の空間としての都市の特定の空間や労働者を収奪する。それは資本主義的要請を受け、都市の行政が実践するものである。たとえば、二一世紀の日本での「働き方改革」は、労働の自由化のイデオロギーのもと、資本主義が必要とする使い捨て可能な低賃金労働者の創出を国家的制度で正当化したものに過ぎない。そしてこうした共犯関係は都市のなかに風景や空間として現れる。たとえば、東京における近代以後の都市の拡張にともない、東京市は、「バタヤ」と呼ばれる屑拾いの「特殊」な労働の空間である「バラック街」をいくつかの場所に移動させてきた。屑拾いによる資源の「リサイクル」業を特定の業者に束ねさせることで、不安定な低賃金労働者が作られ、収奪される。敗戦後の日本では住宅不足も相まって東京都、兵庫県、広島県など各地にバラック街が現れ、そこではバタヤが生業として重要な位置を占めた。このバラック街はしかし行政によって不衛生で危険とラベルが貼られ、一九六〇年代に撤去された（本岡 二〇一九）。一方、この時期の大阪では港湾労働者の居住区である釜ヶ崎が、一九七〇年に開催される日本万国博覧会の会場やそれにかかわる建造環境の建設作業員の集う「寄せ場」へと作り替えられる。寄せ場を特徴づける風景が公共職業安定所と簡易宿泊所である。そして手配師が暗躍し日雇い労働者を搾取するこの場所は、暴動を引き起こす危険な場所と表象され、そうした表象が行政と資本によるさらなる搾取を可能にする（原口 二〇〇三）。

こうした搾取のシステムは単線的ではなく、複雑である。というのも、一方で企業と労働者の間にはいくつもの仲介物があるからである。日本では一九九〇年代末に加速した、国家による福祉・公共サービスの縮小（小さな政府、民営化）と、大幅な規制緩和、市場原理主義の重視を特徴とする新自由主義的政策において、労働者、とりわけ脆弱な立場にある移民労働者は、使い捨て可能な調整弁として搾取された。一九七〇年代から八〇年代にかけて電気製品の組立加工業の主要地となった岐阜県美濃加茂市では、業務請負業者が日系ブラジル人労働者を、ブラジル人人口が減少し始めるとフィリピン人労働者を各工場へ手配してきた（小谷 二〇一四）。資本と労働者を仲介する特定の場所の特定の業者が、資本主義的都市空間の構成と都市の植民地化において重要な役割を果たしている。

また、「使えない」労働者を規律化し、搾取可能にする動きも見逃せない。それは、働かない、定職に就かない人間は反近代的、反道徳的、あまつさえ反社会的だというイデオロギーを展開するもので、しかも空間の生産と不可分である。たとえば、神戸市の湊川公園と公設の無料宿泊所という空間が果たした、「市民」を作り出す役割を見てみたい。そもそも公園は近代的な労働者に娯楽を与えて、健全な心身を再創造《レクリエーション》するために英国で誕生したものであり、湊川公園も近代的な価値観を共有する政治主体である「市民」を作るために一九一一年に設置された。一九一八年の米騒動以後に問題となったのは、資本家と行政が社会を混乱させると考える「下層」労働者であり、彼らはこの公園周辺に住んでいた。そこで、公園を中心に近代的な価値観を持つ「市民」となるような施策が採られる。労働者らは公園内に設置された音楽堂などの施設や遊園地で、また定職に就かない失業者は無料宿泊所で教化されていく。また公園は野宿者の排除の舞台となった（中川 二〇一九）。監獄が人間の精神を作り出す装置であるように（フーコー 一九七七）、都市空間は単に生産されるだけでなく、労働者をふるいにかけ、「使える」労働者の規律化をとおして近代的「人間」を作り上げていく装置なのである。

都市の審美性

審美性が演出された都市空間の一画は「商品化」され、投資を引きつける。フランスのパリにあるマレ地区は古い町並みに貴族の邸宅が散在する審美的な場所である（荒又 二〇一一）。これは二〇世紀半ばにフランス政府による保全地区に指定され、多様なこの地区の歴史の一つの側面である貴族の文化を軸にして、街区の修復を図ったことによってできあがった神話的な場所である。日本においても町並み保存（福田 一九九六）やメディアによる場所の表象をとおして都市が審美的な価値を獲得するが（成瀬 一九九三）、マレの事例はそれを演出するために物質的な変化を加える。つまり、建物の構造を変化させ、イメージにふさわしくない人びとを追い出す（ことを期待する）。

都市空間の審美化は政治‐経済的なプロセスである。しかしそのプロセスが孕む暴力性は「文化的」装いによって覆い隠される。とくに、健康で衛生的な生活を求めて郊外住宅地に居を構えた富裕層が都心に回帰する都市の「ジェントリフィケーション」（藤塚 二〇一七）は、健全で安全で美しい都市の再開発として賞賛される一方、そこに住む人びとの強制的、自主的両方の立ち退きを迫る（スミス 二〇一四）。というのも、美しく再開発された都市空間では地価を含む居住コストが高くなり、都市中心部に住む貧しい人たちが居住することを困難にする、あるいは、「醜悪」「スラム街」などといった否定的なラベルを貼り、暴力的に人びとを立ち退かせるからだ。

しかしまた、「立ち退き《ディスプレイスメント》」とは暴力的な立ち退き以外に、居住者の心理的、主観的な場所の喪失も含む。その第一は、家主が物件をこぎれいにしてしまったり、反対に放置したりすることで居住環境が悪化したために、住居へのアクセスを遮断される「排他的立ち退き exclusionary displacement」である。第二は、実際に立ち退かされるわけではないけれど、街や近隣の変化によって恐怖を感じる「立ち退きの圧力 displacement pressure」である。こうした人間の心理的疎外も、人間主義的な観点を取り入れ、数量的調査だけでなくインタビューを実施することで、あるいは文学作品のテクスト分析を行うことで見えてくるのである（小島 二〇二一）。

したがって、ジェントリフィケーションは都市の文化表象と権力の問題である（ズーキン 二〇〇四）。おしゃれな都市空間の創出では、メディアやアーティストを含む「クリティカル・インフラストラクチャー」が重要な役割を果たす。これが人びとに「最新のファッショナブルな」ライフスタイルを提示し、都市の民営化や立ち退きを含む暴力を覆い隠すのである。ジェントリフィケーションが暴力装置であることは、文化地理学において強調しておくべきことである。

同様のプロセスは、オリンピックやワールドカップなどのメガ・イベントにも見て取れる。これらは国家的事業として象徴化され、スタジアムや選手村の建設、スポーツイベント施設の設置は都市の再開発事業の引き金を引いてきた（森 二〇一九）。そしてそのなかで、オリンピック開催を使い勝手のよい理由とした都市空間におけるジェントリフィケーションが進行する（荒又 二〇二〇）。しかもこうした都市再開発の暴力性は、国境を横断し地球上のさまざまな場所に広がっている（平田・仙波 二〇二一）。

観光産業の地理

資本主義において、自らの身体以外に売るものを持たない労働者の身体は搾取の対象である。労働者の賃金は、労働力の再生産に見合った額が支払われる。労働力を再生産するためには栄養を摂取し、十分な睡眠を取り、リフレッシュする必要がある。労働力の「再生産（レクリエーション）」の一つとして観光がある。

一九世紀半ば、産業革命まっただ中の英国において、近代観光産業が成立する。当時の英国では労働者の飲酒が社会問題化しており、社会変革を唱えるキリスト教団体はパブでの娯楽を不健全とみなし、それに代わる健全で合理的な娯楽を推奨しなければならないと考えた。そして敬虔なキリスト教徒であったトーマス・クックは、飲酒の代わりとなる娯楽として旅行を推進した（森 二〇二二b）。一八四一年、クックは禁酒大会に参加者を運ぶために特別列車を会場の最寄り駅まで走らせ、そこで軽食、ブラスバンドなどを提供するイベントを企画した。同年にはガイドブックも出版した。当時、カール・ベデカー・アンド・サンズやハウス・オブ・マレーなどの出版社によるガイドブックは存在していたが、自らが組織する団体旅行のためにガイドブックを作成するのはクックが初めてだった。

労働者の精神と肉体をリフレッシュするための観光産業は、特定の場所を表象する。英国では寒村だったブライトンが海水を用いた治療の場として発見され、保養地として表象され、ロンドンから鉄道を利用すれば日帰りで楽しむことのできるビーチリゾートとなる（森 二〇一二b、Shields 1992）。不動産会社や開発業者が海岸の土地を購入し、ビーチリゾートやゴルフ場として開発することで、海岸部の風景は大きく変貌した。また、二〇世紀になると、鉄道会社は乗降客を獲得するために、絵画やイラストで視覚的に人びとの旅行熱をかき立てるポスターを作成した。こうして場所の表象はさらに押し進められた。

6-4　イギリス鉄道会社によるポスター

海水浴は日本にも治療行為として導入され、その後、明治時代後期には鉄道資本などによって海岸リゾートとして開発されることとなる（小口 一九八五b）。戦前期、高度の産業化により東洋のマンチェスターと呼ばれた大阪の近郊である和歌山県の湯崎温泉と白良《しらら》浜は、一九一九年に観光資本によって温泉リゾートとして開発される。一九三三年に大阪から鉄道が南下すると駅名は「白浜口」となり、大都市からの観光客を集めた。「白浜」という名称は黒煙で汚染された大阪に対して、健康的で無垢なイメージを強調するためであり、また当時の日本人にとって白さは憧れの欧米をイメージさせた。鉄道資本、観光資本によってリゾート地「南紀白浜温泉」が形成されたのだった（神田 二〇〇一）。

近世以前から日本に存在した温泉地もまた、資本主義によって商品化される。近世から明治時代中期ごろまで、人びとは湯治、つまり治療のために温泉地に短くとも一週間、長ければ数ヶ月逗留していた。しかし鉄道の普及により、大都市周辺の温泉地、たとえば東京から草津や熱海、大阪から有馬などに日帰りで簡単に、娯楽のために訪れることができるようになる。温泉地は遊興施設を設置することでほかの温泉地との差別化を、また同一温泉地においても旅館内に浴場を設けるなどしてほかの旅館との差別化が図られた（関戸 二〇〇七）。一九七〇年代にはスキー人口の増加に歩を合わせて、草津温泉はスキーとセットの高原リゾート地として開発される（関戸 二〇一八）。

日本において鉄道資本や観光資本による観光地の生産、つまり場所の記号化とそのための物理的な建造物の生産は、とくに一九二〇年代に加速した。というのも、日本における日本人を対象にした近代観光産業は、近代資本主義の成立にあわせて一九二〇年代に大きく展開したからである。このときの対象は都市に居住する一程度の賃金と余暇時間を持つ中間層であった。鉄道省や私鉄といった鉄道資本によって、さまざまな場所が見所という「差異」を持つ場所として作られていった。アジア太平洋戦争中、観光は天皇の聖跡を巡ったりハイキングをしたりする活動に限って認められ、国家統制に資していった。

敗戦後、場所の商品化はより複雑になる。とくに一九六〇年代に女性や若者を旅行者、つまり消費者として取り込み、またそれらに合わせた差異を持つ場所や活動が生産されていった。とくに高山や金沢といった一部の地方都市は、日本の伝統が残る場所、「小京都」と表象され、七〇年代の国鉄によるディスカバージャパン・キャンペーンとも相まって、重要な観光地となった（森 二〇一〇）。

生きられた地理と消費実践

観光への関心は、資本主義における生産活動と消費活動との分かちがたい関わりを顕わにする。そして消費への関心は、消費がモノの機能的な使用や所有でも、個人や集団の権威づけの機能でもなく、コミュニケーションと交換のシステム、記号のコード、つまり言語活動として機能する、「消費社会」（ボードリヤール 二〇一五）において高まった。地理学は、記号としての商品を購入することで、人びとの間に集合的なアイデンティティが形成されることを提示する。消費の舞台である、スーパーマーケットや百貨店、ショッピングモールの空間、商品、消費の実践がそれぞれ特徴あるアイデンティティを作り上げる（Mansvelt 2005）。渋谷の都市空間は互いを見て、見られる関係をとおしてそこに集う若者のアイデンティティを形成した（吉見 一九八七）。さらに観光においては、小京都ブームやディスカバージャパン・キャンペーン（森 二〇一〇）、アンノン族（原田 一九八四）が、都会の女性のアイデンティティを刺激してきたのである。

消費はまた、地政学的な装置でもある。敗戦後に米国を中心とする西側に組み込まれた日本では、アメリカ的なライフスタイルを称揚した。リビングルーム、ダイニングルーム、キッチン、ベッドルームを備える住宅、そこに置かれるソファや洗濯機、冷蔵庫、テレビなどは、アメリカ的な豊かさを示した。とくに家電は「主婦」を作り出す。それは家事労働をするのが女性であり、アメリカ的な主婦は家電を用いて家事を合理化し、余った時間でさらに「文化」の教養を高めて賢い主婦になるのだと説いたのだ（森 二〇一八b）。

しかし、消費は決して一様ではないことも事実である。たとえば、商品に込められた特定の支配的な意味をあえて別の意味として読み解く。これは「抵抗」として議論される。つまり、資本主義や国家といった権力を持つ側が「戦略」として特定の価値を押しつけてくるのに対して、力を持たない人びとがそれをあえてやり過ごしたり無視したりする「戦術」を駆使して日常的な実践を繰り広げるというのだ（ド・セルトー 一九八七）。

ただし、こうした抵抗の議論はえてして抵抗する人びとを過度に称揚したり、あるいは権力を持つ側と持たない側という二分法を強化したりする恐れがある。というのも、二分法は現象を理解しやすくするが、現象の持つ複雑さを捨象することでかえって、人びとの多様な実践を見えなくするからだ（森 二〇〇六）。むしろ、単純に見えるような事象においても、さまざまなアクターがそれぞれの、その都度に合意される思惑のもとに行為をしており、そうしたいくつもの行為や意図の重層性に目を向ける必要がある。たとえば、国民国家のイデオロギーが強力だった戦前においても、国家によって京都駅前で象徴的な場所が創出されるなかで、そこで営業活動する店主たちが、そうした国家レベルの意味作用とは別のレベルで意味を作り、問題を提起する複雑な実践の絡み合いが見られた（中川 二〇一七）。東京の墨東地区におけるアート・プロジェクトは、資本、まちづくり行政、アーティストが完全に重複することのない意味作用を行うことで展開し、都市の意味や価値を作り上げている（及川 二〇一六）。

あるいは、特定の商品を買いそろえることで特定のアイデンティティを獲得すると因果論的に捉えるのではなく、消費を意味を作り出す実践と捉え、商品とアイデンティティ形成のより複雑な関係性を捉える必要がある。しばしば言われるように、ショッピングモールは決して単純で均質な空間ではなく、それぞれが立地する場所の文脈に応じて多様な空間であり、それゆえにそこでの消費の実践も多様になる。さらに、商品は決して単に購入されるだけの客体ではなく、購入され自宅に持ち帰られ使用されるなかで、それが持つ意味が変化したり、購入者のアイデンティティを変化させたりする（Miller, Jackson, Thrift, et al. 1998）。つまり、消費は複雑な実践なのだ（第九章も参照）。

多様な経済、多様な実践

生産されたものが流通し購入されるというような単線的な理解、生産に対して「結果」としての消費という因果的な見方がここでは斥けられる。消費の実践へ注目することで、資本主義のイデオロギーや権力への批判の視角からこぼれる、受け取り＝脱コード化の自律性が見えてくる。

観光もまた複雑な実践の束の産業である。観光業者や国家の意図どおりに観光客が見て回るわけではない。観光とは観光客によって演じられるパフォーマンスであり（Coleman and Crang 2002）、観光業者側が意図していない場所を観光客が訪れたり、そこで写真を撮ったり、SNSにそれを載せたりすることで意味を作り出している。観光における場所の経験は単線的ではなく「パラドックス」（Minca and Oakes 2006）なのだ。「エスニック」料理店における日常的な消費の局面でのパフォーマンスが、曖昧な定義しかない「エスニック」という意味を毎日更新する（Dwyer and Crang 2002）。

そもそも、資本主義の分析は何を視野に入れているのだろうか。英国の地理学者ドリーン・マッシーは、デヴィッド・ハーヴェイやエドワード・ソジャの政治経済的分析が資本に目を奪われすぎ、家父長制や人種主義、エスニシティなどが果たす役割を考慮していないと批判した（Massey 1991）。生産を離れ、消費実践の多様性と屈折性への注目、すなわち分析のためのスケールを問題化しつつ設定することが求められる。

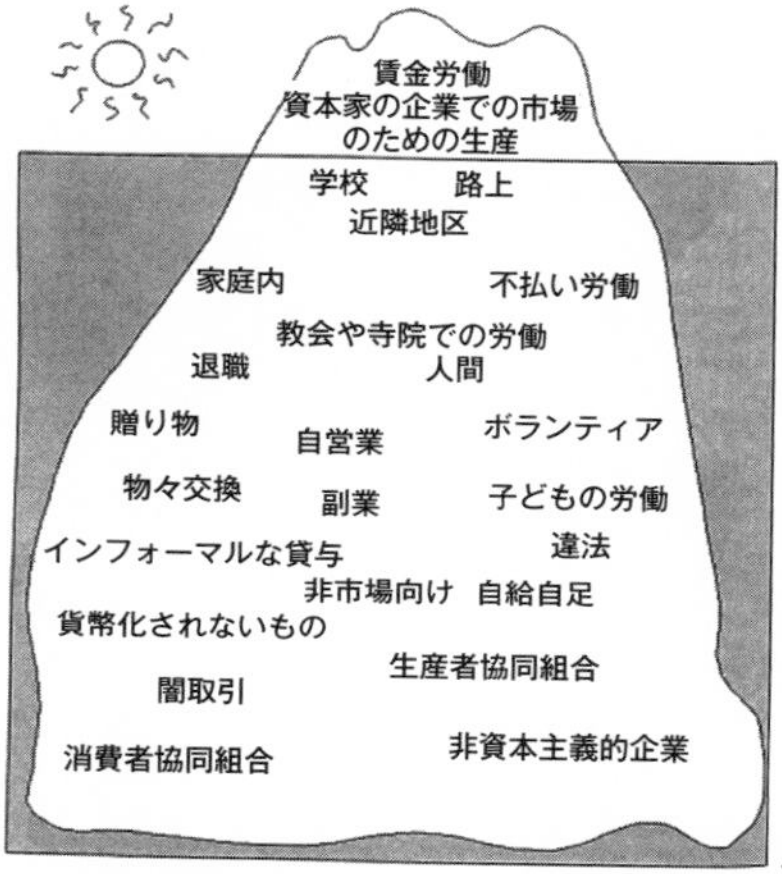

6-5　多様な経済
（Gibson-Graham（2006: 70）より日本語に翻訳して転載）

また、研究対象として設定されている「資本主義」は、資本主義というシステムの一面でしかない。つまり、資本主義として分析されている表層の下には、不払い労働、ボランティア労働、感情労働、家庭内労働といった「多様な経済」が存在している（Gibson-Graham 2006）。こうした多様な経済こそが、資本主義的なシステムを支え（させられ）ていることは軽視すべきでない。そしてこのような多様な経済への視点は、近代的、合理的な経済人《ホモエコノミクス》を自明の「主体」として前提している説明へ対抗する。その意味で、昨今の資本主義の過度の進展による地球環境への負荷の高まりにともない、人間が地層を形成するほどに地球に対する力を持っている時代、「人新世」への批判もまた展開しなければならない。というのも、資本主義と人新世の考えは、ともに人間の絶大な力を前提にしていて（第九章以降を参照）、すなわち人間中心主義的、男性中心主義的、資本中心主義的でもあるからだ。そうした表面上の現象の下で行われる多様な交換や分配の有り様、多様に維持されるローカルなるものへ目を向けることが、「資本主義」をより深く理解するために必要となる（Gibson-Graham 2011）。

こうした資本主義批判への批判とでも言うべきものは、経済をさまざまなアクターが演じるものと捉えるアクター・ネットワーク理論とも関わる（第九章も参照）。そこでは経済を研究するはずの経済学自体も経済を構成するアクターと見なされ、商品の生産、流通、消費においてどのような倫理や責任、身体の意味が作られるかが検討されることになる（Callon 1998）。

まとめ

資本蓄積を目的とする資本主義において、資源と身体の収奪は欠かせない。その暴力と矛盾はイデオロギーや道徳といった文化的装いによって覆い隠される。文化地理学では資本主義が国家や行政、植民地主義や家父長制と協調しながら、空間や場所、風景が作られる過程を明らかにする。

資本主義が持つ合理性と効率性への指向性は都市の風景や場所として現れる。都市の場所や身体は、都市計画や再開発という空間の表象や空間的実践によって収奪の対象として取り込まれ、都市空間が植民地化される。都市の特定の場所は資本を蓄積するために審美化され、そこから立ち退きを要求される人びとの存在を審美性が覆い隠す。資本主義システムでは、労働者の健全で健康な身体を再生産するために観光という消費システムも作られ、観光地が生産される。

観光に代表される消費活動は資本主義における重要な側面である。消費活動を消費者による実践と捉えると、資本主義が決して首尾一貫した単線的なシステムではないことが分かる。どのような場所で、どのような商品が消費者によってどのように意味や価値を与えられ、その意味や価値が、消費者をどのように作り上げていくのか、経済学をどのように書き換えていくのか。こうした問いは社会と地理の複雑さへの問いへと繋がる（第九章参照）。

《第七章》 他者化の地理

本章は新しい文化地理学において、他者をどのように捉えることができるのか考える。自己と他者の区分は最初からあるわけでなく、植民地主義的権力や家父長制権力、性をめぐるさまざまな規範における表象と言説実践をとおして、差別化されることで作り出される。差別化を特定の文脈における持続的な押しのけのプロセスと捉えるため、本章では「他者化」という言葉を用いる。

キーワード：（ポスト）植民地主義的権力、家父長制的権力、他者（化）、フェミニズム、ジェンダー、差延作用

植民地主義

植民地主義とは、自国の人口や食糧を調整するために、植民地を作ったり獲得したりするシステムを指す。近代以降の日本では拓殖《たくしょく》とも言われた。拓殖とは、「未開」の土地を拓くために植民することである。

それは自国の領土を外側へと拡大する空間的現象であり、蝦夷地と呼ばれた土地を一八六九年に設置された開拓使や一八七四年に開始された屯田兵制度が拓殖するプロセスも植民地主義と呼びうる。

植民地主義は、宗主国と植民地との間で空間的編成を行う。つまり、植民地とされた空間には、市場や工場が宗主国によって、あるいは植民された人びとによって作られることで、宗主国と植民地の間に商品や物資の交換システムができあがる。ただし、世界システム論で明らかなように、その交換システムは不平等である。また宗主国と植民地との間には異なる政治的システムが導入されることで、植民地は空間的には包摂されつつ分断される。日本の植民地政策においては本国と台湾や朝鮮、樺太などの植民地で、内地法と外地法が適用されただけでなく、植民地同士においても異なる法が適用された。内地であっても、沖縄とアイヌに対しては権利や制度に格差が設けられる（山室 二〇一一）。つまり、異法域として空間ごとに異なる法律が適用されるのである。

この植民地主義の空間は暴力的である。というのも、通常それは強力な軍事力を持つ宗主国によって、軍事力を持たない土地が植民地とされるからだ。しかも軍事力を背景としつつ、資本主義的な制度によって植民地の労働身体も資源も文化も収奪され、本源的蓄積が図られる（第六章参照）。

オリエンタリズム

こうした植民地主義の暴力性は、文化的表象をとおして覆い隠される。そこでは、植民地主義の利点や正義が強調される。とくに植民地主義は、交通、水道などのインフラストラクチャー整備や教育制度の確立による未開地域の文明化という言説とともに進展する。

植民地主義における植民地の表象の暴力性を暴き出す議論が、英文学者のエドワード・サイードによるオリエンタリズムと心象地理である（サイード 一九九三）。オリエンタリズムとは「オリエント」と呼ばれる地域に関する知識の貯蔵を指す。一三一二年のヴィエンヌ公会議で各大学にアラビア語、ギリシア語、ヘブライ語、シリア語の講座の設置が決まって以降、西欧においてオリエントの知識が集積されていった。聖書学、セム系諸語学、イスラーム研究、中国学などがオリエントの知識を貯蔵することで、一九世紀半ばにはオリエンタリズムは最大の学問的宝庫となった。

7-1　性的で淫靡なものと対象化されるオリエント。図は原著の *Orientalism* の表紙に使われた、フランスの画家ジャン＝レオンジェロームによる「蛇使いの少年」（1879年）。ヘビはキリスト教においてアダムとイブを誘惑し、堕落させた呪われた生き物であり、裸の蛇使いの縮れ毛の少年を見ているのはイスラームの諸部族である。

注意したいことは「オリエント」の地理的範囲である。オリエンタリズムは当初、中東からエジプトまでの範囲を指していた。その後、インドや中国、そして日本までも含むようになる。つまり、オリエントとは具体的な地域ではなく、あくまで「オクシデント（西欧）」とは異なる文化を持つと表象される限りにおいておぼろげながら確定される、きわめて政治的な地理的範囲なのである。サイードは「心象地理 imaginative geography」という言葉を用いて、オリエントが西欧によって表象された実体のない、しかし実定化された地理的想像／創造物であることを主張する。

　オリエントが政治的であることのもう一つの理由は、オリエンタリズムが植民地主義の全盛期である一九世紀に最大の学問的宝庫となったことと関わる。つまり、オリエントの表象が植民地主義の正当化に大きな貢献をしたというわけである。

オリエンタリズムの議論の要点として三点を強調したい。第一に、それは西洋によるオリエントの一方的な表象であり、植民地主義の不平等な権力関係によって支えられると同時に、その関係を再生産している。第二に、オリエンタリズムでは東洋に関する決まり文句《クリシェ》が用いられ、それによって支配する者とされる者、見る者と見られる者、語る者と語られる者の関係が不断に再生産される。ここでオリエントはいやらしく、陰謀や悪知恵を用い、動物虐待を行う野蛮で未開な存在として繰り返し語られる。第三に、こうしたオリエントに関する学術的研究や芸術分野での表象が、野蛮で未開なオリエントは文明化されねばならないと植民地支配を正当化する。サイードはフーコーを引きながら他者を知ることは価値中立的ではなく、政治的な権力だと主張する。

日本はオリエンタリズムにおいて西洋から表象されてきた。一九世紀後半の西欧においてはジャポニズムが流行し、その異国趣味的なまなざしの対象とされた。しかし西洋化と文明化を推し進める日本は二〇世紀の初頭に「オリエント」から飛び出し、東洋史や東洋学などオリエントを研究するための学問制度を整え始める。そしてそうした東洋とは異なる日本の独自性や日本の起源の策定を行った（姜 一九九六）。

オリエンタリズムにおける言説と表象は、植民地主義における特定の世界の理解の様式である。そしてそれはわれわれの空間と彼らのそれを区分する言説的実践である。そうであれば、地理学を含むさまざまな場所や文化に関する記述は、地政学的言説でもある（成瀬 一九九七）。

心象地理としてのバリ島

西洋におけるオリエンタリズムと植民地支配との関係をバリ島の文化表象と心象地理から考えてみたい。バリ島に存在した王国がクプタンと呼ばれる激しい戦闘の末、オランダによって滅ぼされるのは一九〇八年であった。以降、この島はオランダ、それから英国によって植民地支配された。

当時のバリ島は野蛮で未開で魔術を用いる恐怖の場所と表象された。しかし他方で、オランダ植民地政府はオリエンタリズムで形成されたアジアらしさをバリ島の植民地政策に用いた。アジアらしさの重要な要素であったヒンドゥー教である。西洋が理想とするヒンドゥー教をバリ島に見出した植民地政府は、ヒンドゥー的秩序にもとづいた法を制定した。さらに、一九一七年に起こった大地震で倒壊したブサキ寺院の再建をとおして、バリ文化に積極的に介入した。この寺院はバリ島民の間では忘れられた存在であったが、オランダ人は耐震性のある近代的な建築方法を排除し、代わりに伝統的な建築方法、伝統的な装飾を採用し再建した。それはオランダ人、西洋人が求めたオリエンタルな風景だったのである（永渕 一九九八）。

一九二〇年代をとおして、バリ島の表象は未開から神々の王国へと劇的に変化し、西洋から多くの旅行者がバリ島の伝統文化を求めてやって来た。彼らの求めるバリ島らしさは、しかしロシア生まれのドイツ人画家のヴァルター・シュピースが作り上げたものだった。一九二五年に初めてバリ島を訪れ気に入ったシュピースは二七年に移住する。彼はバリ島の人びとにキャンバスに絵の具やテンペラを用いて、遠近法を採用して絵を描く方法を教えた。それまでのバリ島でも絵は描かれていたが、儀式のためのものであり、芸術的な概念は不在だった。シュピースによって西洋絵画の概念がもたらされると、宗教的なテーマだけ

7-2　バロンダンス（筆者撮影）

でなく、自らの身の回りの生活や自然が描写されるようになった。また、シュピースは村の儀式で演じられていたチャロナランにインドの叙事詩マハーバーラタを加えてバロンダンスを作り上げ、さらにヨーロッパ向けの映画のためにケチャという音楽も作った。ケチャは楽器を使わず、男性の集団がときにトランス状態に陥りながら歌い上げるもので、西洋が求めるバリ島らしさを体現する。これらが好評を博し、バリ人も習得しそれを演じるようになった。現在のバリ島観光でも伝統文化としてバロンダンスやケチャは演じられる（伊藤 二〇〇二）。

人種と空間

植民地主義を正当化する表象を批判的に検討することは文化地理学の重要な役割である。植民地の人びとを劣った存在とする文化表象は、一方でたとえばドイツの地理学者ラッツェルによる生存闘争としての空間闘争の主張（シュタインメツラー 一九八三）、つまり広さに限界がある地球という空間に生きる人間が、自らの生活空間を拡大するために闘争するという言説に支えられている。そこでは闘争は侵入や抑圧とは見られず、肯定的に評価されもする。

他方で特定の場所や空間に住む人間を「人種」というイデオロギーをとおして劣等化する。人種とは生物学的な所与のカテゴリーではなく、社会的に生産された人種主義というイデオロギーによって具体化されたものである。この人種主義は、①特定の人種に対して暴力的に作用し、②教育や衛生、住居設備や労働賃金の不平等によって制度化され、③そうした差異がメディアなどをとおして「常識」化されたものである。

英語において「人種 race」という言葉は一六世紀後半に用いられ始め、一八世紀には人間の種別を表すために広く用いられるようになる。一九世紀の前半にはすでに肌の色を中心にした身体的特質が計測される。たとえばサミュエル・ジョージ・モートンが一八三九年に発表した『クラニア・アメリカーナ』は頭蓋骨の容量を計測し、白人のそれがもっとも大きく、黒人のそれがもっとも小さいことを示した。頭蓋骨の容量が能力の違いを生み出すのだと考えたのであるが、頭蓋骨の測定は意図的に白人が優位になるよう仕組まれていたペテンだった（グールド 一九八九）。この時期、一方で、身体的特徴に基づくとされる人種的差異は生得的な人間の能力の違いを生み出すという考えがあり、それゆえ植民地支配は自然なものとされた。他方で、生得的な違いは何もないが、彼らを取り巻く文化的、社会的状況によって能力に違いが後天的に現れるという考えがあり、だからこそ能力を高めるために文明化すべきであると植民地支配が自然なものとされた。一八五九年、英国の生物学者チャールズ・ダーウィンが『種の起源』を発表し、その亜流として社会進化論が主張

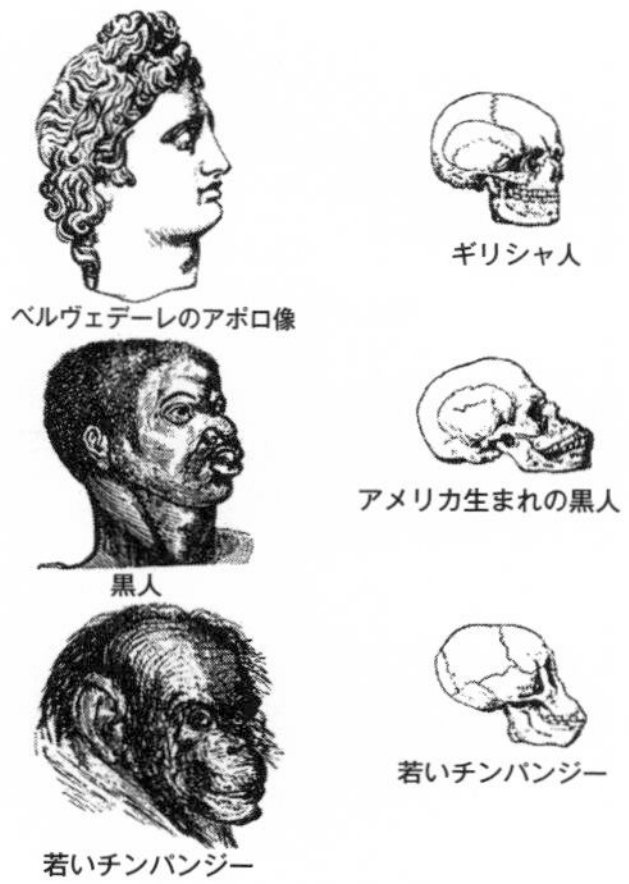

7-3　ジョサイア・C・ノットとジョージ・R・グリッドンの「地球の土着人種」(1857年) に掲載された白人、黒人、チンパンジーの頭蓋骨（グールド (1989: 92) より転載）。

されると、人間と猿との間のミッシングリンクとしてその間に黒人が位置づけられ、黒人から「インディアン」、黄色人種へと進化し、進化の到達点として白人（男性）が想定された。ダーウィンの進化論とは百八〇度異なるこの「進化論」が一九世紀後半の植民地支配を正当化したのだった。

人種主義は空間的含意を持つ。というのもそれは、世界のさまざまな場所に居住する人間の空間的多様性を、進化という時間軸の上に置き直すからである。空間的多様性の時系列化は近代における空間的なるものの馴致である（マッシー 二〇一四）。

また、植民地主義と人種主義の結びつきは空間的に表れる。たとえば、一九世紀半ば、ドイツの地理学者カール・リッターは、ヨーロッパを白人、アジアを黄色人、アフリカを黒人、そして南北アメリカを赤色人の地帯というように、大陸を人種的語彙で定義し、かつ各大陸が文化の進歩において独自の機能を持つものだと主張する（モーリス゠スズキ 二〇〇二）。大陸の独自の機能性は、たとえばアフリカ大陸は奴隷獲得、南北アメリカ大陸はサトウキビや綿花栽培の場というように、植民地主義を正当化したのだった。

人間を展示する空間

陳列や展示の空間は、人種的差異を強調することで、植民地主義を正当化する。一五世紀末から始まる大航海時代では世界各地からヨーロッパでは目にしたことのない「珍品」が集められた。富裕層はそうした珍品を自宅の一室に蒐集し、見せることで、自らの地位と権力を誇示した。それはまた、持ち主が植民地支配と蒐集をとおして「世界」を所有していることを象徴的に示すものだった。こうした部屋は「珍品陳列室」と呼ばれる。「珍品」は一八世紀に発達する博物館という新しい展示システムを経て、一八六〇年代に教育装置として設立された民族学博物館へと収蔵される。

博物館だけでなく、万国博覧会もこれに貢献する。一八九三年のシカゴ万博で「ネイティヴ・ヴィレッジ」が作られ、世界各国から集められた人びとが来場者に「日常生活」を見せた。以後、博覧会でも植民地と植民地の人びとが展示されるのだが、非西洋社会の人間が動物に近い存在であることを示すために、彼らを動物と一緒に展示したりした。人間の展示は万博だけでなく地方都市でも定番となった。

日本でも、一九〇三年、大阪市で開催された第五回内国勧業博覧会に際して、会場正門前に学術人類館が設置され、日本の植民地の文化を表象した。ここでは台湾の原住民（「生蛮」）、沖縄人、アイヌ、朝鮮人などが展示された（小原 二〇一九）。また、一九一二年には東京の上野公園で拓殖博覧会が開催され、明治期に日本へ編入された、台湾、北海道、関東州、樺太、朝鮮といった新領土の製品や資源のほか、屋外には「土人部落」が設置され彼らの生活を展示した。このように、博覧会の展示空間は植民地主義を正当化する装置なのである。

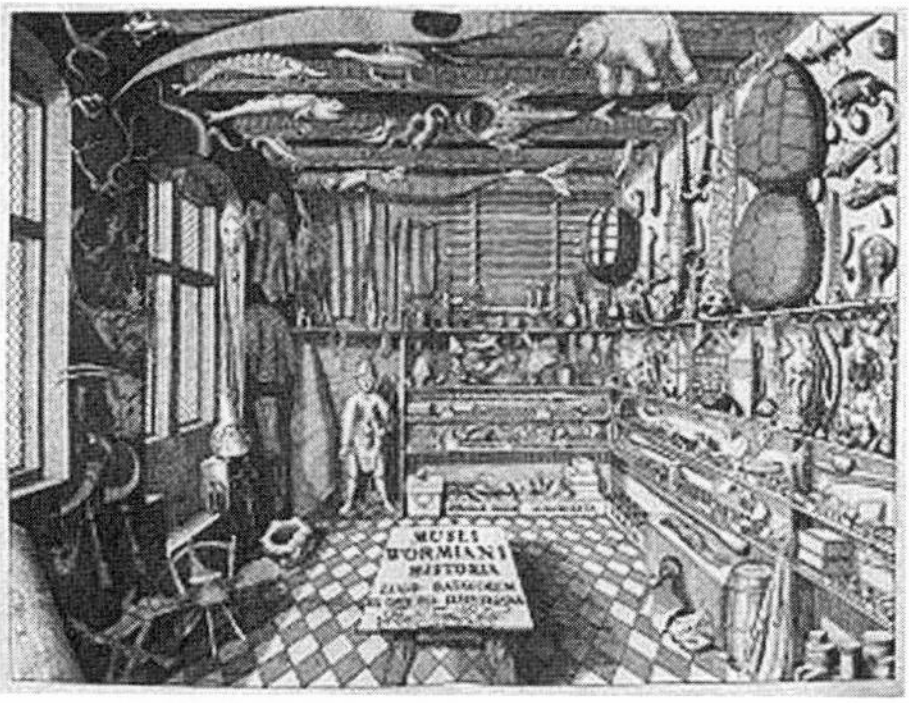

7-4　珍品陳列室

学術人類館で展示された蝦夷地のアイヌは、一九世紀後半から始まる和人による開拓と植民のなかで、非文明的な「土人」として表象されてきた。それはまた、北海道の心象地理の問題である。一八九九年に制定された「北海道旧土人保護法」は、「優勝劣敗」の社会進化論のレトリックを用いて「土人」がこのまま「滅亡」するのを「保護」すると言い、アイヌを日本の支配の下に置き、政策の対象とすることを正当化した。明治時代に撮影されたアイヌの写真はアイヌの非近代性を強調するものが多く、そのうちの一つは写真スタジオのなかに設置した「自然」の風景画の前に伝統的民族衣装に身を包んだ三人のアイヌを配置している。それはアイヌの未開さを表象する。また、一八七六年に地質学者ベンジャミン・スミス・ライマンの作成した『日本蝦夷地質要略之図』は北海道を多様な鉱物の眠る未開拓の大地として表象するのだった。

ポストコロニアリズムの地理的諸問題

植民地主義は一九五〇年代から六〇年代にかけての植民地の独立で、政治体制としては終焉を迎える。しかし、植民地主義において形成された経済的搾取のシステムや、人種主義、文化表象といったイデオロギーはその後も再生産されている。こうした依然として維持される植民地主義的権力をポスト植民地主義という分析視角で捉える。

二〇一六年に公開されたスウェーデン映画『サーミの血』は、一九三〇年代のスウェーデンを舞台にしてスウェーデン人による少数民族サーミ人の差別と迫害を描く。主人公の女性エレ・マニャは少数民族として身体を計測され、成績優秀で進学を望むも文明に適応できないと拒絶される。サーミ人とはスカンジナビア半島の北部、ラップランドで放牧を営む先住民族である。スカンジナビア半島にやって来たスウェーデン人、フィン人、ノルウェー人によって国民として取り込まれながらも劣った未開な民族と位置づけられた「内なる他者」である。

サーミ人は人間と自然との間の野蛮や未開の立場に置かれてきた。彼らはぼろ布を意味するラップ人と蔑称された。そしてそれは第二次世界大戦後も変わらなかった。フィンランドでは一九八〇年代にサンタクロース観光への受容に応えて、「ラップランド県」のコルヴァ・トゥントゥリにサンタクロース村を開園した。園内ではサンタクロースが住むラップランドの厳しい自然に住む「ラップ人」の食事や儀礼が上演された。それはサーミ人が未開な存在であることを表していた。

一九八六年にフィンランドの国営放送で放映された番組『観光の切り札サーミ人』は、サーミ人が園内で働く「ラップ人」にサーミ語で話しかけ、その言葉が理解されない様子を映し出す。園内のラップ人はサーミ人のふりをしたフィン人だったのだ。ここに文化表象と心象地理の問題が現れる。オリエントという心象地理が西欧によって今もなお再生産されているように、サーミ人とラップランドの心象地理と文化表象もフィン人によって再生産される。しかも、サーミ人の「文化」を定義するだけでなく、彼らに代わって演じることまで行われていた。文化の収奪である（葛野 一九九八）。

オリエンタリズムもまたポスト植民地主義的問題であり続けている。ディズニー映画の『アラジン』のなかで、恐ろしい存在として表象されてきたアラビア人。一九八〇年代に人気だったハリウッド映画『インディ・ジョーンズ』シリーズでは、財宝を求めて「オリエント」に赴くインディたちを阻む、狡猾で卑怯なオリエント人。黒いヴェールの女性、原理主義とテロリスト。こうした特定のステレオタイプが、中東やイスラーム教のすべてを代表＝表象する。

ポスト植民地主義の文化表象の問題は日本においても横たわる。近代に日本に組み入れられ、内なる他者と表象されてきた沖縄県は、アジア太平洋戦争中には本土防衛の盾とされ、敗戦後には米国の統治下に一九七二年まで置かれた。日本の戦後復興は沖縄県の米軍基地化と表裏の関係にある。

この沖縄県は本土から南国の観光地を目指す観光客を受け入れている。白い砂浜の海水浴場はそのために作られた風景である。それは南国の心象地理である。しかし、その単純明快な心象地理はいくつもの矛盾や多様性を覆い隠すものであり、そのことは暴力的である。たとえば、沖縄県の文化表象において、しばしば外世界に開かれた海が強調される。しかしそれは列島を訪問する者を拒むことができなかった状況を覆い隠す。また沖縄県はすべてを受け入れ、許すという語り口は、受け入れを拒否する術を持たないことを覆い隠す。さらに、沖縄県の観光で強調されるマリンリゾートやもてなしは、敗戦後の米軍統治下で基地依存型の経済を余儀なくされているため、基地経済か観光リゾート以外の選択肢を欠くことを語ろうとしない（大城 一九九八）。

日本のなかにある異国趣味的《エキゾチック》な空間は、「エンターテイナー」として入国と就労が認められたフィリピン人のフィリピン・パブの集積として現れる。一九八〇年代頃以降、愛知県名古屋市の栄ウォーク街に形成されたフィリピン・パブでは、「南国らしさ」とフィリピンらしさが節合される（阿部 二〇〇三）。言うまでもなく、南国への心象地理は観光において顕著に、しかも多様に表れる。さらに日本の外においても日本的なポスト植民地主義の表象を見いだすことは可能だ。たとえば、インドネシアのバリ島観光では、先に紹介した伝統文化だけでなく、女性観光客向けにスパやカフェをとおしたリラクゼーションが提供されている。こうした場では自然食品や自然の素材を用いた商品が販売されている。バリ島だけでなく、女性観光客向けにスパやかわいらしい天然素材の雑貨が、アジアのいくつかの国では販売される。バリ島やアジアは依然として自然に近く、人びとを受け入れ、癒やす存在として表象されるのである（森 二〇〇九）。しかし、実際のバリ島にはスマート・フォンもタブレットもあり、決して自然と近接した「未開」な生活が営まれているわけではない。

こうした例は、植民地主義や資本主義における力の不均等な関係に基づき、他者への特定のイメージ、

「○○らしさ」を押しつけていることを示す。そのために、そうしたイメージに沿わない要素である、多様性や雑多性、差異を隠蔽する（大城　一九九八）。

聞かれることのない声

「らしさ」は、多様な人びとの存在を覆い隠す。しかしまた、「多様性」の単純な称揚は、多様性が隠し持つ抑圧の構造を覆い隠す。その意味で、抑圧する側の歴史性と暴力性を問うことなき「多文化共生」はポスト植民地主義の問題になる。

植民地主義や人種主義と同様に、身分制も社会的抑圧を必要とする。アントニオ・グラムシはヘゲモニーを握る権力構造から社会的、政治的、地理的に疎外された人びとを「サバルタン」と呼んだ。厳しい身分制度による社会的抑圧が顕著な南アジアではサバルタン・スタディーズが進行した。

サバルタンは空間的にも発現する。宗教やカーストなどで複雑に社会集団が構成されるバングラデシュでは、同じ村に住むムスリムであっても、カースト制度において政治的に従属する立場に置かれる被差別集団のショマージ（最下位のインフォーマルな合意形成単位）が存在する。職能によって差別の対象となるこうした集団は、一般のムスリムとは基本的に別のショマージを形成してきた。被差別集団が迫害されたり居住地を奪われたりしたとき、集団内にインフォーマルなリーダーが不在のため近隣村のムスリムに紛争解決を委任することになり、結果的に不利な判決を受け入れざるをえない状況にある（杉江　二〇一七）。特定の空間を占める集団の権利が損なわれたとき、その解決のために別の空間を占める集団からリーダーを借用することは、空間間での不平等な権力関係を反映すると同時に、それを再生産する。彼らの声は制度的に聞かれない。

一九二六年、インドのカルカッタのアパートで一人の独身女性が自殺した。後に判明したのは、彼女が政治的暗殺を命じられていたことであり、その遂行が困難であるがために自殺をしたのだと考えられる。彼女の自殺はしかし、インドの女性が置かれた特異な立場から見れば極めて論争的だった。というのも、インドにおいて女性の自殺は一人の男性に対する合法的な恋愛の場合に限定されていたからである。また彼女は生理中に自殺していたのだが、それは許されざる性的関係を原因とするものではないことを示していた。

男性が圧倒的な支配力を持つ家父長制のインドにおいては、女性は声を上げることが許されず、上げても聞かれることのないサバルタンである（スピヴァク 一九九八）。寡婦は夫とともに殉死することが推奨され、植民地支配をしていた英国政府はこの慣習に対して寡婦の殉死取りやめは自由な選択だとした。しかし周囲からの期待と圧力のなかで女性がいったん殉死を決意した場合には、取りやめることは違反であり、罪を贖うための特別の苦行が課せられた。ここに男性中心主義の家父長制と植民地主義の共犯関係が見て取れる。

しかも寡婦が生理中であるときにはこの殉死は認められない。アパートで自殺した女性はこのインドの家父長制に対して、生理になるのを待ったのである。それは声を聞かれることのないもの言わぬ身体が、己れの身体をかけてヒンドゥー的家父長制へ、自殺をすることのできる女性の資格と生理をめぐる規範について、二重の書き込みをしたことを意味する。

ポスト植民地主義に対する文化地理学的問題の一つは、どのような機制が他者や他所の表象を生産し再生産するかである。その機制は特定の人を雄弁に語らせ表象させ、別の人に沈黙を強いる。そこで下位に置かれる他者は「人種」や「民族」と同時に「女性」でもある。

フェミニズムとジェンダー

男性が支配する家父長制社会に対する女性の異議申し立ての萌芽は一八世紀後半に認められる。女性の権利獲得の社会運動であるフェミニズム運動は、一九世紀後半の英国や米国での女性参政権をめぐって拡大した。そして二〇世紀後半、第二波、第三派のフェミニズムが展開する。

フェミニズムには多様な定義がある。本章は他者の問題としてフェミニズムを取り上げるので、ひとまず次のようにこれを定義しておきたい。つまり、「フェミニズムとは、一個の人間が、女であること・男であること・そのいずれでもないことによる呪縛や圧迫から解放されると同時に、一個の人間としてその人が大切に思う何ものも失わずに――女であることも、男であることも、そしてどちらでもないことも、すべてを含めて――存在しつづけるための技法を模索する運動／思想である」（加藤 二〇〇六：一六）。

ただし、その定義や運動の形態と内容は時代によっても異なる。第二派のフェミニズムは一九六〇年代後半から七〇年代にかけての女性解放運動として知られる。この時期、米国では黒人の権利獲得の公民権運動や反ベトナム戦争、世界的にはそれと関係して発生した新左翼の学生による学生闘争が展開していた。この第二派フェミニズムは、形式上の政治的平等性では男女の社会的・文化的平等性は達成されないと考えていた。そのため、家父長制や、さまざまな制度や「文化」で前提されていた男性中心主義と性差別主義を批判したのだった。ここではシモーネ・ボーヴォワールによる「個人的なことは政治的なことである」という言葉に表れているように、女性のものと自明視される私的な家内の領域と、定義上男性のものとされる公共領域との差別的な分割が強く認識されたのだった。

第二波と関連して、一九七〇年代、男女の社会的役割は生物学的な差異ではなく社会的な差異であること、つまり、ジェンダーであることが論じられる。ジェンダーの議論で重要なのは、それが男と女の本質的な差異を崩すことである。つまり、性差とは社会的に、文化的に構築されるというジェンダーの視点は、性差の非本質性と非決定性を明るみに出す。それゆえ、ジェンダーは女性性だけでなく男性性もまた社会的に構築されたことを強調するのだ。そしてフェミニズムはジェンダー分析の批判的視角が、性差別主義を糾弾し、社会を変革するために必要だと考える。

第三波フェミニズムはマルクス主義や精神分析、構造主義、ポスト構造主義の理論と結びつくことで理論的に強化される。そこでは階級、セクシュアリティ、身体などが検討されることになった。この第三波において、とくに一九八〇年代と九〇年代、フェミニズムはポストモダニズムやポストコロニアリズムと連携し、性差と性役割に関する新たな諸問題を提示した。ポストコロニアリズムとの連携はまた、それまでのフェミニズムが前提としてきた西洋白人中心主義も暴き出す（マクドウェル　一九九八ａ、ｂ）。

フェミニズムの地理学

地理学におけるフェミニズムの研究を考える場合に重要なのが地理学、もっと広範に近代科学の装う「客観性」の批判である（丹羽　一九九八ａ、ローズ　二〇〇一）。人文地理学は地表や多文化を対象として「客観的」に記述するもので、記述する側（主体）と記述される側（客体）の区分を前提としている。この学問的営為は決して自明ではなく、記述する側＝人間《マン》＝男性と、記述される側＝大地＝女性という二項対立を基底に持つ。サウアーが大地を改変する主体として想定するのは人間＝男性manであり、女性の再生産労働が自明とされている。人間の大地に対する働きかけを「客観的」に記述する身振りこそが、人間と自然、男性と女性の区分を再生産してきたのである。

第四章で、ゲインズボロによる「アンドリューズ夫妻」に対するジョン・バージャーの読解を紹介した（七八頁）。この絵画は夫妻による土地の囲い込みによる所有を表している。しかし、ジリアン・ローズ（二〇〇一）は、フェミニズムの視点からこれを見たとき、夫妻の間に横たわる性的差異を読み取ることができると主張する。というのも、夫は今すぐにでも銃を抱えて狩猟に出かけられそうなのに対して、婦人はベンチに根が生えたかのごとく座っており、動と静が対照的である。さらに、彼女の背後にあるオークがイングランドにおいては家の繁栄の象徴であることを考慮すれば、彼女に期待されているのは子どもを産み増やし、養育すること、再生産することだと指摘できる。木々、畑といった自然と女性とのつながりにまで読解を広げるローズのフェミニズム的視点は、新しい文化地理学や美術批評がなおも、男性中心主義から逃れられていないことを暴き出すのである。

こうした男性中心主義への批判は、ハラウェイ（二〇〇〇）が提示した「状況に置かれた知」（状況づけられた知 situated knowledge）に影響を受けている。それは、見ることや知ることが一貫したものでも、価値中立でもなく、その時代のさまざまな社会的文脈やテクノロジーに位置づけられていることを意味する。ハラウェイはしかし、他者と接合したりともに見たりすることをとおして、その都度に保証される「客観性」を手放さない。このことは重要だと思う。

フェミニズム地理学はこの批判的視角を基礎におき、第二派から第三派までのフェミニズムの潮流のなかで三つのアプローチを展開してきた（マクドウェル　一九九八a、b）。それが、合理主義あるいは経験主義フェミニズム、反合理主義あるいはフェミニストスタンドポイント理論、ポスト合理主義あるいはポストモダンフェミニズムである。これらはフェミニズム地理学の時間的な推移であり、合理主義から反合理主義、そしてポストモダンへとその傾向が変わっていくのだが、それは決して後のものが先のものより優れているというような単純なものではない。以下では、それぞれの潮流がどのような視点を提示し、それによってどのようなことが議論され、明らかになったのかを見ていこう。

合理主義的・経験主義的フェミニズムは、賃金労働や政治といった「公的」領域から排除された女性の不平等を示すことを目的に据えた。女性らしさの自明性が疑われ、その女性らしさこそが女性を公的空間から閉め出して、家庭内での無償労働へと向かわせていることが明らかにされた。

英国のノーザンプトンでの製靴産業の立地展開は、工場主に対抗する労働組合の未開発状態に加えて、一九世紀のヴィクトリア朝時代における男女の性別規範や年齢分業といった「道徳」によって後押しされたことを強調する。産業立地は生産手段に加えて、それぞれの場所と時間における、工場内外の社会的対立と社会的特質、地理的形態によって、複雑に決定されるのである（マッシィ 二〇〇〇）。とりわけ廉価で使い勝手のよい女性の労働者は決定的な役割を果たした。

家庭も家族も社会的に構築された空間である。日本においても、多様な家族が存在した近世から、家父長制を前提とした家族へと近代に変わっていくなかで、女性は良妻賢母として結婚後は家庭という私的空間へと閉じ込められていく（上野 一九九四）。それは決して単純な私的空間ではなく、つねに国家や地域、行政といった公的な権力の影響を受けながら作り出される（森 二〇一九）。合理主義、経験主義フェミニズム地理学はそうした女性の公的空間からの排除が不適切であり、都市空間の編成も経済の編成もこれまで考慮されてこなかった女性の役割を抜きにしては十分に説明できないことを示したのだった。とくに、

「寿退社」というイデオロギーをとおしての女性の家庭内への封じ込めは、家父長制イデオロギーと資本主義の共犯関係の効果なのであり、それはすなわち、資本主義システムの男性中心主義をあぶり出すのである(上野 一九九〇)。

女性やその経験への視点は、女性が決して一枚岩の存在ではないこと、それゆえその経験や視点もまた多様であることを示してきた。反合理主義あるいはフェミニストスタンドポイント理論とマクドウェルがまとめる研究群は、女性間の差異には敏感であるものの、中心的な分析カテゴリーとしてジェンダーを用いる共通性を持つ。そのような女性間の差異性はそれぞれが置かれた場所の文脈によるため、その文脈を織り上げる政治的、経済的、そして文化的な諸力が検討される。

たとえば、女性は男性に比べて公共空間へのアクセスが限られる。というのも、性犯罪の対象とされる女性が一定の時間に出歩いたり、一定の特性を持つ空間を経由したり入ったりすることは恐怖の感情を喚起させるからである。しかし、女性は性差以外に、身体障害を抱えていたり子どもがいたりと、さまざまな状況に位置づけられている。それによって公共空間からの排除の度合いが異なる(ペイン 一九九九)。

一方、家父長制イデオロギーに基づいて女性を「守る」ために、男性のアクセスを制限するような空間が作られた。一九三〇年に同潤会によって作られた東京の大塚女子アパートは、女性の「貞淑」を守る家父長制の空間であった。この時代の女性は「天分に適応した生産的行為」のみが認められ、それを逸脱しないように私生活までが管理の対象であった。工場労働者は工場横に建てられた施設に囲い込むことができたが、都市部に住む「職業婦人」と呼ばれた頭脳的技術的労働者にはそれが難しかった。とくに、地方より教職や経理などの職を得て上京する独身女性の「貞淑」管理はその親たちにとって重要な問題であり、そうした親たちが娘たちを入所させた(影山 二〇〇〇)。

差異性や多様性への強い関心は、女性という主体の幻想を解体することへと向かう。これがポスト合理主義あるいはポストモダンフェミニズムである。女性も男性もその「自己同一性《アイデンティティ》」が掘り崩され、それぞれの主体性や自己同一性は断片的で絶えず変化するものが一定の契機と場所・空間においてそれらとして立ち現れたものだと見なされる（第一〇章も参照）。こうしたいわば女性の学としてのフェミニズムを脱構築する営為によって（とはいえ、こうしたフェミニストが、その実、レイシストである例を、わたしは英国で何度か耳にした）、女性を男性に劣った客体と位置づけてきた近代的な普遍主義や啓蒙主義を掘り崩す。そして女性、物質、自然、機械と連帯しつつ、西洋形而上学的前提を転倒させるのである（第八、九、一一章を参照）。

らしさの専制

フェミニズムやジェンダーの議論は、女らしさ、男らしさ、さらには正常と異常の表象と言説を批判的に検討する。女性らしさは自然と重ね合わされ、良妻賢母というイデオロギーに取り込まれ、近年では「女子力」という言葉も出ているように家事労働と結びつけられてきた。一方、男らしさもまた文化の政治学の産物であり、それは男性の支配の自明性を確立し（ジャクソン 一九九八）、それを男性に押しつける。アジア太平洋戦争においては強さや国防と重ね合わされ、それに適さない身体は改良された（森 二〇一七）。男性らしさの所作として喫煙が強調され、たばこの広告では喫煙する身体が言葉とイラストや写真で表象された（村田 二〇〇五）。こうした強さと男性らしさとの結びつきをマスキュリニティと呼ぶ。性差による指標に、年齢や結婚／未婚、居住地などを交わらせると、さまざまな空間の有り様が見える。

抑圧する側の男性もまた一枚岩ではない。郊外に住む退職男性のコミュニティ活動の特性は、妻を介して参加することと、社会に開かれているというよりも自己充実型であることである（木村 二〇〇六）。職場や都市、地方や住居などの空間において男性のシングルはさまざまに疎外されてもいる（村田 二〇〇〇）。

こうした女性らしさ、男性らしさが本質化されるとき、より包括的な性行動や性交にまつわる「欲望」や「指向性《オリエンテーション》」に照準する概念である「セクシュアリティ」が現れる（ビニー、バレンタイン 二〇〇〇）。女性らしい、男性らしい「性」のあり方が本質化され語られ、性的欲望の対象が自明のものとして規定され、さらに公共空間で自明のものとして語られることによって（村田 二〇〇二ｂ）、またその自明性に基づいてさまざまな施設や設備が配置されることによって（村田 二〇〇二ａ）空間的に現れる。たとえば、性的欲望の空間として花街や遊郭、赤線や青線が作られてきた。それは男性と「玄人」女性の性的放埒さと女性の貞淑という性的規範、つまりセクシュアリティを作り出し、維持するものである。このような性的欲望の空間は、政治・経済的に作られてきた。アジア太平洋戦争後の日本に駐在する進駐軍兵士による性的衝動から「一般」女性を守る性の防波堤として、赤線や青線（加藤 二〇〇九）、沖縄県では社交街（加藤 二〇一一）が作り出される。しかもそれはその地域の経済的利害関係とも密接に関わっていたのである。

7–5　アジア太平洋戦争において誇示される男性的身体（『アサヒグラフ』30–20、1938年）

近年では性や性的指向性の多様性やＬＧＢＴＱｓなどが知られるようになっているが、セクシュアリティを本質化する考えにおいては異性愛は自然で正常、同性愛やバイセクシュアルなどは異常とされてきた。東京都新宿区の特定の地区には男性の同性愛者（ゲイ）のみが入店できる店舗が集積し、特定のセクシュアリティの空間が特定の時間帯に現れる（須崎 二〇一九）。こうした空間が男／女らしい「正常」な性のあり方と「異常」な性のあり方、つまりセクシュアリティを再生産するのである。ただし、多様な性的指向性の単純な称揚は問題を孕むことにも注意しておきたい。性的指向性は、そこから多くの利益を得ることができる対象物として資本によって商品化されたり、政治的矛盾を覆い隠すために用いられたりすることが、同性愛者を対象とするイベントの批判的検討によって明らかになっている（吉田 二〇一五）。またそれは、小児性愛好者を正当化するために用いられる危険性もある。

ここで、さらに「らしさ」を考えてみよう。たとえば、自分らしさは自己同一性の確認である。しかししばしば「らしさ」は、オリエンタリズムや女性らしさのように、特定の立場にある人が別の立場にある人に、特定の力関係を背景にして作り出したり、押しつけたりするものである。また「らしさ」とはその対象の多様性や複雑性を捨象し、表象する側にとって都合の良い一部を強調したり、捏造したりして生産されたものである。そしてこの表象をとおして他者が作り出される。つまりらしさの表象とは、「らしさの専制」（大城 一九九八）をとおして他者化する権力の作用なのである。

それゆえ、第三派のポストモダンフェミニズムが「女性」主体の幻想を解体するのは、決して女性への性差別が終わったわけでも、女性が力を付けてきたからでもない。女性も被植民者も、自然も物質も異常者も表象と言説をとおして「他者化」されるからである。

他者化の空間性としての差延作用

自己／他者の不可分性は、たとえばフランスの思想家ジャック・デリダが提出した差延《さえん》（作用）*différance*の概念においても確認される。ここで批判されるのは、精神や理性が形ある物に超越するのだと前提する西洋の形而上学である。この前提では、頭で考えてそのまま出てきた話し言葉（パロール）が、それを聞き取り書き写した書き言葉（エクリチュール）に超越していると考えられる。しかしデリダはフランス語の*différence*の「e」を「a」に変え、発音の上では区別ができず、書かれて初めて「差異」を確認することができる*différance*を造語し、話し言葉の書き言葉への優位を顛倒させる（デリダ　一九七七）。フランス語の*différer*は「差異」と「遅れ」の両方を意味する。そしてこの一字の書き換えをとおして、自己と他者といった差異が所与として存在するのではなく、空間的にも時間的にもズレをはらむこと、自己は遅れてやって来ることを説くのである。この押しのけを差延作用と呼ぶ。

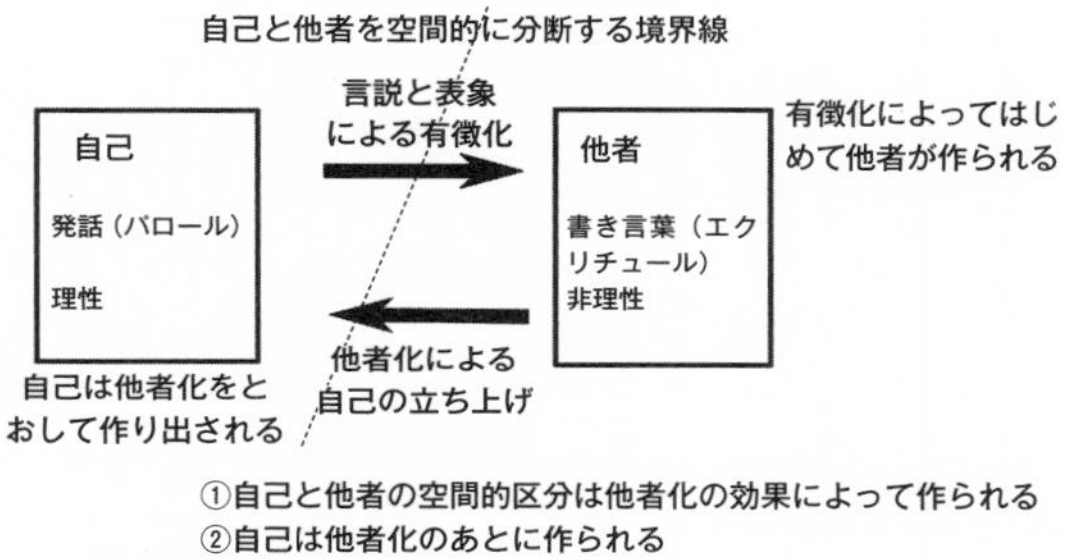

自己と他者を空間的に分断する境界線
言説と表象による有徴化
有徴化によってはじめて他者が作られる
自己
発話（パロール）
理性
他者
書き言葉（エクリチュール）
非理性
他者化による自己の立ち上げ
自己は他者化をとおして作り出される
①自己と他者の空間的区分は他者化の効果によって作られる
②自己は他者化のあとに作られる

7-6　差延作用のモデル図

　資本主義的権力は労働者の身体を、それ以外に売るものをもたない「物《モノ》」へと変える。いや、労働者よりも低位としていつでも「使い捨て」の可能な空間と野宿者を作り出す（原口　二〇〇三）。植民地主義的権力や家父長制、性差別主義は植民地化される人びとや女性、性的倒錯者を「他者」とする。物も他者であるなら、こうしたシステムはすべて他者を作り上げる権力である。オリエンタリズムは西欧におけるオリエントへの一方的な表象のプロセスである。そこでは自己（西欧）と他者（オリエント）の差異が自明のものとされるのだが、他者はつねにクリシェによって表象される一方、自己である西欧は表象されない。西欧は透明な主体であり、オリエントを有徴化することで、そうではない、淫猥でも未開でもない「西欧」という主体が立ち上がる。西欧的主体は遅れてやって来る。

そうであれば、オリエントの心象地理がたとえ誤謬であったとしても、それを下支えする気候や土地、風景や文化といった物となった、物象化された「地理」こそが、西欧的主体を立ち上げるのだと言えるだろう（第九章も参照）。デリダはあるインタビューとその後の書簡のやりとりにおいて、差延における空間化のプロセスの重要性を間隔化《エスパマン》という語で示している。これは隔てる操作や動きを指しており、それにより自己から隔てるもの、自己同一性とか自己の内的なものを標記する。そうした表徴化を通して事物の区分の発生が残す痕跡をたどることができるのである（デリダ 一九八一）。

しかし、さらにまた、こうして他者化された人びとや場所が、他者化をとおして自己表象を作り上げていく側面も見逃すべきではない。一九一〇年代後半以降、奄美から造船など神戸市周辺の工場へ出郷した労働者たちは、いくつかの場所でいくつかのスケールの同郷団体を設立した。日本の「周辺部」に位置づけられていた彼らは、皮膚の色や言語を理由に差別され他者化される。そのような状況において彼らは、一方で言語や生活様式の改善をとおして日本人への同化を積極的に図り、他方で郷土たる奄美への強烈な自己同一化を図る。さらに、その過程において「奄美人」は一枚岩の存在ではなく、エリート層こそが日本人化に熱心なのだった（中西 二〇〇七）。

まとめ

植民地主義は軍事力や資本主義的権力を背景にして自国の内側と外側に差異的な空間を作り出す。それは国境を拡大し植民地を取り込みつつ区分するのである。植民地主義は「人種」や「民族」の表象や言説を用いて支配を正当化する。とくに文化地理学は、どのような環境の場所に住む人がどのような文化を持つと表象され、それがどのような展示の空間をとおして正当化されるのかを批判的に検討する。オリエンタリズムの心象地理に関する議論は植民地支配される「他者」の自明性を揺さぶる。

女性もまた男性中心主義的な社会において他者化され、地理学においてはその存在が注目されもしなかった。フェミニズム地理学やジェンダーの地理学は、女性の社会的権利をめぐる運動と連動しながら、女性表象の政治学を暴き出してきた。女性は受動的な存在として、私的空間において無償労働の従事者であることが女性らしさとされてきた。それは、女性を支配に受動的で従順な存在とする家父長制と資本主義の共犯関係によって推し進められる。女性の経験やその表象を批判的に捉えることは、この社会のなかで隠されてはいるもののそれを構成する重要な要因である存在を十分に理解することになる。そしてそれは植民地にも当てはまる。

ポストモダンフェミニズム地理学は女性という「主体」を解体する。代わりに女性と類似した方法で他者化される諸要素の重要性に光を当てるのである。そのために他者を所与とせず、それを特定の文脈における押しのけ、差延作用によって他者化された存在と捉える。文化地理学はそのなかで「らしさ」の政治性とその地理的含意、つまり特定の場所や風景をめぐって構成される「らしさ」と、それを循環させる空間の役割を検討することになる。

《第八章》 自然の地理

本章は文化地理学において「自然」がどのように考えられてきたのかを述べる。自然は人間とは異なる実在なのか、意味づけられた存在なのか、あるいは権力によって作られた物《モノ》なのか。時代ごと、立場ごとの理解を概観する。

キーワード：自然、野生性のイデオロギー、第二の自然、社会的自然、エコ・フェミニズム、文化-自然

「自然」とは何か

地理学は大地の上での人間の活動を記述する人文地理学と、人間の活動を前提としない大地のあり方を記述する自然地理学を含む。人文地理学の一分野である文化地理学は、自然を人間がどのように改変してきたのか（第二章を参照）、どのように解釈し意味づけるのかを論じてきた（第三章を参照）。全体として、文化地理学は自然を三つの方法で定義してきた。第一に人間の外側にある自然（人間に対置する客体とし

ての自然）、第二に人間の活動範囲の中の自然（人間によって意味づけられた社会的な産物）、第三に共同生産された自然（人間と自然を二項対立的にとらえず互いに作り直し続けながら何かに変化するもの）である（Hinchliffe 2007）。本章ではこの三つの方法を紹介しながら、最終的にはスティーヴ・ヒンクリフ（Hinchliffe 2007）も強調する第三の共同生産された、関係的な自然を取り上げたい。

話を先に進める前に、「自然」についてもう少し確認しておきたい。というのも、日本語の「自然」は、中国からやってきて日本語に長く根付いた「おのずから」という意味の「自然《じねん》」と、nature の翻訳語としての自然の二つの意味があるからだ。両者はともに「人為」と対立するが、おのずからの自然は人為と対立し両立しないのに対して、自然《ネイチャー》は人為と対立しつつ補い合うものである（柳父 一九八二）。

自然を地理学的に研究する場合、自然 nature の方が対象となるのだが、この英語の nature も一筋縄ではいかない。文化 culture と同じく、自然も英語のなかで最も複雑な単語である（ウィリアムズ 二〇〇二）。自然には次の三つの意味領域がある。つまり、①あるものの本質的な性質なり性格、②人、世界、あるいは両方を動かす本来的な力、③物質的な世界それ自体で、人を含むとされることもあれば、含まないとされることもある、という領域だ。①は固有の本質や性質、②は自然の摂理や法則といった普遍的な自然、③は物質的で外的な世界としての外的な自然である。

これら自然の三つの意味領域は歴史的な産物である。英語の nature の語義は、①が一三世紀、②が一四世紀、③が一七世紀に現れる。そしてこれらは、第一章で見たようにルネサンス、博物学やカメラ・オブスキュラなどによって支えられる古典主義、その後の人間主義と関わっている。

地理学的な研究の対象として主に想定するのは、③の外的な、人間に対置されると前提される「自然」である。しかし、これら三つの意味領域は互いに折り重なっている。たとえば洪水を研究する自然地理学者はその本質（①）と洪水の影響を予測する必要があり、風景（③）をとおして水の動きの自然法則（②）を解明する一方、人文地理学者であれば洪水を引き起こす自然環境（③）を人びとがどのように意味づけてきたのか（①）、あるいはそうした洪水（①）を引き起こすメカニズム（②）とは何かを解明する。

こうした自然の語義の曖昧さは「自然食品」という言葉にも表れている。ここで言う「自然」は本質的に、その製品が自然の材料から成り、人工的な素材を使っていないことを意味している。しかし、全ての食物とは、何らかの意図を持つ人間が選別したものであり、その意味では純粋に「自然」なものなど存在しない。あるいは、ここで言う「自然」は「伝統的な調理法」を用いて加工したものを許容するのかも知れない。その場合、このような方法で自然的なものを定義することはまた、人間的なもの、文化的なものを定義することでもある。そして「伝統」を「自然」に置換することは、特定の技法を特定の時間の枠と結びつけ、さらにそれを固定化し、「自然化」することである。

現在の世界はさまざまなテクノロジーの進展によって、単純に「自然」と想定される枠組みを揺り動かしている。今や、第一次産業のなかに最新のテクノロジーを見いだすことは当たり前であり、第一次産業を牧歌的に自然と結びつけることなどできはしない。よって、自然について考えることは、ひいては文化や人間とは何かを考えることになるのである。

自然の物質性

イングランド北東部の湖水地方は一八世紀の半ばまで、恐ろしく価値のない荒野と考えられ、人びとの興味を惹くことはほとんどなかった。それが一八世紀の半ばごろから、ヨーロッパの理想郷の風景として、

8-1　ピクチャレスク絵画の先導者ウィリアム・ギルピンの絵画（1794年。前景、中景、後景によって風景が構成される）

あるいは絵画のような《ピクチャレスク》風景として表現されるようになる。

　ここで奇妙な顛倒が起こる。湖水地方を描く風景画は、前景に人物、中景に湖、後景に山と空と雲が必ず配置される。理想郷として描く場合、前景の人物は古代ギリシア時代の服装や髪型で、後景の天気は晴れているのに対して、ピクチャレスク絵画の場合、人物は農民であり、廃墟が置かれ、山は荒れ果て、曇天である。英国で独自に発展したピクチャレスクは、自然のなめらかな美ではなく、その荒削りさに美を見出す。そのため、絵画は先に述べたような事物の配置の特徴を持つのである。つまり、画家たちは自然をそのまま描くのではなく、美しい風景画の基準というフィルターをとおして湖水地方の風景と自然を描いたのだった（森 二〇一二b）。

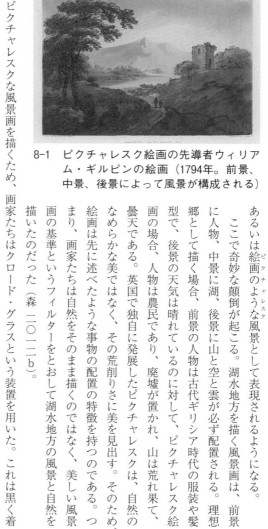

　ピクチャレスクな風景画を描くため、画家たちはクロード・グラスという装置を用いた。これは黒く着色されたガラスの鏡で、それを用いて風景を鏡の縁の中で構図化した。着色された鏡面は映し出す風景を暗くする。目だけでなくこうした物質が自然の風景を作り出した。つまり、自然は人間によって作り出されるのである。

　この湖水地方で生涯のほとんどを過ごした英国最大のロマン主義詩人がウィリアム・ワーズワースである。彼は湖水地方の自然を称え、人びとに紹介した。ロマン主義の自然観は、人間を圧倒する崇高な自然という考えを引き継ぎながらも、自然と相互に交流しながら自然の中に歓びを見いだす人間の精神力も同時に認める。ピクチャレスクの風景観は一定のフォーマットに従い風景の構成要素を配置するものだったが、ロマン主義では人間の主観の有り様によって現れる風景が異なる。

このロマン主義は英国だけでなく一九世紀前半のヨーロッパで広く見られた。それは静的な自然や対象を能動的に観察する人間主体を暗黙の前提にしている。人間主体は自己の理解を超える自然に遭遇し圧倒されつつ、それを理性や悟性でもって乗り越える。それによって人間の理性は高次に到達する。この運動のなかで自然は「崇高」なものとして見出される（森 二〇一二b）。

ここでは人間（主体）と自然（客体）の区分が前提とされている。ドイツのロマン主義でも、思惟する存在（人間、主体）がそれ以外を「反省」することで自己認識を行うサイクルを取る（ベンヤミン 二〇〇一）。ロマン主義では自然は人間の外部に存在し、その主体によって用いられることによって意味が与えられ、そうすることで自己もまた立ち現れる。

未開と野生性

湖水地方がそうであったように、人間に外的な自然は野生的なものと見なされてきた。そして人種主義と植民地主義、さらには性差別主義《セクシズム》においては、有色の身体や女性の身体は野生的なもの、自然に近しいものとして扱われた。それゆえ、野生に近い未開の人びとの文明化という論理によって、有色の人びと、女性の支配が正当化されたのである（第七章を参照）。第一章で紹介した近代の始まりを記したホッブズは「非文明的な男」の生活を、孤独で、貧しく、汚くて、理性を欠き、短気だと表象する。一方、ルソーは彼らを自由で純粋な「高貴な野蛮人」と表象した。さらに、一九世紀の社会進化論と人種概念の展開は、

8-2　未開の満州開拓というレトリックは植民地主義を正当化する（『旅』1939年8月号）

人間を外見上の身体的特質、とりわけ肌の色によって進化の段階に位置づけた（グールド 一九八九）。こうして未開で自然的な人びとに対する、文明化し近代化したヨーロッパの支配が可能になった。

彼らの本質《ネイチャー》とされる「野生性 wilderness」とは政治的であり暴力的な概念である。たとえばアフリカ大陸やアメリカ大陸に到着したヨーロッパ人は、その土地を手つかずの野生的な大地と表現する。そして、野生の大地の文明化が植民地支配を正当化した。しかもこの支配のなかで動植物の「保護」を図るために野生地区が設定されるとき、しばしば原住民が強制的に排除されていった。アフリカではマサイ族がアムボセリ国立公園を作るために追い払われ、最終的に彼らは「自然の一部」と考えられたためにセレンゲティに留まることが許された（Neumann 1998）。米国では先住民のブラックフィート族が、そもそも所有していたグレイサー国立公園の土地に「侵入」していると非難され続けている（Cronon 1995）。

植民地主義は、人間だけでなく風景も自然と結びつける。たとえば、ヨーロッパ人はアメリカ、アジア、太平洋、そしてアフリカの各大陸で出会った新しい風景に自然の考えを投影した。ニュージーランドの南部島の平原へ初期に移住した人びとは、広大な大地が手つかずで、誰もそこに足を踏み入れていない自然の状態にあると表現する。また、熱帯地方の風景画には豊穣な自然が描かれる（Driver 2004）。日本による満州開拓では、荒涼とした大地に開拓団が作物を植え付け、収穫する写真が宣伝に用いられた（森 二〇一六）。このような、「未開の自然」が植民地主義をとおして改良、改善されるというレトリックは、政治的である。

土地が文明化や経済的使用に向いていない場合には、国立公園や保護区として設定される。こうして自然は未来に向けて、損なわれていない状態のままに保護されるのである。このように考えれば、自然は資本主義的権力と植民地主義的権力を正当化するために社会的に生産されたものであることが分かる（Cronon 1995）。

環境決定論とラッツェルの人類地理学

植民地主義的権力は環境決定論と密接に関わる。エルスワール・ハンチントン（一九三八）は気候が文明において重要な役割を果たしていると説く。彼は世界各地の温度や湿度、気象といった気候データを基に人間精力分布図を作成し、気候が人間の活動に大きな影響を与えていることを示し、それと文明分布図との類似性を強調する。同一緯度であっても、たとえばロシアの西側と東側では文明度が違うことなどを例証しながら、気候が文明の条件を決定する唯一の要因でも主要な要因でもないとしつつ、「世界の文明は、人間の精力が主要条件の一つであり、精力は又大いなる程度に気候によつ《ママ》て左右される」（前掲：三〇二）と書き付ける。環境決定論的思考はドイツのフリードリッヒ・ラッツェルにおいても見られる。ラッツェルは、国家や民族を有機体に見立て、それが空間をめぐって闘争する過程を歴史と考えた（シュタインメツラー 一九八三）。ラッツェルは人間の意志の強さという留保をつけつつも、一定の自然環境のもとではこの過程は同一の道をたどると考える。これが環境決定論と呼ばれるもので、植民地主義支配を自然のもの、運命とみなすことで正当化したのだった。

一方、フランスのヴィダル・ド・ラ・ブラーシュ（一九七〇）は「生活様式」という概念をとおして、自然環境と人間活動との双方向的関わりを説く。彼は生活様式を、元々は自然と人間との共同から生まれながらも、文明の進歩につれて環境の直接的な影響から解放されたものと見なす。ここで人間と自然環境との関わりは、環境決定論的なものではなく、人間の社会的諸原因を媒介とするものと捉えられるのである（森滝 一九八七も参照）。同じく、バークレー学派の文化景観論においても、環境決定論は斥けられる。文化地理学は自然の影響に単純に帰すことのできない、人間と自然の相互作用を研究するものである。ワグナーとマイクセルは環境決定論について次のように書き付ける。

もし「環境の影響」が、人間のコミュニティによるその周辺環境への「適応」を引き起こすのであれば、強調点はそうした影響それ自体の研究の上に、ほかのすべての事柄に対するカギとして置かれる必要があるだろう。しかしその強調点は文化地理学者によっては人間集団とその諸活動に置かれる。自然地理学は文化地理学にとって重要だが、人間の条件に対する説明の主たるものではない。同時に、「文化決定論」の選択は、以前にも記したように、文化の考えが人間の行動を説明するのに適切ではなく、それに影響を及ぼすいくつかの制限要素を公式化するに過ぎないため、十分な説明を提供できない。（Wagner and Mikesell 1962: 10）

それゆえ、文化地理学は「環境決定論の無条件の拒否」（ibid: 10）を行うのである。

サウアーは米国のプレーリーやステップといった草原が決して「自然」ではなく、農耕のための火入れによってできあがった文化景観であることを説く。そして米国に限らずこの農耕を維持するために、牛、羊、山羊、馬、ロバ、ラクダといった動物を家畜化し、農耕文化複合を形成したのだとする。この農耕文化複合での耕地は、役畜が方向転換する回数を減らすために、植栽中心の農耕文化に比べると長く延びた形をしている（サウアー　一九九一）。このように文化景観が現れる。あるいは、飼育方法の粗放性やハンティングを理由として、ブタのように家畜化したものが再野生化することも広く見られ、それによる獣害を防ぐための罠が設置されている（高橋　一九八九）。このように人間と自然の関係は風景として現れる。

ただし、人間と自然との関わりは、経済的、政治的要因によって多様で複雑な形を取る。たとえば、山から木がなくなったはげ山の状態に対して、気候や害虫、土壌の性質や石質はどれも決定要因として作用せず、人間の活動と大地との関係の変化こそが要因として作用する。江戸時代における近畿地方や東海地方の商品経済の浸透、瀬戸内海における製塩業と薪の買い占めがはげ山を作り出したのである（千葉　一九九一）。

また、近世末期に薩摩藩によって奄美諸島に導入されたサトウキビの栽培と製糖産業は、それまでの水田としての土地利用を、商品作物としてのサトウキビと食料としてのサツマイモといった畑としての土地利用へと転換させた。サトウキビ栽培の拡大は、水田の変化だけでなく製糖の燃料や出荷用樽材のために森林資源に負荷をかけ、域内の人間と自然との関係を大きく変えたのだった。それは分析のスケールを広げれば、アジアの砂糖プランテーションで生産された砂糖の中国船やオランダ船による輸入と複雑に関係している。すなわち、砂糖の輸入にともなう日本本土における砂糖消費の増大と、それに対する薩摩藩による砂糖生産の重点化である（小林　二〇〇三）。

自然と意味作用

バークレー学派が前提とする自然は、あくまで人間とは対置される物質的で外的なものである。しかし、第三章で見たように、人間は自らの周辺に意味の網を張り巡らせ、世界を分節化するとすれば、自然もまた人間の意味作用／記号化によって人間の世界に取り込まれ、あるいは人間の世界に取り込まれるからこそ、「自然」と認識される。

オクスフォード辞典によれば、環境 environment は人間、動物、植物などの生きる自然世界、それらの周辺にある条件を意味する。周辺を表すフランス語から英語になった「環境」は、一九世紀初めに状況の環境を意味するようになった（ウィリアムズ 二〇〇二）。それはつまり、自らの周辺の自然を利用したり、取り込んだり、意味づけたりすることで、環境へと変換していることを意味する。

自然は単純に文化的かつ言語的に意味づけられるだけではない。自然の地形や日照といった自然地理学的要因と生業との関わりも重要になる（関戸 一九八九）。生業は自然に意味を与え、それを利用する、つまり環境として認識することと深く関わるからである。海という捕獲対象の姿が見えにくい空間においても同じことがいえる。愛媛県沖の越智諸島椋名の漁師は魚種の習性と潮流に応じて漁場を設定し、特定の漁具を利用する。こうして海という自然は環境となる（田和 一九八一）。また、佐賀県東脊振村の集落、小川内の、山、原、尾、谷、ヘラ、川、渕、田、畑、開のつく地名の分布はこの地域の自然環境を反映する。それと同時に、たとえば、薪炭や木の実採集は山、採草や山菜採集は原と尾、ワサビ採集は谷、稲作は田や開といったように、生業の生産活動をとおして環境に働きかけると同時に、自らの環境認識も形成する（中島　一九八六）。

自然を批判的に捉える――第二の自然

資本主義においては、自然が社会的に生産あるいは構築される。人間は「物質代謝」により未加工の物質（第一の自然）を「第二の自然」へと作り替える。このとき、自然は使用価値から交換価値へと転換される（Smith and O'Keefe 1980。なお、使用価値、交換価値については第六章を参照）。むしろ、第一の自然を第二の自然たらしめる交換価値が作られる一連の社会的制度のなかに資本主義の特性がある。

またこの制度においては、第一の自然が第二の自然に変わるだけでなく、第二の自然の制約において第一の自然が作られるというベクトルも見られる。第二の自然から第一の自然が作られるとは、第一の自然がイデオロギーとして生産されるという意味である。資本主義では、自然はつねに、あたかも無尽蔵の「資源」として収奪される。人間の外部に広がる普遍的な自然というイメージ、「天然」成分や「無添加」という自然のイメージは、それがどのような社会的諸関係をとおして第二の自然として作られるのか、ということを覆い隠す。本質的なものとして想像される第一の自然は、第二の自然によって作られる「疑似餌」なのだ。

自然の虚偽性について、一九四〇年代から途上国で展開された、高収量品種を導入したり、化学肥料を大量に投入したりする「緑の革命」から考えてみたい。この革命は、人口増加に対して自然が提供できる食料等に限界があると考え、人口抑制を行う、あるいは土地の開発を推進する新マルサス主義によって裏打ちされていた。しかし、緑の革命は人道主義として単純に礼賛されるべきではない。というのも、途上国で生じる飢餓や資源不足は人口と資源の問題だけではなく、途上国から資源を収奪する先進国の資本主義にも起因するからである。つまり、自然の豊かさの回復や開発、緑の革命（第二の自然）は、自然を収奪する資本主義のシステムが抱える矛盾を覆い隠すためのイデオロギーなのである（Harvey 1974）。

このような、主にマルクス主義のイデオロギーの考えを用いる批判地理学において、第二の自然の生産、あるいは自然の社会的構築が論じられるようになるのは一九七〇年代から八〇年代にかけてである。一連の研究は、人間活動の影響を受けないものを自然と見なすような、つまり人間と自然を対置する自然の伝統的な理解と、それと関連した、ここまで見たような自然や未開の状態から人間的、文明的な状態へと導こうとする啓蒙主義が前提とする、自然と人間の二元論を問題視してきた。この二元論では、人間とは異なる本質を持つものとして、自然が捉えられる。そうではなく、自然は何らかの方法で社会的に構築され、本質的というよりも偶有的で、宇宙的というよりも外部的だと批判地理学における自然研究は論じる。

とはいえ、第二の自然の生産、すなわち自然の商品化を論じるとき、その「自然」とは何を指しているのか、その存在論を十分に検討する必要がある。自然は互いに重複する四つの相貌で存在する。つまり、①人間に対して外的なものとしての自然、②農業のように自然が商品化プロセスの中にしっかりと組み込まれている人間に対して内的なものとしての自然、③人間の身体としての自然、④遺伝子のデータベースのような情報としての自然である（Castree 2005）。

社会的な自然と物質性

マルクス主義的な批判地理学で議論される自然の捉え方は、自然の社会的構築の一側面を捉えているに過ぎない。また、自然や野生性といった概念の批判的な検討は、文化と自然の二分法を問題にし、自然が文化的に作られることを明らかにするものだが（Cronon 1995）、自然はまた単なるイデオロギーではなく「自然」として物質的に生産されるものでもある（Braun 2002; Jazeel 2005、第一〇章も参照）。それゆえ、自然（わたしたちの身体を含む）の経験は、常に歴史的なものであり、歴史的に固有の社会的・表象的実践の構成に関連している（Castree and Braun 2001）。自然の生産とは多様な反応の場において結びついたり、あるいは離されたりする異種混淆のプロセスである。自然は社会的で物質的なものなのだ。

物質的とここで言うのは、単純に自然が人間の外部に「モノ」として存在しているという意味ではない。それでは、人間（文化）と自然という二元論に陥るからである（第九章以降を参照）。わたしたちが人間の内部と外部を分けるとき、その境界はおそらく身体の皮膚であろう（第一一章を参照）。しかしそのような内部／外部の区分や、外部に自然が存在するという感覚や意識もまた歴史的かつ社会的産物である。つまり、自然はある特定の文脈で外部化され、内部化される偶有的なものである。外部化されるとき、それは言説的実践をとおして物質として現れる。自然は特定の形態を与えられ、生産されるのである。したがって、どのような社会的過程において、どのような言説実践をとおして、どのような自然が外部化され、生産されるのかを問う必要がある。

近代日本において、自然はナショナリズムや天皇制イデオロギーをとおして物質的に生産されてきた。神武天皇陵として選定された畝傍、そして耳成と天香久山の大和三山は、いにしえの風景が損なわれているとして、古代万葉の風景を復活させるために土地が囲い込まれて植林された（高木 二〇〇〇）。林学は、畝傍だけでなく神社という天皇制と節合された場所に、スギ、ヒノキカシ、アカマツ、クロマツを植樹することで、荘厳さや神聖さを醸成する意義を説いたのだった。

植林は戦時中、より現実的な意味を持つ。一九三一年の満州事変から始まる一五年戦争期では、挙国一致体制と戦争を支える材木生産のため、山に特定の樹種を植える造林活動が展開し（中島 二〇〇〇）、敗戦後は輸出用材木の生産による国土の復興と開発のために造林活動が展開した（中島 一九九八）。しかも、敗戦後、植物学者でもある昭和天皇が全国植樹祭で植樹する行為は、天皇が粗放で生産性の低い原野から豊かで美しい森へと転換していく象徴的な行為であった。こうして作り出される森林とは、言説と実践による第二の自然の生産なのであった（中島 一九九八）。

学問的知識は、言うまでもなく自然の社会性と無縁ではない。夏に雨量が少ない瀬戸内式気候では、民間的な知識において適度にはげ山の状態を維持することで、樹木に水を奪われることなく確保してきた。しかし、近代的な林学においてははげ山は好ましくなく、植樹を要する様態と判断され、保安林が作られる。一九一三年に瀬戸内地域を襲った旱魃は渇水を引き起こし、岡山県では数度にわたる保安林解除の請願が提出された。しかし請願は拒否され、人びとは雨乞いという民俗的な実践によって渇水を回避しようとするなど、悲惨な状態を経験した（皆見・久武 二〇〇三）。その後も度々、この地域は渇水に見舞われ、その間に森林が水源を枯渇させるという見解が提出された。一九三三年の旱魃では保安林解除が認められたのだった（皆見・久武 二〇〇〇）。自然はこのような学問的知識および実践と民俗的知識および実践の間で社会的に構築される。

こうした林学的知識は、植民地政策とも結びつくことでさらに複雑な様相を見せる。たとえば、カナダ北西部の都市、ブリティッシュ・コロンビアの離島、バンクーバー島の自然（熱帯雨林）は植民地主義をとおして作られたものである。この自然は先住民のヌートカ族とともに「未開」と表象され、近代化の名の下に先住民の土地所有権が林業の空間としての開発に優先された。林業によってこの未開な自然は適切な森林となるのだと主張されたことが理由である。他方で、近代はこの自然を守るべき「熱帯雨林」とする環境保護運動も生み出す。熱帯雨林は、この環境保護運動のなかで科学的、文化的、政治的な実践の結果として生まれた社会的な自然である（Braun 2002）。そしてそうした対立項のどちらにも属さない先住民のヌートカ族は宙づりにされたままで、彼ら自身と自然との関係を語ることが許されていない。

近代日本においても林野の自然が科学的、文化的、政治的な実践をとおして構築された。近世まで積極的に維持されてきた焼き畑の管理は、近代林学によって未開の営為として否定される（米家 二〇一九）。とりわけ植民地の朝鮮半島においては、焼き畑の環境に与える悪影響を主張する「環境主義」が、焼き畑（火田）という営為だけでなく、それを行う「火田民」を前近代的な存在と表象したのだった。

環境とは人間の周辺の「自然」のありようも意味する。自然環境の危機に対する環境保護運動もまた社会的に構築されたものである。敗戦後の国土の復興計画と一九五〇年代半ばからの高度経済成長において、自然は無料の資源と見なされ収奪の対象となる。産業優先の認識のなかで自然と人体の毀損は問題視されなかったのと同時に、「衛生」という概念をとおした空間統治の技法のなかに環境汚染への対処は含まれていなかった。一九六〇年代後半に「環境主義」という概念が日本に導入されることで、はじめて環境公害のリスクという概念とそれへの対処法が社会的に構築されるのである（森 二〇一九、Mori 2008）。環境保護運動はそれぞれの場所の特性によって異なると同時に、それをとおして社会的諸関係が再構成されるものでもある（香川 一九九八）。

このように、自然とは、文化、資本主義、植民地主義、生態学（科学）、そして技術論の複雑な関係性をとおして不断に社会的に作られる。それゆえ、これこそが真の自然だという「真理」など本来的には存在しない。にもかかわらず存在するかのように見えるのは、それが権力の効果、つまりヘゲモニーだからである。自然の社会的構築の議論は、誰が、どのような立場に立って、どのような「自然」を主張するのかを認識するよう求める（Braun 2002）。

フェミニズムと自然——エコ・フェミニズムの問題からサルと女とサイボーグへ

フェミニズムは、男と女の対比のなかに文化と自然の二元論を見て取る。女性や自然は、男と文化に従属することが、この二元論では含意される。これは西洋の形而上学的前提である（第七章を参照）。ゆえに、女性に対する男性の優位性の前提を打倒するために、女性らしさが本質的なものではなく、特定の社会の産物であることを強調した。なかでも、「母なる大地」というように自然が女性の換喩として機能してきたため、自然が社会的に構築されたものだと強調することは重要だった。

このような、女性と自然の神話的親和性を暴露する研究群は、エコ・フェミニズムと呼ばれる。そして、女性と自然の親和性は、地理学における男性中心主義的なバイアスにまで押し広げて論じることができる。地理学の特色的な調査方法であるフィールド・ワークや客観的な観察が、エロス化され、風景を客体化し女性化する「男性的な」まなざしに基づいているからだ（ローズ 二〇〇一）。したがって、自然としての女性が社会的に構築されていることは、女性性を形成する言説の批判的分析によって明らかにされる。

しかし、ここには大きな問題がある。というのも、女性が言語によって社会的に作られたもので、それは社会的性差（ジェンダー）なのであるという考え方は、生物学的な性差と社会的性差を分けてしまうことになる。そうすると、言語が社会的性差という現実を作る能力を持つことを無条件に認めることに繋がる。つまり、そこでは言語を司る人間と文化と、言語によって作られる自然と物質と身体という二元論を温存することになってしまう。結局、文化と自然を対置したままとなり、二元論の温存は決定的な矛盾である。

この人間と自然の二分法を乗り越えるために、生物学者のダナ・ハラウェイは「サイボーグ」という形象を提示する。サイボーグは生体でもあり機械でもある。そもそも、有機体や生物といった形象は、起源の統一性、生体としての統合性、そして生体内の全ての細胞の活動を統括する脳といった器官を前提とする。サイボーグは、それとは正反対に「部分から全体を形成していくような諸関係」（ハラウェイ 二〇〇〇：二八九）によって成る。とりわけ、新しいバイオテクノロジーの展開は、人間・文化と自然、男と女、生産と再生産という二分法を攪乱し、新しいネットワークへの変遷を促すのである。さらに、ハラウェイは『伴侶種宣言』において自然−文化 natureculture という言葉を用いる。彼女はこの宣言において次のように書き付ける。

わたしたちは、そのなりたちからして、伴侶種（companion species）である。わたしたちはおたがいを、その肉のなかに、つくり上げる。具体的な差異において、相互に著しく他者である（significantly other）わたしたちは、肉体に愛という、たちのわるい発達性の感染をあらわしている。そして、この愛は歴史的な倒錯であり、自然−文化において継承されてきた遺産なのである。（ハラウェイ 二〇一三：六）

そこでは人間と人間あらざるもの、そしてそれぞれの物語が互いに結ばれている。自然と文化は、単純に対置されたり、あるいはそれぞれの反映として互いを自認したりするものなどではなく、異種混淆的な複合体であり、凝固物なのである。複合体の共棲や共進化は、物質‐記号的存在である。ハラウェイに触発され、マルクス主義とフェミニズムの抱える問題を乗り越える一つの方策が、マテリアル・フェミニズムやマテリアル・エコクリティシズムである。マテリアル・エコクリティシズムはあらゆる物質を「物語られた物体」と見なし、人間と人間あらざるものが、否定できない意味作用の力を生産するネットワークを解きほぐす（Iovino and Oppermann 2014）。

文化‐自然の関係主義的《リレイショナル》な地理学

ハラウェイや、次章で紹介する哲学者のジル・ドゥルーズ、フェリックス・ガタリ、ブリュノ・ラトゥールなどは、人間‐文化‐言語と、事物‐自然‐身体の関係を二分法や階層的な理解を斥けながら考える。それぞれの存在は、特定の文脈で形成される関係性（ネットワーク）をとおして「存在する」。つまり、事物の本質、現実それ自体までもが文脈依存なのだと考える。

この関係主義的な存在論へのアプローチは、西洋の哲学、近代の啓蒙主義の前提に挑戦する。その前提とは、人間と自然はそれぞれ別の、本質的な特性を持ち、空間的にも時間的にも完全に分けられた次元に実在するというものである。本質的な特性を持つということは、一定の条件下ではそれぞれは同じ結果や効果を持つということになる。すべての現象は、それゆえに、明確な因果関係を持ち、そうであれば結果は予測可能となる。すると、自然は人間によって制御可能になる。

他方、関係主義的な存在論はそれとは正反対に考える。人間と自然はそれぞれ別の本質を持つのだと長く考えられてきたが、そうではない。空間的にも時間的にも完全に分けられた次元に実在しないし、一定の条件下に置かれても別の結果や効果を持つし、因果関係もないし、予測不可能だ。自然は人間によって制御可能な客体ではない。両者はつねに関係しながら、つねに変わっていくと考える。

これは、科学における複雑性やカオス理論によって、現象の単純な因果性や諸要素の分別性が無効になったこととも関わっている。たとえば、何千もの個体を含む魚の群れは、まるで一つの実体のように泳ぐようになる。それは隣り合う魚との共鳴である。次章でも紹介する複雑性理論によれば、たとえば、数週間先の天気を予想することが難しいのは、突然嵐のシステムが発生する可能性があるからであるように、知ることには困難さがある（Philips 1999）。社会は複雑で混沌としており、状況依存的で偶有的で、決定不可能なのである。

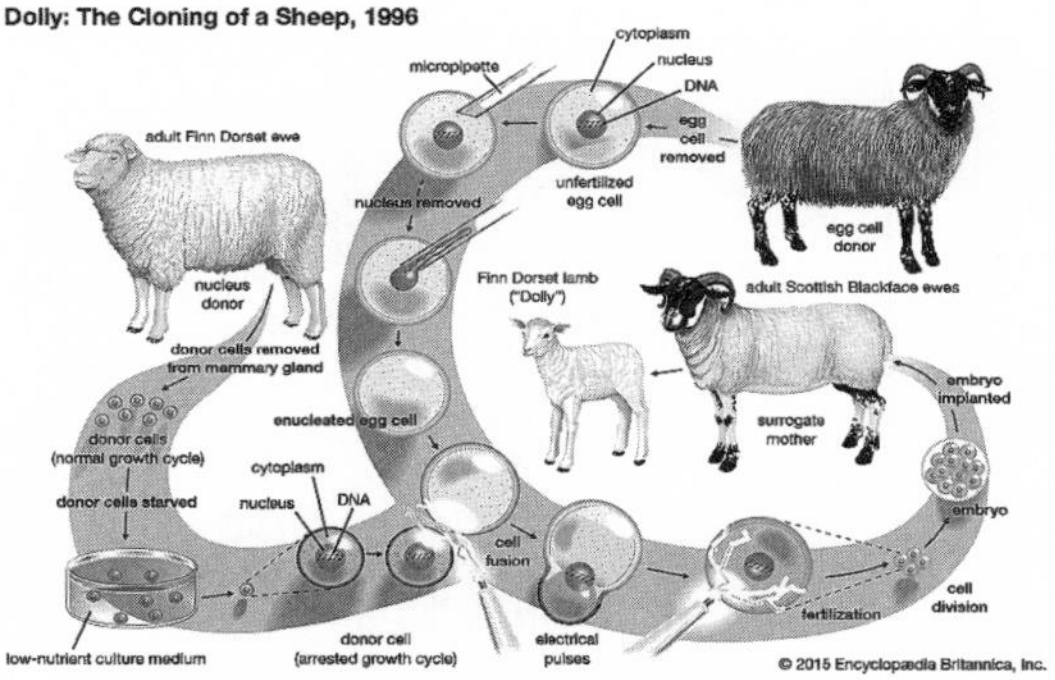

8-3　1996年にスコットランドで世界初の哺乳類の体細胞クローンとして、ドリーが誕生した（https://www.britannica.com/topic/Dolly-cloned-sheep）

また、遺伝工学の発達は人間と自然との境界を曖昧にする。わたしたちが口にする食物のいくつか、あるいはすべては、第一の自然なのか第二の自然なのか分からないだけでなく、ビニールハウスのなかで化学肥料を使って、水やりも全自動で栽培された遺伝子組み換え野菜、あるいはF1種のように、人工なのか自然なのかの線引きすらできないものだ。あるいはハラウェイが取り上げるのは癌の実験のために、遺伝子操作をして最初から癌になるように作られたオンコマウスである。オンコマウスは自然・動物なのだろうか、それとも人工・人間なのだろうか。現代の社会においては、出産にもまた人工授精や遺伝子操作などの技術が関わる。それによって生まれる人間の身体は、人間なのだろうか、機械なのだろうか。

かつて、バークレー学派が用いた文化景観と自然景観、文化と自然といったカテゴリーが、関係主義的な存在論では揺さぶられる。自然を用いた生業である第一次産業と、石油化学工業のような第二次産業とのカテゴリーが揺さぶられる。

文化地理学者は「文化」を対象にする。そのために文化概念を検討してきた。そうした営みは、文化と自然を別のカテゴリーとして暗に見なしてきたことを意味する。そして今、自然と文化がほどきがたく絡まっている、文化-自然だと考えるようになっている。

まとめ

文化地理学は自然へ多様なアプローチを試みてきた。バークレー学派や人間主義地理学は自然を人間がどのように利用し、意味づけてきたかを捉えようとしてきた。新しい文化地理学や批判地理学は自然を言語や、政治-経済による社会的構築物として捉えてきた。こうしたアプローチは人間が自然と対置され、前者が後者に働きかける行為能力を持つことを前提にしていた。

この前提は、たしかにヨーロッパや日本の近代における、自然の歴史的過程を見ることで理解できる。つまり、自然は近代の人間中心主義において多様に分節化され、客体化されてきた。それは人間とは何者/物かを映し出す鏡だった。そしてそうした鏡は、自然だけでなく、女性や植民地支配される「他者」でもあった（第七章を参照）。

自己を確認するために他者が、つまり他者化が必要とされるとすれば、近代の人間中心主義が前提とする人間と自然との二項対立が厳しく問い直される。そこではまた、人間と言語と社会を同一視する自然の社会的構築もまた再検討されることになった。ダナ・ハラウェイの提示するサイボーグや伴侶種という形象をとおして、文化‐自然、記号‐物質、関係主義的な自然へのアプローチが前景化されたのだった。

《第九章》関係的な文化と地理

――変わりゆく人間概念

本章は文化地理学において前提とされてきた文化を運搬する、あるいは自然に意味を与える「人間」を、存在論や関係主義に関連する理論を紹介しながら再検討する。人間は言語を用いることで動物と分けられ、主体として客体を改変する特権が認められてきた。しかしポスト人間中心主義と呼ばれる態度において、このような人間観、主体観は斥けられ、主体と客体との複雑な関係性を捉えることが目指される。場所や風景、空間は関係性をとおして生成する。こうした考え方では因果関係や主述関係がはっきりしている「構築」ではなく、その都度に作り替えられたり、あるいは自律的に変わっていく「生成」「立ち現れる」といった言葉を用いる。

キーワード：形而上学、異種混淆の地理、アクター・ネットワーク理論、非表象理論、多孔性、存在論的転回、ポスト人間中心主義

形而上学的前提を不安定にする

新しい文化地理学は風景や場所に関わる言説や表象を批判的に検討した。表象や言説は決して言語に限定されるものではないが、実際には言語に基づく資料が分析された。

記号や意味の網を作り出す言語は、人間の用いるものと前提される。その言語によって紡がれた意味の網によって、さまざまな事物が客体として分節化される。ここには、人間・言語と、事物・非言語という二分法があり、しかも、前者が後者を一方的に捉えるという前提がある。形あるものの上（形而上）に人間の精神や理性を位置づける考えを形而上学と呼ぶ。

形而上学はギリシア哲学からの系譜を持つ。とくに、ルネサンス以降、人間は神の代理人として世界を支配する。観察し、分類し、一覧表化し、そして有限な人間という考えによって一八世紀末に人間が登場した（第一章参照）。この人間中心主義は近代の産物であり、その人間中心主義の思想的土台として形而上学が機能してきた（今村 一九九四）。この考えでは、人間は生命と理性を持つ主体であり、客体として事物や自然を作りだし、操作し、改変する。また、理性を持つ人間は事物を命名してきた（第一章、第七章参照）。他方、客体には物質や自然のほか、人間あらざるものとされた異教徒、黒人奴隷、女性、身体障がい者が含まれる。第一章や第七章で紹介した大航海時代以降の地理の発見、博物学、植民地主義といったものは、この近代の人間中心主義の営みの一側面である。

近代学問である地理学もまた人間中心主義を免れない。バークレー学派のカール・サウアーは、文化を持つ人間《マン》を行為者《エージェント》とし、行為者が自然景観に働きかけて改変することで、文化景観が作り出されるとした（Sauer 1963、第二章を参照）。言語による象徴化、記号化を捉えようとする人間主義地理学、その記号化の政治性を批判的に検討する新しい文化地理学もまた同様である。人文地理学、文化地理学とはすなわち、文化を持つ人間という主体による、自然や大地という客体の改変を記述する営みだったのだ。

異種混淆性《ハイブリディティ》の地理

二〇〇二年にセイラ・ワットモアが出版した *Hybrid Geographies* は、自然や事物と人間との間の複雑な関係性を捉えるために社会のなかのさまざまな生命の「織物化 fabric-ation」(Whatmore 2002: 3) を探求する。彼女は、人間だけが社会を構成する行為能力を持つという考えを棄て、人間以外のもの/物、つまり客体の行為能力を認める。社会とは、人間主体と客体との明確な区分に基づいてつねに一貫しているのでも、完成したものでもなく、つねに「不安定な到達」(ibid: 4) にあると考えるのである。物質的なものと社会的なものが、ときに絡み合い、ときに相互作用する様を、異種混淆性の地理と呼ぶ。

異種混淆性を前提としたとき、「人間を越えた世界 more than human world」(Whatmore 2006) が見えてくる。その意味するところは、世界を作るのは主体たる人間だけでなく、客体とされてきた事物や自然でもあるということである。そのために、実際に誰が、どのようなことを行い、それによってどのような効果があったのかという、実践のプロセスを問う。ここでは言説も実践として捉えられる。すなわち、言語が社会的効果を与える権力を持つとして、それが具体的にどのような場で、誰が誰に対して、どのように用いられるか、に注意するのであり、それによって、その政治的効果はいつも同じではないという複雑な諸相が見えるのだ。

また、異種混淆性の地理を検討するときに、新しい文化地理学が関心を寄せた意味やアイデンティティ

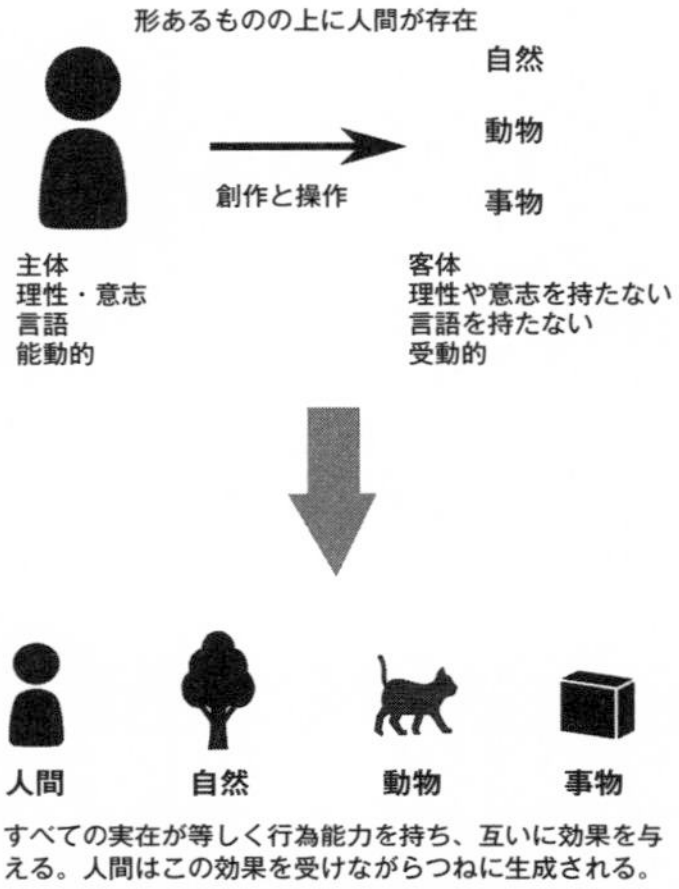

9-1　人間を越えた世界の地理

ではなく、情動《じょうどう》や知識の政治学が前面に押し出される。というのも、アイデンティティ（自己同一性）という概念は本質的、不変的なものを前提にするのだが、人間を越えた世界への関心においてはすべてのものは動き、変化し続けるものと捉えるからである。人間は理性的ではなく、人間あらざるものからの刺激によって動かされる（情動）。科学的な知識も自明のものではなく、社会的に生産され、社会に効果を与えるものである。これらに照準が合わせられる。

これは文化論的転回以後の、一九九〇年代末から二〇〇〇年代にかけて生じた人文学全般における考え方の大きな転回である。人間中心主義を批判し、それを乗り越えるこの試みは「ポスト人間中心主義《ヒューマニズム》」と呼ばれ、地理学においてもポスト人間中心主義が主題に掲げられ論じられる（Castree and Nash 2004）。このなかでブルース・ブラウン（Braun 2004）は、ポスト人間中心主義をジャック・デリダやジョルジョ・アガンベンに代表される人間と動物、自己と他者の自明性を脱構築する方法と、第八章で紹介したダナ・ハラウェイやフランスの思想家ジル・ドゥルーズらに代表される存在論に区分し、さらに自身の関心を後者に位置づける。ハラウェイのサイボーグの議論を引きながら、後者の立場について次のように記している。

これらの著者が提示するのは、つねにすでに世界との関係における、そしてそれをとおしての構成の効果である、その「人間」身体を含む身体の理解である。この意味で、人間なるものは本質なるものを持たず、持ったこともなく、むしろ世界の「内側への折り畳み」として、持続する止まることのない存在論的戯れの効果として理解される（Harrison, 2000）。それゆえ、人間なるものはその始まりから「以後《ポスト》」なのだ。（Braun 2004: 1354、強調は原文）

ともにつくる――アクター・ネットワーク理論と科学技術社会論

ブラウンが指摘したポスト人間中心主義の、相互に関連する二つの存在論の様式のうち、まずは生成の存在論を確認しておこう。フランスの社会学者、ブリュノ・ラトゥールによって提唱されたアクター・ネットワーク理論と、ジル・ドゥルーズらによって提唱された生成や情動をここで取り上げる。

アクター・ネットワーク理論とは、主体と客体の区分と前者の後者に対する超越という形而上学的前提を否定し、主体も客体も行為能力《エージェンシー》を持つ「アクタン actant」と見なす。すべてのアクタンは活発に結びついたり、離れたりして、その都度、ネットワークを形成することで、社会なるものが生成されると考える。ラトゥールはアクター・ネットワーク理論を具体的に提唱する以前から、たとえば、実験室のエスノグラフィーをとおして、科学的事実が社会的に生産されると主張していた。つまり、実験室が決して客観的に科学的データを蓄積する真実の場などではなく、実験室の中で働く科学者、その外側の人びと、社会的規範、資本主義的市場の論理、蓄積された客体であるはずのデータや事物といった、さまざまなアクターの相互作用をとおして社会的に生産されるミクロコスモスであることを指摘したのだった（ラトゥール一九九九）。

このことは科学が虚構であるという指摘にとどまらない。そもそも、主体と客体を明分してきたはずの近代は、実際にはその二つに区分することは不可能であり、つねに二項は結びつき新たな何かを作り出してきたのに、そのことが隠蔽されてきたことが問題なのである（ラトゥール 二〇〇八、第一章も参照）。ラトゥールやミシェル・カロン、ジョン・ロウらがアクター・ネットワーク理論で射程に入れるものの一つは、形而上学において自明とされる人間と自然や事物の明確な区分（これを二項対立と言う）の間にあるグレーゾーン、つまりどちらでもあり、どちらでもない、そしてつねに「何かに成りつつある」異種混淆の何かである。

こうした態度は、「社会的なもの」が人間主体と事物や自然といった客体によって、非予定調和的に作られることに目を向ける。非予定調和ということは、単一の起源を持つことも、あらかじめ決められた段階も、そして一直線に原因から結果に向かう道筋もない。それを、ジル・ドゥルーズとフェリックス・ガタリの集合体という概念を参照しながら主張する（ラトゥール 二〇一九a）。集合体とは「自然的あるいは自然発生的に決定されるものではなく」欲望という非理性的なものによって「もっぱらアレンジし、アレンジされ」（ドゥルーズ、ガタリ 一九九四：四五五）るものである。この集合体は機械とも有機体とも異なる。というのも、機械や有機体はそれを内部から束ねる指揮系統の存在を前提にする一貫した統一体であるのに対して、この集合体にはそれが存在せず、外部からの刺激を受け、その刺激の強度に応じてさまざまに変様する「器官なき身体」（前掲）であるからだ。

器官なき身体という概念は文化地理学にとって重要である。バークレー学派の文化地理学は人間《マン》を指揮する自律した超有機体として文化を考えてきた。その機械論的前提は超有機体説批判において指摘された（Duncan 1980）。人間主義地理学においては言語を持つ、つまり理性を持つ人間（有機体）による意味付けによって場所や空間が作られると考えてきた。しかし、器官なき身体という概念はそうした人間観を斥けるだけでなく、超有機体によって作られ、有機体によって意味が与えられ、地層化され安定化された大地、つまり「地理」を脱地層化、脱領土化する。なぜそれが必要なのか。文化地理学においては、地表面だけでなく、地下、空中での生きる者／物、生きていない物が織りなす複雑な様相を捉えることができるからである。

超越的現前の不可能性

ブラウンがポスト人間中心主義のもう一つの存在論として提示するのは、超越的現前の不可能性とでも言うべきものである。わたしたちは自己や人間と他者や自然や事物の違いがまずあって、その区分が言語などによって表象されると考える傾向がある。こうした違いが最初にあるという前提を超越的なものと考えてみたい。

フランスの思想家ジャック・デリダが提示した差延（作用）の概念においては、自己と他者といった差異は所与として存在するのではなく、空間的にも時間的にもズレをはらむ。つまり、最初に自己と他者の区分（身体の空間的差異）が存在するわけではなく、他者が言説や表象をとおして実定化された後に自己（の空間）が立ち現れる。自己は遅れてやって来る（第七章を参照）。

差延は一つの押しのけの効果である。彼は差延における空間化のプロセスの重要性を間隔化《エスパマン》という語で示している（デリダ 一九八一）。間隔化は単なるすき間や隔たりではなく、隔てる操作や動きを指しており、それにより自己から隔てるもの、自己同一性とか自己の内的なものを標記する。そうした表徴化を通して事物の区分の発生が残す痕跡をたどることができるのである。差延による押しのけの効果をたどる営為を脱構築と呼ぶ。空間化《エスパマン》は社会を作り上げていくのだ。

デリダの差延を参照しつつ、酒井直樹は日本語の純粋性という幻想を脱構築する（酒井 一九九六）。日本人、日本語、日本文化といったものは、所与ではなく近代の産物である。それらは近代において作り出された日本人、日本語、日本文化に関する言説的実定性によって発見されるものである。日本人の精神性や大和魂も、古来、日本に存在してきたものではなく、近代の知的枠組みのなかでそれが揺るぎなく存在するかのように定められたものに過ぎない（森 二〇一七）。日本人や大和魂が古来存在するという超越的現前を放棄し、それが特定の言説的な布置によって立ち上がってくるのだと考えれば、日本人／外国人、自己／他者の区分は不可能となる。

差延は人間／動物、理性／獣性の区分においても作用する（デリダ 二〇一四）。人間を動物から隔てる本質的な「差異」などなく、それゆえに人間は「人間」の能力から何かが欠けたものを作り続け、自らを人間として認識しつづけることによって人間になるのである（アガンベン 二〇〇四）。とりわけ、人間と動物の間にある「例外状況」（アガンベン 二〇〇三）として発見されたのが、類人猿や原人だった。これらは言語の欠如したものとして、つまり人間から言語能力を差し引いたものとして、人間と区別される「人類学機械」（アガンベン 二〇〇四、第一章も参照）として機能した。つまり、人間は差延作用を通して立ち上がるのである。

そうすると、キリスト教徒でない者、肌が有色な者、異邦人、難民、女たちもまた人間から何かが差し引かれた存在、「剥き出しの生」（アガンベン 二〇〇三）であり、それにより「人間」が立ち上がることになる（第七章を参照）。そうであれば、難民収容所という空間は、決して難民を保護する人道主義《ヒューマニズム》的なものではなく、難民の名を問い、その振る舞いを規律化し、動物的な生（ゾーエ）を社会・政治的な生（ビオス）へと作り替えることで、彼らを歓待する「ヨーロッパ人」の人間性を立ち上げる「例外空間」（北川 二〇〇七）なのである。ヨーロッパ人、民主主義といった西欧的文化もまた、政治的な産物にほかならない。

複雑論的転回と開かれた地理

ブリュノ・ラトゥールがアクター・ネットワーク理論を論じるなかでしばしば言及するのが、イザベラ・スタンジェールである。スタンジェールの議論は多岐にわたるが、本章での視点に関するものとして複雑性理論がある。彼女は、世界が複雑さと不確実性によって生み出されると強調する。複雑さとは、言葉だけで世界が表象され、想像・創造されるわけではないことを意味する。「複雑 complex」の語源は「共に《コン》-折り重ね《プリカーレ》る」である。スタンジェールが、ノーベル物理学賞を受賞した物理学者イリア・プリゴジンと展開する複雑性理論では、世界は閉じられ固定されておらず、開かれたものだとする。これに刺激され、一九九〇年代後半から人文社会科学における複雑性理論が関心を集めるようになった。これを「複雑論的転回 complexity turn」（Urry 2005）と呼ぶ。

地理学における複雑論的転回では、場所や地域が閉じられたものではなく、開かれているのだと議論されるようになった。二〇〇四年にスウェーデンの雑誌 *Geografiska Annaler* で「関係的な空間の政治的問題 The political challenge of relational space」が組まれた。この号の編集を務めたドリーン・マッシーは、関係主義という考えを前面に押し出す。その意味するところは、あらゆるものは結びつき、関係を持つのだが、その関係はあらかじめ決められたものではなく、非予定調和であるということである（Massey 2004）。もちろん、「あらゆるもの」は、人と物、場所や空間のすべてを含む。非予定調和なその都度つくられる関係によって空間が形成される過程を読解することこそが「政治的なるもの」の新しい問題設定を可能にするとマッシーは主張する。また、この特集に寄稿したアッシュ・アミン（二〇〇八）は、グローバル化する世界において地域や場所を関係的に読み解く方法を、ナイジェル・スリフト（二〇〇七）は感情と空間との関係を説いている。

マッシーはプリゴジンとスタンジェールに依拠しながら、あらゆる現象には基礎的土台があるという考えに潜む土台と現象という二元論を拒否し、空間が時間に劣ったものとして観念化されてきたことを問題にする（マッシー 二〇一四）。というのも、プリゴジンとスタンジェールは可逆的な時間と不可逆的な時間、無秩序と秩序、物理学と生物学、偶然と必然、といった項のどちらか一方ではなく、両方がうまくかみ合いながら作用することを、非線形、ゆらぎ、不安定などの言葉とともに提示するからだ。非平衡が秩序を作り出すのである。

多孔的な地理

時間-空間の圧縮を主張するハーヴェイを、マッシーが決定要因を資本へと簡単に還元していると批判したことは、大きな論争を引き起こした（第六章を参照）。『空間的分業』第二版のあとがきで、彼女は資本主義経済を決定要因とすることへの違和感が、第四章で紹介したルイ・アルチュセールの重層決定の考えとハラウェイのサイボーグの考えをとおして、明確な像を結んだと残している（マッシィ 二〇〇〇）。

異種混淆性や複雑性への地理学における関心は、アクター・ネットワーク理論だけでなく、ハラウェイを経たフェミニズム理論によっても大きな影響を受けていた。

このような場所の文化の特性について、マッシーは「先進的な場所感覚」と表現する。つまり、マッシー（二〇〇二）は私たちの空間の経験を決定するものは、（ポスト）植民地主義、人種主義、ジェンダーなど、資本以外にもたくさん存在すると指摘する。そして①動的なプロセスとしての場所、②外／内の境界設定が不可能な多孔的な場所、③単一のアイデンティティを持たない場所、④開かれた広範な諸関係によって再生産される場所、といった場所の種別性に注目することを要求する。

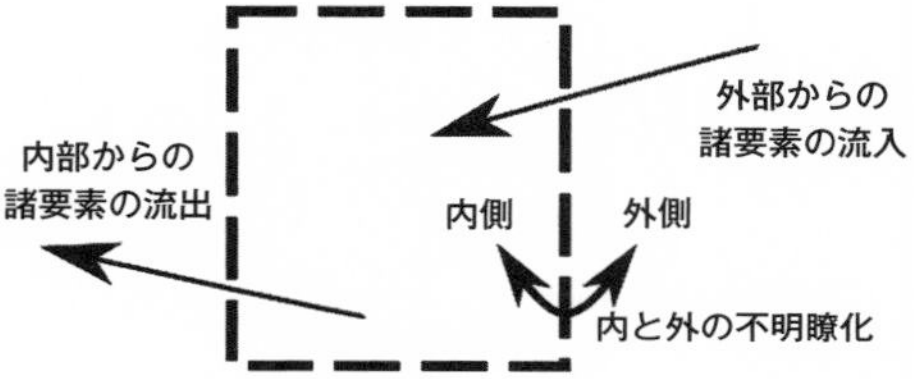

硬い外殻で覆われているのではなく
多孔的で浸透的な場所

9-2　多孔的な場所

それゆえ、マッシーは空間や場所を首尾一貫し独立したものではなく、時間とともに絶えず関係性の中で作られては改変されるプロセスのなかにあるものと捉える。ゆえに、マッシーは時間と空間、空間と場所、人間と自然といったあらゆる二項対立を拒絶する。たとえば、新自由主義的なグローバリゼーションの議論においては、空間がグローバル化するなかでローカルな場所と、その特性が失われたり破壊されたりするという議論に対抗し、「ローカルな場所はたんにいつもグローバルなものの犠牲者であるわけではな」く、「それぞれ異なった「場所」がグローバルなものとの対照関係において立ち上がるという事実を指し示す」（マッシー 二〇一四：一九六）と書き付ける。

人間主義地理学において、場所は空間と対置され、内的に一貫したもの、本質的なもの、変化しないものと考えられる傾向にあった。つまり、場所は硬い殻によって覆われたものと考えられる。しかしマッシーは、硬い殻を持つことで外部と分け隔てられる本質的な内部を持つと想像されてきた人間と自然や事物、場所と空間、場所と場所が、実際には多くの孔を持ち、相互浸透的であることを多孔性porosityという言葉で表現する。ここでは内部と外部の区分が無効になる。そうした多孔的な空間や場所は、さまざまな物の軌跡の多様性の領域、その都度にその軌跡によって形作られては形を変える「出来事」なのだ。

非表象理論と情動

一方、ナイジェル・スリフトはカオス理論の拠点の一つ、サンタフェ研究所の研究成果に言及しながら議論を進める。それによって、非単線性、自己生成、創発的な秩序、受容の複雑なシステムなどを説明する（Thrift 2008）。世界は複雑である。この複雑性理論の問いかけの中に、スリフトはアクター・ネットワーク理論を置く。こうして、複雑性理論とアクター・ネットワーク理論を経て、彼が一九九〇年代後半から進めてきた非表象《ノン・リプレゼンテーショナル》理論を構成する。

非表象理論とは、第四章で紹介した言語による表象に注目するだけでは捉えられない、「生成」のプロセスを捉えようとするものである。この生成とはジル・ドゥルーズとフェリックス・ガタリが展開した概念である。彼らは具体的に生成を定義するのではなく、次のように否定形でこれを説明する。

> なること（生成変化）は一個のリゾームであって、分類用の樹形図でもなければ、系統樹でもない。〈なる〉とは、決して模倣することではないし、同一化することでもない。また退行したり進歩した

りすることでもない。照応し、照応関係をうちたてるのとも違う。生産するのとも違う。系統を生産し、系統による生産をおこなっても、それでは〈なる〉ことにはならないのだ。〈なる〉というのは独特の存立性をもつ動詞であって、「……のように見える」にも「……である」にも、また「……に等しい」にも「……を産み出す」にも帰着することがないし、われわれをそこに帰着させることもないのである。（ドゥルーズ、ガタリ 一九九四：二七六）

彼らは何かのモデルや設計図、脳などがあらかじめ存在し、それに基づいて模倣されたり、細部が設計されたりするのではないと言う。個々の細部、器官があって身体ができるのではなく、「まず一つの器官なき身体、さまざまな強度的運動によって活性化する器官なき身体」（前掲：一九七）が実在する。固定した系統樹ではなく、秩序でもない「リゾーム」（根茎）は器官なき身体の別の表現である。

スリフトの非表象理論はつまり、器官なき身体を捉える方法である。スリフトは非表象理論について次の七点を重要な信条として挙げる。①日常生活の「流れ」を捉える、②反個人史的で前個体的なものを考える、③身体化された実践へ関心を向ける、④事物へ関心を向ける、⑤確定し安定したものではなく、流動的なものに対して実験的である、⑥情動と感性の強調、⑦空間の織り上げの関心を向ける、といったものである。そしてこれらを明らかにするために、インタビューを撮影しその会話や身振りを分析するエスノメソドロジーなどが方法として採用される。

こうした非表象理論は、政治的なるものを問い直す。スリフト（二〇〇七）は、都市空間を感情の刺激により変様する情動《アフェクト》の渦巻きと捉え、人びとの感情が特定の都市空間でどう刺激され、それによって人びとの行為が集合的に形作られることで、都市空間の有り様がどう変わるのかを問うことを政治的な問題と

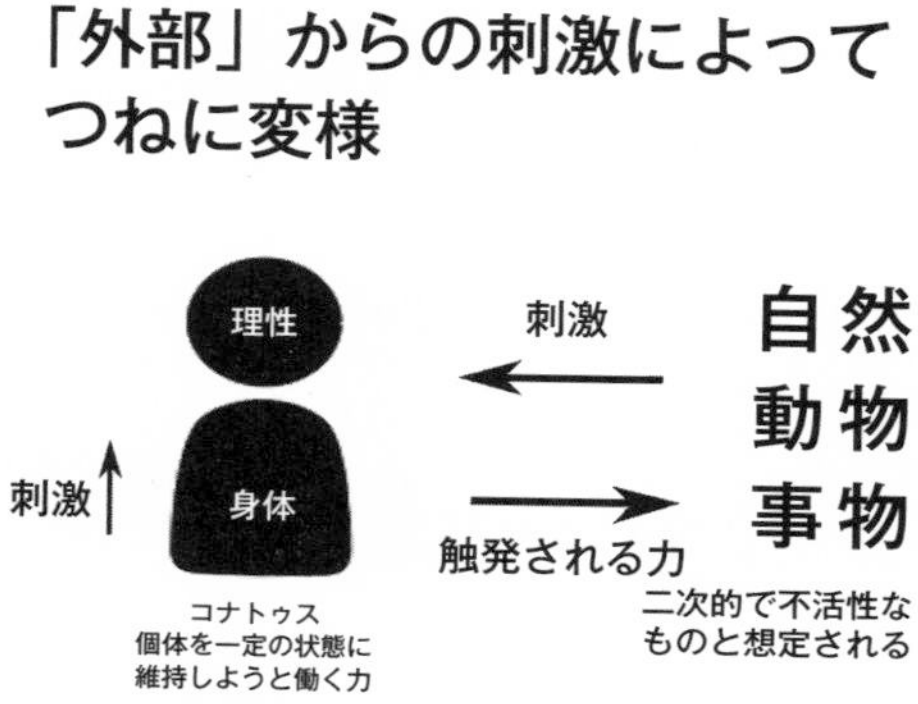

9-3　情動と変状

する。

情動とは哲学者バールーフ・スピノザ（一九五一）が提示した概念で、個体を一定の状態に維持しようと働く力、コナトゥスを持つ人間が、自己の外部にいる／ある人間や事物などから力を受けたとき、それに反応したり応答したりするなかで、自らを変状《アフェクティオ》する過程である。ここにはポスト人間中心主義的な人間主体への考えがある。まず、ここでは理性と感情や身体を二項対立で捉え、前者が後者に超越するという形而上学的前提が棄却される。また、理性ではなく、外からの刺激が感情をわき上がらせ、それが個人を刺激＝変様させるとすれば、人間個人ではなく群れとしての人間が問題になる。これを情動的統合《アフェクティヴ・ユニティ》とここでは呼んでおきたい。スピノザの情動をさらに展開するドゥルーズとガタリ（一九九四）は、「情動とは個人的な感情ではなく、一個の独立した性格でもなく、群れの力能を実現することにほかならないからだ。しかもそれが自我を刺激し、自我のゆらぎを引き起こす」（二七八）と書き付ける。それゆえに、スリフトは感情の強度を問う。強度こそが群れを作り、その方向を決めるからだ。希望という心の状態もまた、特定の組み合わせのなかで生成される（アンダーソン 二〇一〇）。

非表象理論を文化地理学に取り入れるために、パフォーマンスや実践を検討する必要がある。それは、新しい文化地理学が書かれたテクストにおける言説や表象の分析をとおして権力を問題化してきたことが、結果的には事象の立ち現れる複雑なプロセスを十分に捉えられなかったという反省に基づいている。パフォーマンスや実践は、エスノメソドロジーやエスノグラフィーといった方法論を採用することで分析される（Crang and Cook 1995）。

存在論的転回《オントロジカル・ターン》と関係主義

人間と事物のネットワーク化に焦点を当てるアクター・ネットワーク理論やハラウェイのサイボーグの議論などを受け、デヴィッド・ハーヴェイは「新しい弁証法」を提示する。彼が依拠するマルクス主義は弁証法を基盤に据える。これは、人間・社会／自然を二項対立させ、その両者の止揚を捉えるものである。彼はこの弁証法的前提をいったん棄却し、両項を保持しつつもそれが結びついていく弁証法を、新しい弁証法と呼ぶ。これにより、社会と自然・生態の複雑な結びつきと、それによる場所や空間の生産過程を捉えることができる。これを生態社会主義的政治学と呼ぶ（Harvey 1997）。

広義のポスト人間中心主義は、人間と自然や物質や機械といった「存在」を二項対立的に存在させる機制を批判的に捉える（ラトゥール 二〇〇八）。人間と自然の二項の分断線の上には、そのどちらにも属さないさまざまな異種混淆の生成が痕跡を残してきたのだ（第八章も参照）。異種混淆の生成という「存在論的戯れ」（Braun 2004）への注目は存在論的転回 ontological turn と呼ばれる。

存在論的転回《オントロジカル・ターン》は人間と自然や事物、機械との開かれた関係性を強調する。その関係性とはピッタリと一致するのではなく、それぞれの契機と空間での「部分的つながり」（ストラザーン 二〇一五）である。そしてそのつながりのなかで、場所や空間が立ち現れる。

たとえば、「新鮮さ《フレッシュネス》」という商品の「状態」は不安定な感覚であり、記号‐物質的な上演の産物である。

それはおいしさや健康といった食物の価値付けと、それがどのような場所の環境で誰によって生産されたのかという物語の両方によって演出される。そこには多くの人間と同時に、新鮮さを演出する糖度や熟度を測定するテクノロジーや器具といった人間あらざる行為者が関わっている。場所と時間を異にする人間と人間あらざるものの上演は、新鮮さを安定させることはないし、普遍的な価値を与えることもない。新鮮さという形容は存在論的な条件であり、それによって場所が作られるのである（Jackson, Evans, Truinger, et al. 2018）。

権力幾何学

アクター・ネットワーク理論や多孔性といったポスト人間中心主義における理論や視点は、人文地理学、文化地理学において大きな潮流となった。しかし、他方ではアクター・ネットワーク理論が非常に理論的で実証研究を欠いているという批判も寄せられた。実証性の欠如は新しい文化地理学が登場した頃にも寄せられた批判ではある。

また、あらゆるものが活動的で、相互のネットワークを形成する能力を持つという前提に対する批判や反対意見も表明されている。たとえば第八章でも紹介したノエル・カストリーは、資本主義経済における貨幣のような普遍的な力を有する事物の存在を指摘することで、事物のすべてに行為能力を認め、それらが自由にネットワークを形成すると考えるアクター・ネットワーク理論を批判する（Castree 2006）。自由なネットワークの強調は、資本主義において場所や空間をとおして生産される不平等の問題も曖昧にしてしまうからだ。

あらゆるものが多孔的で、関係を持つ可能性があるとしても、それが決して自由に行われるのではなく、特定の時間と空間において特性を持つ力によって相互のネットワークのあり方は影響を受ける。物理学から粘性 viscous という概念を採用し、ネットワークが平滑ではなく一定の方向性や粘度を持つことを「粘性の多孔性」と表現する（Tuana 2008）。

マッシーが言う「権力幾何学」も同様の力の作用を表現している。幾何学とは人間による大地の計測と計算の技術であり、それにより大地の上に風景が作られる。権力幾何学とは権力によって大地《ジオ》が作られることを指す。ここでいう「権力」は政治的、経済的、文化的な諸力の集合体であり、一定でも普遍的でもない。だから、空間が作られるプロセスには唯一の決定要素も存在しない。特定の場にあるあらゆる諸要素が、特定の力関係において、結びついたり離れたり、つまり節合しながら、大地の上に空間としてあるいは場所として現れる。ネットワークが力によって刺激変様され、作り直されることで、権力も作り替えられるのである。

まとめ

一九九〇年代後半から、英語圏の人文学において近代の人間中心主義批判が次第に見られるようになった。人間中心主義は理性や悟性を持つ存在としての人間と、それによって作られ使われる事物や自然、身体を、それぞれが本質的な特性を持つ別個の実在と見なす。前者は活動的な主体、後者は受動的な客体とし、前者を後者に対して超越的な現前と前提する。これを西洋哲学において形而上学と呼ぶ。

西洋形而上学の人間と事物、主体と客体の二元論、二項対立への一連の批判はポスト人間中心主義と呼ばれる。人間の大地、自然の改変、意味づけ、言説的構築を論じてきた文化地理学もまた、ポスト人間中心主義の潮流において、その西洋形而上学的前提への反省が迫られた。

《第一〇章》 物質性の地理

本章は文化地理学における物質論的転回について考える。物質や視覚イメージは人間によって作られた二次的なもの、受動的なものと考えられてきた。しかし人間と物質や視覚イメージとの複雑で予見不可能な遭遇は、物質と人間を作り替える。そのなかで場所や風景、空間といった地理がその都度に立ち上がる。

キーワード：物質論的転回、物質性、新しい唯物論、視覚性

文化地理学と物質論的転回《マテリアル・ターン》

第四章で紹介したように、ピーター・ジャクソンは文化を記号のシステムと捉え、意味や価値、アイデンティティを文化地理学の捉えるべき対象とした。このときの彼は言語による意味作用の側面に注目していた。その彼が「社会・文化地理学の再物質化」という論文で、グローバル化の進展にともない世界がのっぺりとした個性を失った社会になるのではなく、むしろ、ローカルとグローバルが複雑に結びついて、商品が生産されたり、消費されたりしていることを指摘する。「「ローカル」なものと、「グローバル」なものは相互に構成的で、単線的な商品の鎖ではなく、複雑な回路、ネットワーク、フローに関連して理論化される」（Jackson 2000: 10）のである。このネットワークや回路が空間や場所、風景を作り上げる歴史的過程を問題にする。

第二章で紹介したバークレー学派は物質に注目し、文化の歴史的過程を明らかにしようとした。しかし「再物質化」で言われる物質は、それとは異なっている（Jackson 2000）。バークレー学派があくまでも物質を人間によって作られ、使われた「客体」とするのに対して、ジャクソンのそれは人間の諸関係を作り上げる能動的な力を持つからだ。言語や表象から、物質の力への関心の転換を物質論的転回《マテリアル・ターン》と呼ぶ。

商品流通の複雑な回路は、物の生産、流通、消費という行為によって、世界のさまざまな場所と人間を繋ぐ。人文地理学はこれを商品の鎖（commodity chain）と呼んできた。この鎖の繋がり方や強さは、商品や場所の特性によって異なる。しかもわたしたちは商品の鎖をとおして他所の他者と繋がっているのに、物象化されその姿や労働状況は見えない。商品を生産すればするほど、人間は機械のようになり、「疎外」される。さらに、商品は、それぞれの場所の文化的文脈に応じて用いられることで、消費するこの場所と、生産するあの場所との資本主義的、植民地主義的諸関係を自明のものとする。このように、事物を介してつねに作り直される人間の複雑な関係性を、「物質」という言葉は示す。

そもそも、マルクス主義において、商品は生産者たるブルジョアジーのイデオロギーの物質的形態と考えられてきた。この捉え方では、能動的な主体たる生産者と受動的な客体たる商品との関係だけが射程に入れられ、経済は生産の問題として据え置かれている。さらにこの捉え方では、ブルジョアジーと労働者、生産者と消費者が方向的にも時間経過的にも単一性のものとされる。

しかし、文化人類学における文化経済論や社会学者ゲオルグ・ジンメルの議論などをとおして、経済的交換が価値を作るプロセスにスポットライトが投げかけられる。つまり、価値があるから交換するのではなく、交換という実践こそが価値を生み出すというわけである。そうであるなら、商品は一方向的なものではなく、交換を介して循環するものであり、その循環においてさまざまな価値をその都度に獲得することになる。そこでは商品は能動的な主体となる。

事物の社会的な生

このことは商品が「人間」のような意志を持つというのではなく、人間と商品が出会ったときに予想不可能で複雑な出来事が生じることを強調するものである。言うまでもなく、そもそも意志を持つとされる「人間」そのものもここでは問われる。商品の価値とは、一貫したものではなく、それが位置づけられ、交換される社会的文脈によって異なる。しかも、商品の交換の行為は文化的に枠づけられたものであるのだが、文化的な決まり事がすべてを決定するのではない。それぞれの事物が持つ価値は時間的、空間的に変化し、かつ交換という実践をとおしてやはり変化する。事物はこの「価値のレジーム」(Appadurai 1988: 15) のなかでさまざまな「社会的な生」を持つのである。ゆえに、生産された後の事物の行方を追跡する必要がある。

しかも、商品の物質的な流通と循環は社会的諸関係を再編成する。とくに、グローバル化する世界において、商品は複雑な多数の層において生産あるいは採取され、流通する。商品の価値も生産手段も多様であるのだが、それらを商品が部分的につないでいく(チン 二〇一九)。膨大な量の商品を運搬していた船は、老朽化すれば南アジアの特定の場所で、特定の階層の人びとによってひっそりと解体され、解体された部品群は新たな価値を得て、あるときは土産物に（Gregson, Crang and Watkins 2011）、別のときにはバングラデシュの中産階級の家具となる（Gregson, Crang, et al. 2010）。商品は捨てられたら価値が消失するのではなく、循環することで社会的生を再獲得し続けるのだ。生産―流通―消費という単線的な商品のプロセスを捨て去り、どのような空間や場所で、どのような契機に、何と何の事物が集合して価値が作られるのかを捉える必要がある（第六章を参照）。

アクター・ネットワーク理論と物質

物質性の議論のもう一つの源泉は、先の章で紹介したアクター・ネットワーク理論であり、人間個人の出現と物質との関係に注目する。たとえば、ラトゥールのアクター・ネットワーク理論で鍵となる人間／人間あらざるものの概念は、ミシェル・セールの準―客体 quasi-object 、準―主体 quasi-subject からアイディアを得ている。

セールはウサギ狩りに利用するシロイタチやボールゲームのボールを準―客体、準―主体の例とする。準―客体は主体ではないという意味で客体の一つなのだが、また同時に主体に徴を付けながら主体を指し示す。これを欠いては主体が主体たりえないため準―主体なのである。ボールゲームにおけるボールはそれを用いるはずの人間をプレーヤーとして徴づける。プレーヤーはボールを追い、ボールに仕え、ボールの下に「わたし」が置かれ（服従させられ）る。「わたし」の総計として「われわれ」があるのではなく、取り替え可能な「私」の行き来《パス》によって「われわれ」が出現するのである（セール 一九八七）。

特定の敷地内に設置された自動車を減速させるバンパーは、主体／客体の二分法の不安定さを暴き出す。敷地内では速度を制限する表示があるにもかかわらず、運転者はそれにしたがって減速の決定をすることはほとんどなく、スピード・バンプと呼ばれる地面の凹凸を自動車が踏むときの揺れの不快さや、自動車の損傷への気遣いなどによって減速する（ラトゥール 二〇〇七）。あるいは、オランダのスキポール空港の男子用トイレの便器に描かれたハエの絵を、こうした例として挙げることもできる。このトイレの清浄な環境は、個人の自発的善意ではなく、便器に描かれたハエの絵によって刺激された人間の好奇心や遊び心や快楽によって保持されるのだと指摘できる。

10-1　スキポール空港の男性のトイレに描かれたハエ

もちろんこうした見解に対しては、このような技術は意図を持つ人間主体によって専有され活性化されるではないか、という反論が提出されることだろう。しかし、意図的行為や志向性とは人間だけのものではないし、人間が人間として存在するための顕現と能力を人間に与える事物との関わりなしに、人間は「人間」として存在しえない。人間と客体の対称性こそがアクター・ネットワーク理論での論点なのである。物質性という視点は、人間性が客体を生産するのではなく、客体を生産することをとおして自律的主体（という幻想）もまた生産されることを議論する（Miller 2005）。

超越的なものを不安定化する

人間と物質との関わりは心理学者ジェイムズ・ギブソンの構想した、環境が人間を含む動物に提供したり用意したり、備えたりすることを捉える「アフォーダンス」という概念をとおして論じられてきた（佐々木 二〇〇八）。また、管理社会論と都市設計の文脈で、あらかじめ建造物の構造をとおして特定の人間のアクセスを制限・管理するアーキテクチュアという概念が批判的に論じられてきた。

物質性の議論はアフォーダンスやアーキテクチュアの概念と重複する。ラトゥールのバンパーによる減速は道路の構造設計であり、アーキテクチュアの一つである。しかし、物質性はまた、人間と物質との複雑な関わりをとおして、人間と物質の二項対立的理解を掘り崩す。人間、主体、理性の超越的理解の不可能性がここで指し示される。二次的で受動的なはずの事物による「事物の議会」（ラトゥール 二〇〇八）が社会を動かすのだ。

事物の力について、四国の八八の寺院をめぐる四国遍路という巡礼から考えてみたい。この巡礼は弘法大師への信仰と結びついている。しかし、宗祖として空海を戴く真言宗は、この巡礼を民間信仰として長く斥けてきた。したがって四国遍路は正統な教義を持たない。四国遍路が一九二〇年代に観光産業に取り込まれ、都市に住む人びとが余暇活動として公共交通機関を利用した巡礼を行うようになったが、教義を持たない「民間信仰」であった四国遍路にとってこのことは問題ではなかった。しかしその様子を苦々しく思っていた真言宗の一部が、東京を中心に「正統」な四国遍路のあり方を主張し始めた。教義も宗教性も持たない四国遍路において彼らが重視したのは、徒歩と、菅笠や金剛杖といった巡礼道具であった。彼らは、徒歩を弘法大師の修行を追体験し、精神を清浄化する行為であり、金剛杖は弘法大師の身代わりであるため欠かせない道具だと主張した。

ここで興味深いのは、宗教の一般的な理解の枠組み、つまり、まず神や神聖なものが存在し、それが語った真言、そしてそれを書き記した教義や聖書が作られ、その後に身体実践や宗教的な器具や巡礼道具が作られるという、いわゆる形而上学的な前提が崩れていることである。徒歩という身体の実践も、巡礼道具も、本来なら一次的な神の現前や教義に対して二次的なものに過ぎない。しかし、四国遍路においては二次的なものが正統性や神聖性といった一次的なものを作り上げるのである（森 二〇一五）。

あるいは、たえず変化する公的な空間と対置される安定した私的な空間としての、郷土《ホームランド》や家族といった「ホームなるもの」もまた、政治的で物質的なものである（福田 二〇〇八）。キッチンで家電を用いて賢く働く主婦のイメージ、厳しい家計をやりくりして貯蓄を増やし生活を改善する実践（森 二〇一八b）、家の中に置かれたさまざまな事物、飾られた絵や写真が喚起する故郷への地理的想像力。これらがさまざまなスケールで、公的領域／私的領域、物質的なるもの／想像的なるもの、地理的なるもの／歴史的なるもの、移動性／安定性といった区分を横断しながら、ホームなるものを作り続けている（福田 二〇〇八）。

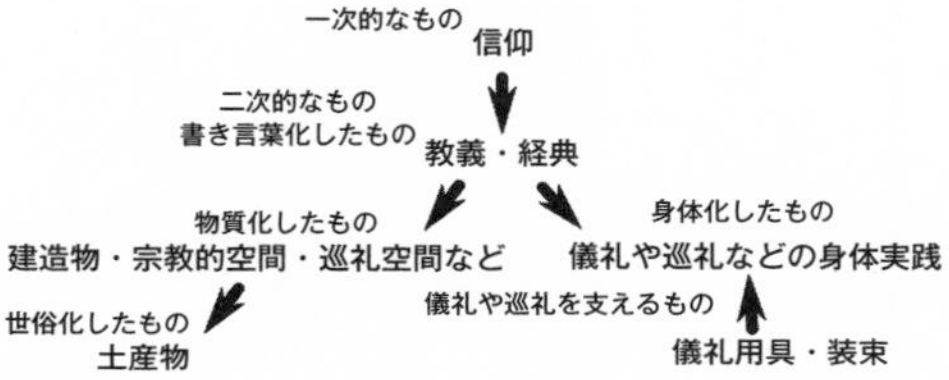

形而上学的な信仰の階層性

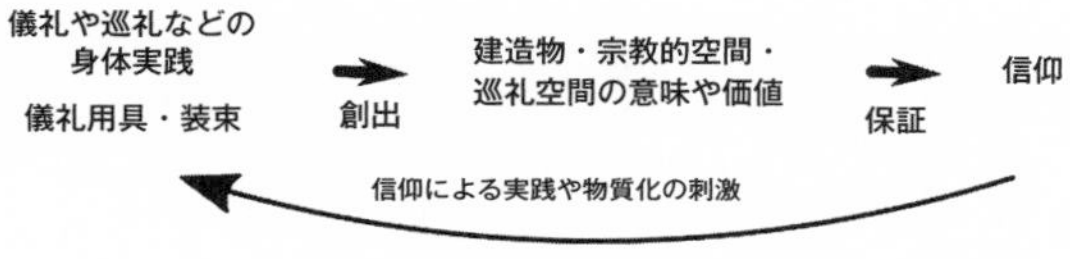

信仰・巡礼の物質性

10-2　信仰（空間）の物質性

新しい唯物論

二〇〇〇年代に顕著になった物質論的転回は、新しい唯物論という研究群として形をなした。ここではマルクス主義の唯物論が意識されるのだが、新しい唯物論はマルクス主義のイデオロギー批判を受け継ぎながらも、直線的な史的展開や物質的な生産諸関係を下部構造に据えることに疑義を挟む。むしろそれは、言説中心主義に対抗しつつ下部構造と上部構造の終わりなき相互規定を説くルイ・アルチュセールを参照するものである。新しい唯物論の出現には次の三つのきっかけがある（Coole and Frost 2010）。

第一に、物理学において物質とは何かという理解が大きく変化したことにともない、物質概念そのものを大きく書き換える必要が出てきた。すなわち、物質は一七世紀には長さ、幅、厚さで構成される物体的実体であり、統一的で不活性なもの、量化可能で測量可能なものと定義されていた。しかし、たとえば一九世紀末に発見される素粒子は十一面のなかをエネルギーが振動する螺旋のようなものであり、物理学において物質とは（実体よりもむしろ）力、エネルギー、強度の運動なのだと理解されてきた。そうであれば、物質は不活性なものというデカルト的な前提は棄却される。新しい唯物論は「人間主体」を、こうした物質が埋め込まれ、つねに運動し続けるプロセスとして捉える。

第二に、生命科学において生命 bio が開かれた多孔的なシステムと捉えられるようになったことにともない、そのリスクと法と責任を捉え直す生命倫理や生政治学が求められるようになってきている。とりわけ遺伝子組み換え食品やゲノムの診断、バイオテクノロジーの劇的な発達は、身体や生命を再定義するとともに、それらを管理し、調整する新しい権力についての批判的な視角を求めている（第一一章も参照）。

第三に、進展する二一世紀のグローバル資本主義が見せる複雑性を捉えるために、マルクス主義を引き継ぎつつ批判的な社会理論の再構築が必要とされるようになった。というのも、文化論的転回以後の批判的唯物論は言説を主な分析対象としてきたために、商品の生産と消費、市民へのグローバリゼーションの不平等な効果、人生の機会管理、配分、正当化の不平等性、そして国家レベルと日常レベルの権力の作用といったものに十分な関心を払えずにいるからだ。それに対して新しい唯物論の批判的な社会理論は、アイデンティティの流動性と屈折性、多様性のグローバルな資本主義における管理、戦争や暴力や気候変化、貧困の差異的効果や生命といった、資本主義を構成する諸関係を検討する。流動性、複雑性、予測不可能性、そして存在論こそが新しい唯物論の射程に入る。

この新しい唯物論のなかで、とくに物質と関わる研究として、ジェーン・ベネットの「生命ある物質 vibrant matters」とカレン・バラッドの「内的行為性 intra-activity」を挙げておこう。ベネットはスピノザのコナトゥスという概念をもとに、情動（刺激＝変様）の作用と効果を人間あらざる幹細胞、電気、食物、ガラクタ、鉱物にまで認める。それらは決して受動的で静的で機械論的な客体ではなく、生気を持ち振動している（Bennett 2009）。

バラッドもまた事物の生気を認めつつ、あらゆる関係性に先立つ「事物」の実在を拒絶し、事物自身の振動によって作り出される関係性を内的行為性と呼ぶ。内的であるのは、内部が人間なるものにとって本質的だと前提されてきたからである。内部と外部という二項対立的前提を斥け、それらが存在論的に決定不可能であることを内的行為性は指し示す。つまり、この「内部」は言説によって制限を受けるのだが、言説がすべてを決定することはなく、言説はあくまで物質によるローカルな決定をとおして世界の物質性を再構成する役割を持つ。ここにおいて、現実性とは現象の中の「事物」によって構成されつづけるものと理解される。そしてそれゆえ、世界はそれぞれ異なる物質化のプロセスにおける内的行為性そのものなのである（Barad 2007）。彼女の論じる言説と物質の関係性は、フェミニズムと身体の問題で重要となる（第一一章も参照）。

物質に力を認めることは、単に擬人化することではなく政治的な問題である。たとえば、ガラクタやクズと呼んできた事物に潜在力を認めると、消費のパターンはどう変わるのだろうか。物質が生気を持つとすれば、食べることは多様で変化に富んだ身体の間の遭遇として想像し直される。それは公衆衛生の概念をどう書き換えるのだろうか。幹細胞研究はどんな問題をともなうのだろうか。物質に生気があるなら、それは単なる資源や商品ではなくなる。エネルギー政策にはどのような変換が迫られるのだろうか。

このように、文化論的転回においても自明とされてきたさまざまなことが、問い直される。つまり、物質性や新しい唯物論はわたしたちの日常生活を大きく作り替えることになるのだ。

商品が作る心象地理

すでに記したように、資本主義における商品は単に作られ、価値付けられるだけでなく、その物質的現前や循環をとおして価値を作り上げる。熱帯イメージは植民地主義とポスト植民地主義を繋ぐ重要なテーマである。熱帯は未開と同時に生命と性の豊穣さとして記号化されていた（第八章も参照）。この熱帯のステレオタイプは植民地主義をとおして生産されたものであり、現在もそれが引き継がれている。たとえば、トロピカルフルーツの缶詰の広告には青い空と海、白い砂浜に椰子の木と、その下に置かれた籠いっぱいのトロピカルフルーツの写真や絵が置かれる。それはまるでこの楽園的熱帯で「自然」にフルーツがなっているようなイメージを与え、不平等な労働条件が隠される。商品としてのその流通は、かつての南国＝受動的、女性的、開放的といった植民地主義的言説を通して、先進文明国としてのヨーロッパや英国と、未開で開放的で歓楽的な旧植民地という区分を再創造するのである（Cook, et al. 2004）。

こうしたポスト植民地主義への「配慮」もまた、消費を通して複雑な矛盾を抱え込む。英国の大手スーパーの扱う花の鎖を考えてみよう。中流階級向けのこのスーパーで売られる花は、かつての植民地であるケニアで生産される。店頭では花卉生産地の賃金格差に配慮したフェアトレードという倫理的消費 ethical consumption を強調することで消費を喚起する。しかし賃金格差の公正さは決して生産地と消費地との公正さを担保しない。なぜなら、消費者のニーズに応えるために花卉生産は特定の品種を特定の出荷時期に合わせる必要があり、結果的に多くの環境負荷をかけることになるからだ。倫理的消費もまた生産地と消費地の間の政治的力関係を再生産することになる（Hughes 2001）。ここでは配慮という心理と商品という物質が結びつきながら、心象地理の政治を再生産する様子が透けて見える。

　このように他所の心象地理は言説だけでなく、物質の循環や配置によって作られる。そして「あそこ」の心象地理は「ここ」で作られる。南アジアからの英国にやって来た移民たちが、自宅に配置するさまざまな写真や記念品といった事物（Tolia-Kelly 2004a）や、庭に植える「オリエンタル」な植物（Tolia-Kelly 2004b）が、英国のなかで自らの出身国、「ホーム」への帰属意識を織り上げる。東南アジアの「天然」素材で作られた「キッチュ」な、あるいは「かわいい」アジア雑貨は、自宅に配置されることで「途上国」としての東南アジアという心象地理を毎日作り上げる、と同時に、旅行品の土産物として購入された場合は、その過去の経験を自宅で確認することを可能にする（森 二〇〇九）。

10–3　トロピカルフルーツの広告

10-4　英国キューガーデンズのなかの日本庭園（筆者撮影）

地理は何をするのか

事物の行為能力を認めるのであれば、文化地理学の前提では人間によって改変される受動的な対象物であるところの大地や自然、場所や風景や空間にも行為能力を認める必要がある。これまで見てきたように、「物質性」はいくつかの方法で定義されているために、地理の行為能力をどのように考えるかという問いへの答えも複数ある。それでも、人間と地理との関係を直線的に捉えるのではなく、両者が遭遇したときに起こる複雑な出来事に目をとめることは共通する。

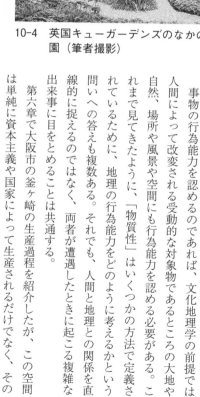

第六章で大阪市の釜ヶ崎の生産過程を紹介したが、この空間は単純に資本主義や国家によって生産されるだけでなく、その空間的、場所的特性ゆえに資本主義や国家の暴力性に抵抗する社会運動を立ち上げる。社会的病理としての「ドヤ街」は運動をとおして「寄せ場」として記号化され、運動を生じさせ、運動によって領有される（原口 二〇一二）。空間の物質性である。

自然はその物質的形態によって意味が与えられ、社会的に生産される。そしてそうして生産された社会的な自然は、今度は人間や社会を再構成する。たとえば、国家政策によって作られ記号化された国立公園の自然は、その地形的、植生的特性に応じて多様な利用機会を提供し、それによって戦時中は健康で強靱な日本人の身体を作った（森 二〇一七）。東洋趣味が花開く一九世紀の英国では「日本庭園」が設置され、それが英国人の日本に対する想像力を刺激した（Tachibana, Daniels and Watkins 2004）。自然の物質性である。

地理、自然、そして身体（第一一章を参照）は単に物質的に「存在する」というわけではない。それらが存在するのは、それらに関する表象や言説と不可分なのである。しかも表象や言説によって記号化されれば「存在」するわけでもない。それは「物質−記号的存在」なのである（第八章も参照）。

博物館や遺跡は何をするのか

人種や民族の特性は、博物館や博覧会という空間に置かれた展示品をとおして具体化される（クラング、トーリア＝ケリー 二〇一二）。英国のロンドンに一七五三年に設立された大英博物館は、文化の分類法において蓄積される知識を、そうして分類される事物の展示をとおして、どのような「文化」を持つ者が自国民であり、他者であるのかを示す。来訪者は言葉だけでなく、そこでのガイドのパフォーマンスや、各々の写真撮影や、器物に触るといったような身体的実践を介してネイティヴと他者との区分をその都度確認する。

物質的空間としての博物館と同様の機能を遺跡も持つ。英国の湖水地方の国立公園は、イングランドらしさを英国らしさにそのまま拡張した審美性をまとっている（第五章も参照）。それは自然と共生する英国人の心のふるさとと表象され、その表象に沿ってナショナル・トラストなどによって物質的な風景が作られている。この湖水地方という遺跡はまた、ある英国らしさの審美性の分類法をとおして特定の事物と生物相が維持されている。

国家によって象徴的に作られた国立公園や遺跡は、特定の場所や空間を物質的に占め、物質的な風景を持つことで、人びとにそこから国民の本質を発見したり読み取ったりすることができるのだと語りかける。日本においても、アジア太平洋戦争中に忠臣楠木正成に関連する大阪府南部の河内地方の社寺などが史跡に指定され、その場所を見て回ったり、現地説明会をしたりして、楠木の業績を具体的に知るよう促された（森 二〇一七）。

遺跡は抽象的な物語に物質的基盤を与える。沖縄県の各地に設置された戦没者慰霊空間は、遺骨の収骨と納骨、分骨といった時間的過程をとおして現れたものであり、しかもそれは場所を移転しては統合されていく（上杉 二〇一八）。慰霊碑は不可視の霊の所在を物質的に示すものであり、しかも祀られる霊は地縁的かつ血統的なつながりを持つようになる。また遺跡や碑は、物語を固定すると同時に、意味変転の基盤にもなる。原子爆弾が投下された長崎県では、爆心地での記念碑や祈念像の設置や遺産化の動きにおいて、記憶景観の封じ込め（大平 二〇一五）や、碑の建て替え計画への反対運動をとおしての意味の強化や変転（大平 二〇一七）が見られた。

戦後、失われた日本の象徴としてトキの飛ぶ空とその自然が記号化され、トキの繁殖を図るために新潟県佐渡島にはトキ保護センターが設立された。このトキと里山と棚田の風景は二〇一一年に世界農業遺産として登録された（森 二〇一七）。日本古来の「純粋」な生態系の重要性をトキ、里山、棚田の集合体は物質的かつ視覚的に訴えかける一方、純粋ではない外来種は取り除かれる。さらには、国立公園の自然は日本らしさと結びつけられ、それが国民の健全な心身を涵養する物質的な舞台として用いられるのである（Mori 2014）。

それは裏を返せば、「国民文化」の持つさまざまな雑多性を排除することを意味する。たとえば、湖水地方は非常に白人中心的な場所であり、「有色」の人びとに「場違い」の感情を喚起する社会的排除の風景でもある（Hall 1999）。あるいは、先の自然の物質性とも関わるものとして、一九三八年にスリランカに設立されたルフーナ国立公園の「自然」がある。これは、シンハラ族と彼らの信仰する仏教的な審美性を物質的に体現する一方、タミル人を野蛮な人種として固定する役割を果たしている。湖水地方と同様に原始的で野蛮と考えられてきた「ヤラ」と呼ばれていたこの地とその自然は、一九世紀後半の植民地統治時代における考古学の発掘調査を経て、シンハラ族の古代の王国ルフーナの輝かしい聖地と見なされた。遺跡が自然の解釈を一八〇度転換したのである。ヤラの「自然」と遺跡はシンハラ族が「他者」であるタミル人やムスリムと闘争した舞台と見なされ、またシンハラ族とともに生きてきた動物の聖域と見なされ、一九四三年に国立公園はヤラからルフーナに改名した（Jazeel 2005）。象徴化された自然や遺跡の物質的顕現は、こうした排除や人種化のプロセスを覆い隠す。

歴史的に振り返れば、遺跡の物質的風景は多様性と複雑性を持っている。湖水地方の典型的な風景の構成要素である羊はバイキングが持ち込んだものであり、草を食む「外来種」の羊がいなくなれば森林が再び現れ、「美しい」湖水地方の風景は一変する。湖水地方のさまざまな地名は北欧の言語由来であることも、この英国人の国民的遺跡というラベルの一枚下に潜む多様な歴史を静かに物語る（クラング、トーリア＝ケリー 二〇一二）。同様に、佐渡島のトキ保護センターで繁殖が図られるのは「純粋」な日本のトキではなく、中国から譲り受けたものである。専門家はＤＮＡのレベルでの差異の小ささからこれらのトキの繁殖を国家的に行うことの問題を斥ける。しかし、漂鳥でもあるトキを人為的に引いた国境線で分けることなどできない。しかも、そもそもトキの絶滅は人間による乱獲や乱開発に起因する。そもそも、純粋と不純を分けること「純粋」と思われているものが外来であるから問題なのではない。

10-5　佐渡島トキ資料展示館で展示される最後の「国産」トキ（筆者撮影）

は、一方に超越的な立場を認めることであるという意味で形而上学的である。そして実際、複雑で多様な世界において、純粋とは想像物にすぎない。問題は、そうした純粋なる風景や空間、場所といった地理を物質的に作り出すなかで、そこに実際に生きる生物や植物、事物が管理され、あるものが包摂されると同時に排除される、そのことをとおして、「ネイティヴ」や「真正なもの《オーセンティシティ》」が自己として作り出されることである。

視覚性の地理

視覚的なイメージ、つまり画像や映像は、「一次的」な風景や頭のなかの像を「二次的」に眼前の風景や頭のなかで想像することを形にした、つまり物質化したものである。文化地理学は、風景や地図の表象を問題にしてきた。それは視覚性という概念で捉えられる（Rose 2003）。

通常、わたしたちは目の視覚《ヴィジョン》でさまざまな事物を認識する。視覚は生物学的な刺激＝反応のプロセスであるが、それはまた社会的な織物でもある。というのも、見られるものは特定の目的で編み上げられた物語であるからだ。美術批評家のハル・フォスターは社会的事実として形成される視覚を視覚性 visuality と呼び、「どのようにものが見えるのか、どのように見ることが可能になり、許され、強いられるのか、そのなかでどうしたら見る行為そのものや不可視なものをとらえられるのか」(フォスター 二〇〇七:一一)を反省的に捉える必要性を説いている。

ものの見方、見え方は、本来なら属性や立場などに応じて社会的な差異が存在する。しかしある特定の決まり事、彼の言葉で言うなら「視の制度《スコピック・レジーム》」が、特定の言葉などでそれを排除しようとすると指摘する。われわれが見ているものは決して自明のものではなく、特定の制度のなかで、何をどのように見るのか(どこに焦点を当て、どこが拡大され強調されているのか、どこがどのように隠され、矮小化されているのか)が調整されているのである。視覚文化、視の制度はさまざまな社会的諸力、すなわち経済的、政治的な力が交叉しながら作られる。視覚性を創り出し調整する制度と権力、「文化」によって視覚が作り出される過程を問う必要がある(Mirzoeff 2009)。これを視覚文化 visual culture と呼ぶ。

視覚文化は決して視覚イメージそのものだけを意味するのではない。商品と同じように、それが循環したり流通したりすることで、消費されることで、特定の効果を社会に与えていくことも含む概念である。たとえば、写真館を営む久保昌雄が一九〇〇年に皇室に献上した『熊野百景写真帖』は、後に絵はがきとして販売され流通することで、信仰に彩られた聖地熊野の、どの風景を、どの角度から見ればよいのか、風景を見るという実践を枠づけていった(島津 二〇〇七)。

また、視覚性、視覚文化は見えるものと見えないものと同時に、社会的差異を再生産する。つまり、見られうるもの、見られえないもの、見えないまま残されているもの、特定の展示戦略によって見えなくされているもの、見えているものを解釈できたりできなかったりする人たちのまわりに、差異が創り出されていくのである(Rose 2003)。視覚的イメージには先に論じた展示や遺産も含まれ、これらが不可視の過去を視覚化するのである。近年の遺産研究や博物館研究では展示という視覚メディアによって過去や遠く離れた場所の文化が再現され、それによって国民の一体感や他者との差異が再生産されると考える。

視覚イメージは、特定の物語を作り上げていく幅広い社会制度の中に埋め込まれている。だとすれば、わたしたちが日々目にしているものが、どのように空間を作り上げていくのか、こちら側とあちら側の隔たりを作り上げていくのかを問うことは文化地理学にとって重要である。すなわち、イメージは、この国とあの国に対する特定の想像力を形作るのであり、このことは地政学的である。たとえばアフリカ大陸のスーダンに関する写真報道が、特定の力関係において生産され、それが循環し、さらに解釈される一連のプロセスにおいて、それをまなざす先進国に対する内戦に明け暮れる後進的な国家という地政学的想像力を喚起する（Campbell 2007）。

オセアニア地域に存在するツバルという国家は、地球温暖化にともなう海面上昇によって水没の危機に瀕しているとしばしば写真や映像に視覚化される。危機に瀕したツバルを代表＝表象するのは、しばしば水浸しになった土地にたたずむ少女であり女性の視覚イメージである。そしてそのイメージは、二酸化炭素を排出する先進国のライフスタイルに対する反省を促す。同時にそれは、ツバルが先進国から隔絶され、自然と共生してきた「未開」の地であり、地球温暖化に対してなすすべなく沈みゆくのを待つ被害者という印象を強く与える。弱く受動的なツバルは、視覚イメージに表れる少女や女性として換喩される。しかも、彼女らを救うことができるのは先進国であるという想像力が、それを見る先進諸国の人々の間で立ち上がる。活動的な先進国と受動的で自然に満ちた後進国という区分は、この視覚イメージの分配配置を通して再生産される（Manzo 2010）。

アジア太平洋戦争中の日本では日本の領土拡張の正統性が視覚イメージをとおして人びとに伝えられた。とくに日中戦争開戦後の一九三八年二月、内閣情報部は週刊報道雑誌『写真週報』を発刊し、日本やドイ

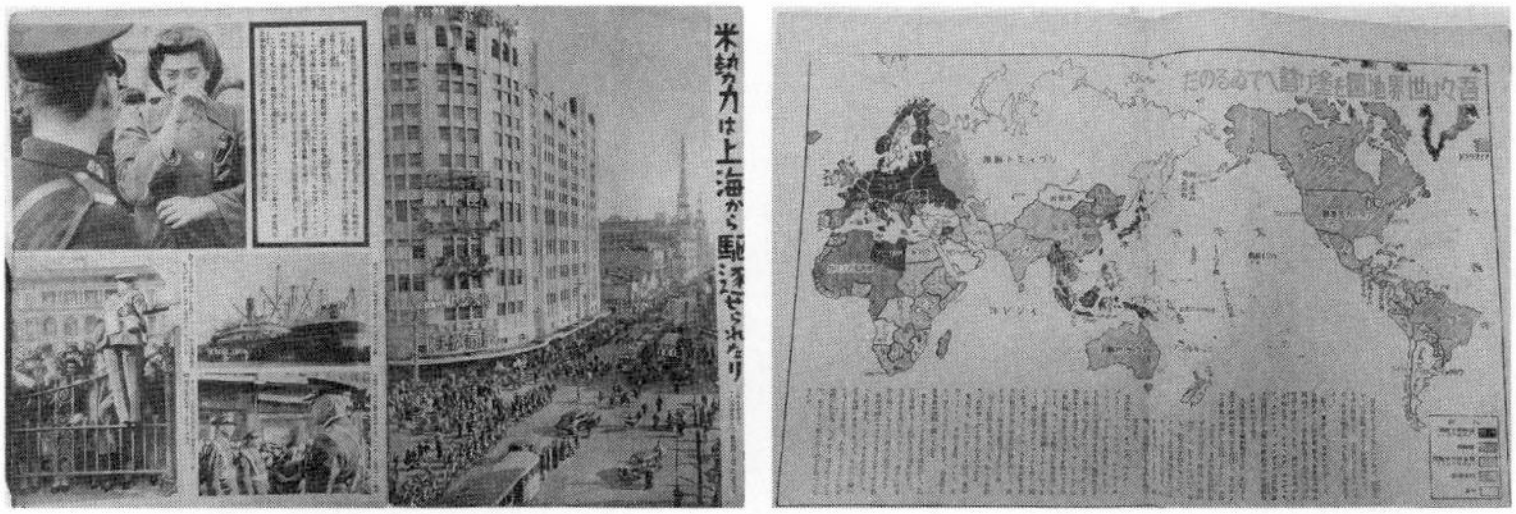

10-6　地図や写真で聖なる戦いが可視化される。右図は地図で日・独・伊の正統性を示すもの（『写真週報』249号、1942年）、左図は日本によって上海から駆逐される英米人（同誌199号、1941年）

ツ、イタリアの同盟の正義と、敵である米国や英国、中国などの劣等性を視覚的に強調した。日本のアジアへの領土拡張は天皇による恵みと表現され、アジアの開放に沸き返る人びとの表情や、戦地で戦う日本兵の勇猛さが写真で示される。さらに、国内の国民が守るべき道徳も報じられた。こうして、日本や同盟国の空間的広がりや拡張、その前線の戦闘の正当性が説かれ、国内の国民の均質性の創出が図られ、他方でそうした空間の外側が理解に苦しむ残虐さと卑劣さという記号をとおして差異化されたのである（森 二〇一六）。

まとめ

物質や視覚イメージは、人間によって作られる客体であり、受動的な実在だと考えられていた。しかし、一九九〇年代末からのポスト人間中心主義やアクター・ネットワーク理論などの登場によって、これらが持つ社会的な効果が強調されるようになった。

この社会的な効果とは、人間と物質や視覚イメージが出会ったときに起きる予測不可能な出来事が、物質や視覚イメージに超越していると考える人間や社会を構成するものである。事物は循環し、多様な場所で消費されることで、その意味や価値を変転する社会的な生を持つ。人間主義的地理学においては意味がその有り様を規定すると考えていた。意味や価値がつねに変わるということは、これこそが「物質」であるとあらかじめ決定することはできず、それゆえ社会的効果を持つものとして特定の契機にそれとして現れる物質性（物質的なもの）が議論される。

物質や視覚イメージは、他所とそこに住む人びとの文化への想像力を喚起することで、空間や場所、風景を作り上げる。そしてそうして作られた地理や自然が、また人間を作り直す。このような複雑な関係性を捉えるのが視覚性という問いの構造なのである。

《第一一章》 身体をめぐる地理

本章は「身体」をキーワードにして、さまざまなスケールをとおして空間的なるもの、空間性が作られることを考える。とくにここでは身体を空間とみなし、それと権力との関係を移動性、セクシュアリティ、パフォーマティヴィティ、越境身体性などの概念をとおして捉える。

キーワード：身体、移動性、デジタル、行為の遂行性、存在論、正常と異常、情動的身体

移動性《モビリティー》の地理

ある地点から別の地点への空間的移動に地理学は関心を払ってきた。とりわけ計量革命後の地理学は、統計資料を用いて特定の時期における特定数の人口の移動を検討することで、人口移動が見せる空間特性を論じてきた。こうした統計分析を越えて、人口移動を引き起こす社会的背景、つまり何が人間を特定の地点から押し出すのか、特定の地点へと引き寄せるのか、プッシュとプルの要因を捉えることも重要であ

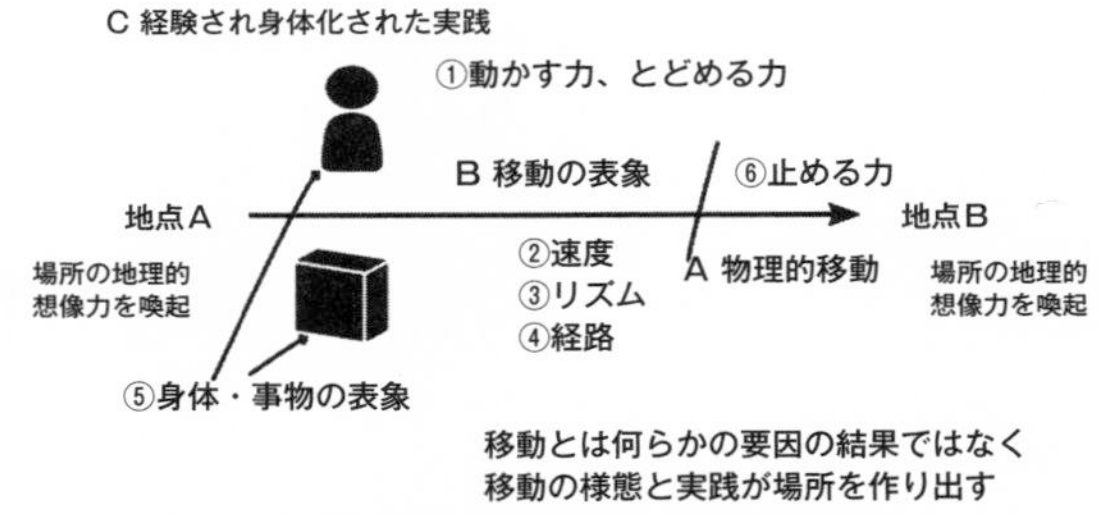

11-1　移動性の三つの側面と六つの政治学

った。移動は所与ではないという了解がそこにはある。

しかしながら、二〇〇〇年代において移動は、「移動性《モビリティ》」という概念をとおしてさらに検討されることになった。文化地理学における移動性の議論で重要なのは二つある。第一に、移動は何らかの要因の結果ではなく、それが何かを作り出す効果を持つということである。第二に、移動性の概念をとおして移動を仔細に見れば、人間と事物はともに「動いている」ことが分かることである。

移動性には三つの側面がある。すなわち、A物理的な移動、B移動の表象、C移動の経験と身体化された実践である。この三つの側面は次の六つの政治学を持つ。①動かしたりとどめたりする力、②移動の速度、③移動のリズム、④移動の経路、⑤移動する身体や事物の表象、⑥止める力である（Cresswell 2010）。こうした移動をめぐる複雑な力関係、身体、経験などをとおして、場所の意味や空間のありようが作られ続ける。移動を経験することで、望郷の念やさらなる希望の場所を目指すというような、地理的想像力も喚起され続けるのだ。

移動性について、二つの例から考えてみたい。なお、括弧で囲んだアルファベットと〇で囲まれた数字は、左の三つの側面と六つの政治学を示している。

一つ目は四国の八八ヶ所の札所寺院を回る巡礼である。江戸時代から近代にかけて巡礼者は土佐藩への入国を制限されたり（⑥）、入国経路が制限されたり（④）、決められた日数内で出国する（②）よう規制された。巡礼者の身体は治安を乱すものと表象された（⑤）。一九二〇年代に国内観光が発達すると、巡礼者のなかには交通機関を積極的に利用し、安全で早く、快適に巡礼を行う人たちが現れる（②、③）。しかし宗教的な価値を強調する人たちは、公共交通機関の利用を批判し徒歩による巡礼を奨励する（⑤）のだった（Mori 2020）。

二つ目は、アジア太平洋戦争後の日本における「密航者」である（福本 二〇一三）。敗戦後、旧植民地の一つ朝鮮半島出身者の「国境」の移動管理が厳しく行われた。朝鮮半島からの人間の移動は植民地主義的権力によって促され（A）、同じ地点間の移動であってもさまざまな理由で外国人登録証を持たない人は「密航者」と表象され（B、⑤）、彼らは佐世保引揚援護局に収容され惨烈な経験をする（C）。移動を促すのは植民地主義と資本主義的権力であり（①）、彼らを留め、止めるのは国家による国境管理の権力である（⑥）。密航者とされた彼らの身体は、一九四六年前半は博多、仙崎、舞鶴、佐世保から強制送還されていたが、同年七月から八月にかけて佐世保に一本化されることで移動の経路が固定される（④）。強制送還の移動速度（②）とリズム（③）は強制送還される運搬船の性能と時刻表に依る。

このように、移動はさまざまな力関係をとおして引き起こされると同時に、それが出発地、通過地、目的地の社会に効果を与えるのである。

移動性のテクノロジー

移動性の議論は、移動する人間の自律性、主体性を審問に付す。人間が力関係によって移動させられているとすれば、移動する「意志」とは何かが問われるのだ。そしてそのことは、移動が単なる結果ではなく効果を及ぼすという知見とともに、ポスト人間中心主義的な問いかけに連なる。

人間の移動の速度、リズム、経路は、権力を持つ者によって単純に決定されるわけではない。近年のデジタル技術の進展は、誰かがプログラミングをするだけでなく、人工知能ＡＩ自身がアルゴリズムを用いて深層学習《ディープラーニング》を行うことを可能にした。つまり、人間あらざるものが「自律」的に学習して判断し、それによって人間の移動を作り出す。デジタル技術が、指紋照合や光彩照合などをとおして、空間にアクセスできる人とできない人を判断し、しかもそれによって空間の有り様も変化するのである（Kitchin and Dodge 2011）。

まずは、人間あらざるものとしてのデジタルによる管理から例を挙げて見ておこう。ＧＰＳ機能を用いたゲーム、ポケモンＧＯでは、バトルやジムを都市の一定の場所に仮想的に置くことで、ゲームの空間を作り出す。スマート・フォンという機器を用いてこの空間に仮想的に入ったユーザーの経路やリズム、速度はこの空間のプログラムによって決定される（森 二〇一八ａ）。空港の入国管理におけるデジタル技術を用いた瞬時の顔認証、スマート・ゲートは、入国管理の空間性を作り出す。ゲートに近づき、パスポートの写真をスキャンし、顔や指紋をスキャンさせ、ゲートを抜ける。人間は一定の経路、速度、そしてリズムで移動する。ふさわしくない人間は止められる。エネルギーの「スマート」な利用を促進するスマート・シティでは、人間の移動（経路や時間、利用頻度）がデータ化され、一定の時間感覚で公共交通機関が運行する（森 二〇一八ａ）。

これは物質性の議論と重なる。空間のなかの事物の配置や形態、形状を調整することで、人間の行動や「意志」を作り上げていく構造を「アーキテクチュア」と呼ぶ（第一〇章も参照）。指紋照合や光彩照合といったデジタル技術を用いて、現実の空間とデジタル空間へのアクセスを管理・調整することもある意味でアーキテクチュアである。

しかし、アーキテクチュアと決定的な違いがある。それが先に記したデジタル技術の「自律性」である。デジタル技術の場合、いったんその空間のシステム、すなわちコードをプログラミングすれば、その後はデジタルが「アルゴリズム」によって深層学習を繰り返し、自動的にコードを更新する（Kitchin and Dodge 2011）。ここではデジタルが人間から切り離されて「判断」し始めるのだ。その判断のための膨大なデータの蓄積をビッグ・データと呼ぶ。たとえば、スマート・シティにおいて人間の移動はデータ化され、ダッシュ・ボードによって管理され、その膨大な量のデータは、ビッグ・データに蓄積されていく。スマート・ゲートでは、入国者の生体データが、入国管理局や国家の管理する膨大な犯罪やテロリストに関するビッグ・データと照合され、入国の可否が判断される。つまり、データの取得とビッグ・データへの蓄積、そしてそのビッグ・データをもとにしたアルゴリズムによる蓋然性と確率の計算によって、移動が判断されるのだ。

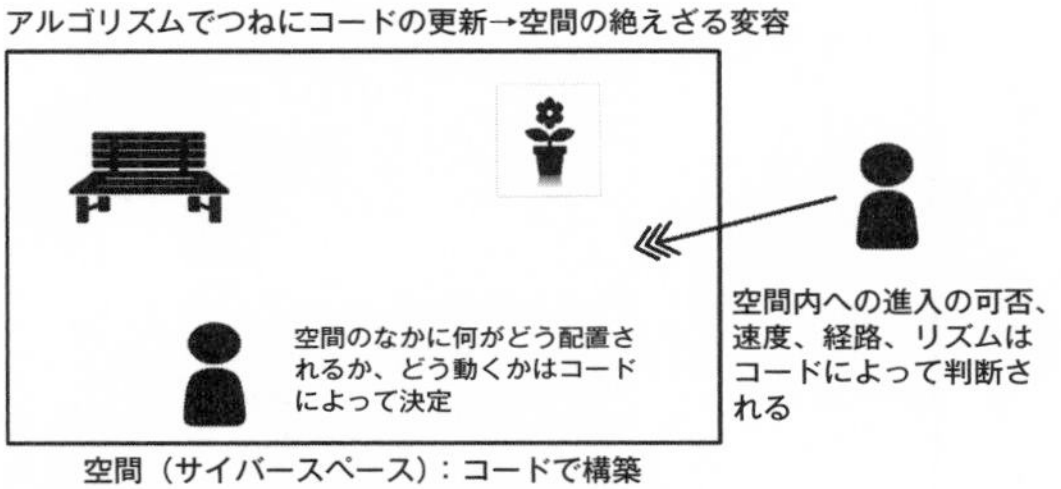
アルゴリズムでつねにコードの更新→空間の絶えざる変容
空間のなかに何がどう配置されるか、どう動くかはコードによって決定
空間内への進入の可否、速度、経路、リズムはコードによって判断される
空間（サイバースペース）：コードで構築

11-2　デジタルの空間性と移動性

膨大なデータをもとにして計算される不適切なものの蓋然性は、決してその人間そのものと対峙して判断されたものではない。出身地、年齢、性別、身体的特徴、場合によっては宗教などがデータとして取得され、ビッグ・データの計算をもとにして判断されたものである。こうしたデータをもとにした人間のデジタル的「監視《サーヴェランス》」をデータヴェランスと呼ぶ（Amoore and de Goede 2005）。

データヴェランスでは人間の身体はデータとなる。まるで商品に与えられたバーコードのように、指紋や目の虹彩、両目の間隔といった生体データが機械によってスキャンされ、移動できるのか、どの速度、リズム、経路で移動するのかが、人間ではないアルゴリズムとデジタル解析によって決定される。人間の移動は物流の事物の移動と同じく受動的となるのだ。

動いている？　留まっている？

移動性はある地点から別の地点へ動かし、留める力を問題にする。しかし動かされている、留められているという受動的表現で移動を語ることは可能なのだろうか。留められているように見えるもののなかで、動いているものはないのだろうか。

京都府の宇治市にあるAという在日朝鮮人の「不法」占拠地区は、犯罪の多い危険で反社会的、あるいは養豚の不衛生な場所として新聞で表象されてきた（全 二〇一八）。日本における朝鮮人へのまなざしがその場所の表象に投影されていた。この地区の「不法」な占拠はアジア太平洋戦争期に京都府が飛行場建設計画を立て、その労働者として朝鮮人が集められたものの、敗戦後に計画が中止になり、その場所に住み着いたり、土地を購入したりすることで始まり、続けられてきた。しかし、朝鮮人が不法に「留まっている」ように見えるこの地区には、新しく入居してきた者もおり、しかもそれは同一民族による集住という論理だけでなく、就業の機会や職場への近接という論理もある（全 二〇二二）。つまり、留まっている人びとの空間は決して「留まっていない」。

移動の自律性も過小評価すべきでない。敗戦後の不法占拠地区の立ち退きをめぐる闘争を仔細に見れば、河原などを不法に占拠するバラック街を行政が立ち退かせるのは、たしかに政治的権力による移動性である。しかしその移動は決して「動かされる」だけでなく、行政と占拠者たちとの交渉のなかでできるだけ占拠者にとって有利な条件を引き出した上での移動でもある（本岡 二〇一九）。寄せ場で収奪される労働者による社会運動は、それぞれの寄せ場で単発的に生じるのではなく、寄せ場を移動する労働者の存在と関わる。寄せ場の労働者は動かされているだけでなく、彼らの「自律的な移動」が社会的な効果を持つことも強調する必要がある（原口 二〇一六）。

自律的な移動はどのように捉えることができるのだろうか。一つの答えとしてイタリアのランペドゥーザ島における「ポルトM」を紹介しておきたい。この島はアフリカ大陸から地中海を越えてやって来る移民や難民の収容所を抱える。なけなしの金を斡旋業者に払いアフリカ大陸を移動し、移動の途中で役人、兵士、運転手などにさらに難民は金をまきあげられる。そうした悲劇の終焉の地、彼らを歓待する民主主義、自由主義の地としてヨーロッパは自己を表象する。それは移民の移動する身体を受動的でかわいそうな存在と客体化し、その救助の様子を劇場での演劇のようにスペクタクル化することである（北川 二〇一八）。そしてそれは差延作用として、彼らを歓待する人道主義的「自己」という「主体」を立ち上げる。それはある種の暴力である。

これを回避するために、移民の船の流木で外観を整えるポルトMという展示空間は、移民たちの持ち物を分類も名付けも個別化もせずに展示する。そのとき移動をともにした「者／物たち」は物語から浮遊し自律性を獲得する。それを見る者はお仕着せの悲劇と歓待の物語を介することなく、事物と対峙する（北川 二〇一八）。物質の力、物質性を介して移動は自律性をつかの間、獲得するのである。

身体という空間

人間の移動は身体を使って行われる。そこで次に身体に目を転じてみたい。

地理学ではグローバルな空間、国土の空間、地域の空間とさまざまな空間スケールを分析対象とし、身体もまた身体空間として分析される。感覚や感情、認知の織物と考える人間主義地理学でも身体は注目された。しかし、人間主義地理学は人間の身体を普遍的なものと扱い、その差異には自覚的でなかった。一方、フェミニズム地理学、批判的な人種研究、クィア理論は、「誰の身体」がどのような権力によって影響を受けているのかを、多様なスケールとの関わりのなかで理解しようとしてきた(Silvey and Bissonnette 2013)。

身体をめぐってマルクス主義と植民地主義、そしてフェミニズムが取る立場を確認しておこう。マルクス主義において、身体は物質代謝される環境と関連付けられることで労働力となり、その身体空間を用いた労働をとおして資本が蓄積されるのだと論じる。(ポスト)植民地主義批判においては、有色の身体が劣等と表象され有徴化されることで暴力や収奪にさらされ、さらには都市の特定の空間に押し込められる一方、「白色」の身体は文明・文化や超越性と結びつけられた自由な空間と見なされてきたことが論じられてきた。フェミニズムにおいては、一九七〇年に出版された*Our Bodies, Ourselves* 以降、女性の身体が男性によって領有されてきたことを告発してきた。そしてポスト構造主義においては、女性の身体が私的なものの身体空間をめぐって作動する権力を論じた(Silvey and Bissonnette 2013)。このような立場の違いこそあれ、批判的な地理学において、身体は個人の私的な空間であると同時に、権力によって影響を受け、書き込まれ、作り直される公的な空間であること、それゆえ身体へ注目することで権力を暴き出すことが共通して目指されたと言える。

身体の系譜学

身体と権力との関係について、ポスト構造主義、とりわけミシェル・フーコーが提示する身体をめぐる権力作用の二つの系、規律訓育型権力と管理調整型権力を整理しておきたい。

一七世紀に国家統治のために人間が行政管理の真の対象となり、その人間の身体に関心が寄せられた。身体に対して規律訓練と、管理調整という二つの新しい技法が発明される。一八世紀前半に現れる規律訓育型権力は、身体を取り囲み、そこにさまざまな規範の言説を書き込むことで身体を規律化し、それによって健全な精神を作り出した。この時代、監獄、学校、孤児院、兵舎などの空間が規律化の「装置」として機能する。一方、一八世紀後半に現れる管理調整型権力は、人口統計や人種学、優生学をとおして個々の身体ではなく、身体を塊としてとらえ、その数を調整する（フーコー 二〇〇七）。生命そのものを対象とする権力を生権力、その政治体制を生政治学《バイオポリティクス》と呼ぶ（北川 二〇〇七、Mori 2008）。

フーコー（二〇〇七）はこの二つの系が排他的ではなく重複することを指摘するのだが、どう重複するのかは明示しなかった。そこで敗戦後の日本における生と性の管理を例に考えてみたい。戦後の復興期に目標となったのは米国的な合理主義と科学主義であり、それに近づくために日常生活の合理化を目指す生活改善運動が一九四九年から始まる。農村には女性の生活改良指導員が派遣され、女性に合理的な家庭生活の方法を教授した。村で開催される勉強会における衣服、栄養管理、家族関係、衛生管理、出生管理などの教育をとおして、女性は自らの生活を見直し改善するよう訓練され、農村の「主体的」な主婦となった。興味深いのは、この主体的な主婦は生命の再生産に対して配慮するものだった点である。つまり主婦たちは、一定数の人口を超えないよう自ら避妊に務めることで出生管理をし、健康な身体を作るために栄養管理や衛生管理をするよう説かれたのである。主体的に人口の管理と調整を行うよう期待され、それによって国民人口そのものの管理が図られた。都市部においても新生活運動をとおして避妊具が配布され人口が管理された（森 二〇一九）。家庭や身体はさまざまな言説が書き込まれ、管理の対象となる空間なのである。ここでは公と私の区分は失効する。

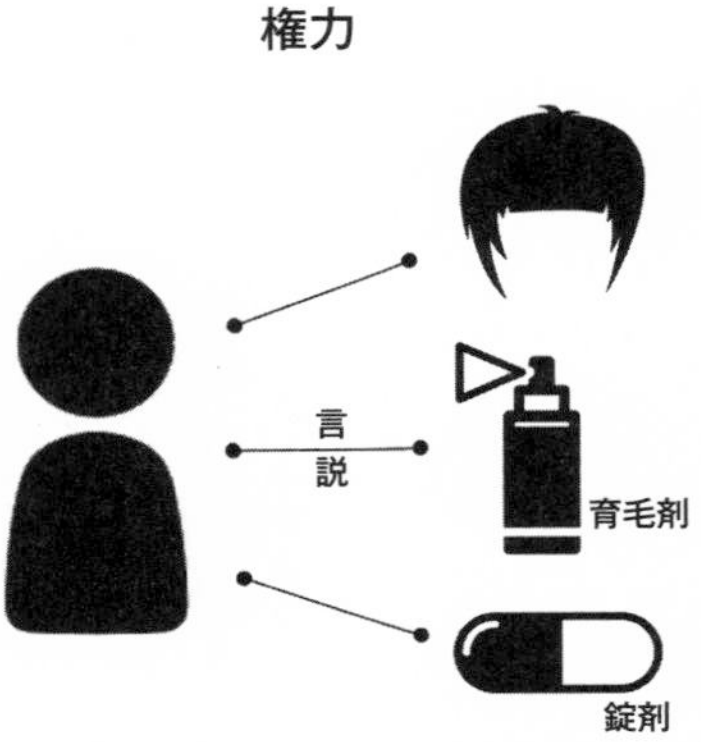

11-3　身体と客体との接触面に介入して、薄毛の身体を変えていく

ただし、フーコーは身体が物質として最初に実在し、そこに権力が介入し、身体を受動的な機械として操作すると考えているわけではない。彼は「身体と、それによって操作される客体とが触れあうすべての面に権力がすべりこんできて、両者を相互につなぎあわせる。権力は、身体＝兵器、身体＝道具、身体＝機械という一種の複合をつくりあげる」（フーコー 一九七七：一五七）とも記している。権力は身体と客体との接触面に介入し、それにより身体が作り替えられるのである。

たとえば、肥満や頭髪の薄毛という身体の「病的症状」が、医学的言説として身体に介入する。権力はそれを改善すべく作られた器具や薬品と、身体との間に介入し、身体の形態や症状の「改善」をとおして身体が作り直される。薄毛とは記号である。というのも、かつての日本では知恵や成熟、近代性の象徴でもあり、一九七〇年代から八〇年代にかけてカツラで隠したり、育毛・養毛剤で改善したりすべき症状と見なされるというように、その時代で記号化されているからである。つまり、身体の形状や様態は言説をとおして記号化され、それはまた身体とカツラや薬品という物質との複合体を作り上げ、それによって身体が作られていく(森 二〇一三)。

ジェンダー・トラブル

地理学では、身体空間 BodySpace/Bodily Space という言葉がフェミニズム地理学において用いられた(Duncan 1996)。この身体への注目は、理性と身体という二元論を支える形而上学的前提を掘り崩すものであった。形而上学は、理性を公的で男性的であり超越的主体、身体を私的で女性的で内在的な客体と位置づけてきたのであり、こうした伝統的考えに抗して、身体に注目し、その能動性と非従属性を記述することが男性中心主義社会への批判となったのである。

彼女らが批判するのは、生物学的性「性《セックス》」と社会的性「ジェンダー」の区分である。これは性=自然とジェンダー=文化というあの二項対立的な思考であり、それゆえにこの区分を残しておくことは、結果的に問題を再生産することになる。また、性行動や性交にまつわる「欲望」や「指向性」に照準する概念である「セクシュアリティ」も、人間にとって本質的な特性と考えられてきた。ゆえに、セックスやセクシュアリティを自然とし、ジェンダーを文化とする二元論を徹底的に解体する必要がある。

話を先に進める前に、生物学的な性区分が不可能であることを記しておこう。通常、生物学的な性は、身体の形態(性器/生殖器)、性腺(ホルモン)、染色体で決定される。しかし性器と性腺の構造が一致しない、つまり性器は男で性腺は卵巣、性器は女で性腺は睾丸、あるいは卵巣と睾丸の両方を持つ場合がある。XとYで構成される性染色体、XXで女性、XYで男性と簡単に決まるわけではなく、いくつかの症状や症候群が存在する。つまり、三つの指標どれもが生物学的性を決定するには不十分なのである（加藤 二〇〇六）。指標が不完全であれば、生物学的性は存在しないことになる。

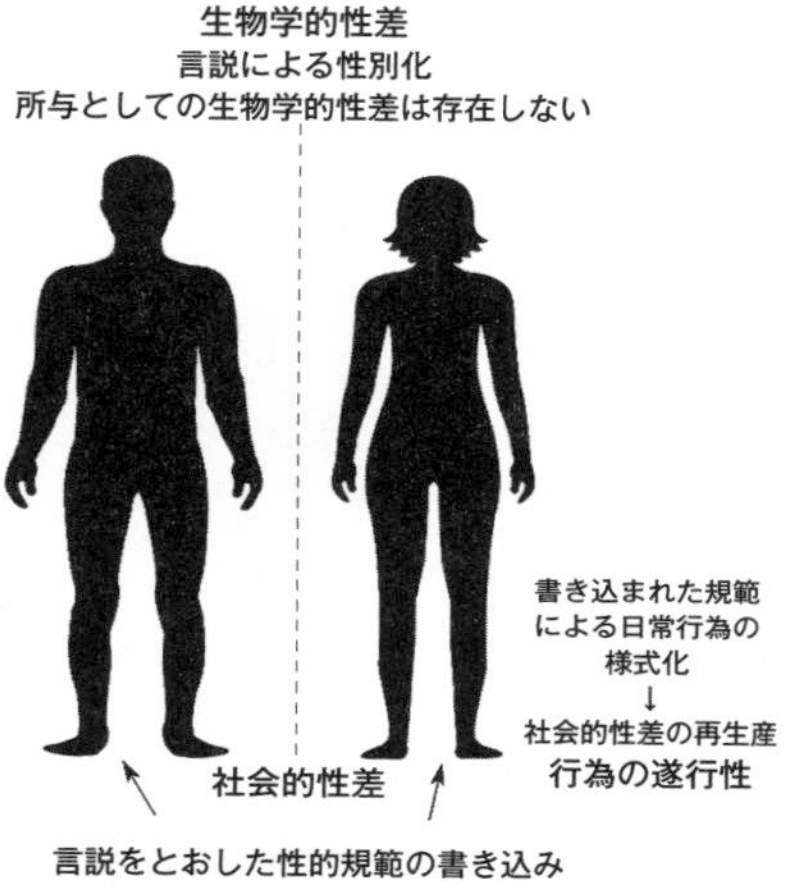

11-4　ジェンダートラブル

ジェンダー研究者でありクィア理論家でもあるジュディス・バトラーは、「行為の遂行性《パフォーマティヴィティ》」という概念でセックス／ジェンダーの二分法、セクシュアリティの神話を解体する。彼女が依拠するのは、このセクシュアリティが言説をとおして社会的に作られたのだと論じるフーコー（一九八六）である。フーコーは一九世紀の両性具有者の記録を使いながら、セックスは存在論的な地位を持たず、われわれは医学的、社会的、政治的言説によって女性／男性としてセックス化されると論じる。バトラーはフーコーのこのセクシュアリティの議論をジェンダーにまで引き延ばす。そうすると、ジェンダーは生物学的な性を文化や社会によって延長したものではなく、個人が生得のアイデンティティとして、言説をとおして経験する行為遂行的な結果であることが帰結される。彼女は次のように記してある。つまりジェンダーとは、「きわめて厳密な規制的枠組みのなかでくりかえされる一連の行為」をとおして「身体をくりかえし様式化」（バトラー 一九九九：七二）することで自明視されるようになったものなのである。

ジェンダーは異性愛を人間関係の規範とする考え方に基づいた言説実践であり、日常的なパフォーマンスとルーティンの反復をとおして固定されるのである。

身体の存在論――身体に「なる」

行為遂行性の議論は、身体空間を意味や言説の書き込みに先行して物質的に存在するものと見なさない。身体は意味を作り出す実践である。つまり、言説の書き込みによって身体の内と外が作られると見なすのだ。バトラーは身体を系譜学的なものだと論じていて、その意味でこの議論はポスト構造主義的である。身体と物質の接触面に権力が入り込むとするフーコーの権力論も、行為遂行性も、人間の身体と言語を考察するものであり、それは依然として「人間」を中心に据えた議論だと言うこともできる。

一方、精神と身体の二元論を斥ける存在論的な視角は、フェミニズムやクィアだけでなく、人間・文化と自然（第八章を参照）、理性と感情、正常と異常・障害といった二元論を乗り越える試みと連帯する。

こうした身体の存在論的な議論の導きの糸は、スピノザの「コナトゥス」、ドゥルーズ、ガタリの「情動／刺激＝変様」、ハラウェイのサイボーグである（第九章を参照）。フーコーは、身体の内部（人間主体）と外部（環境）を言説が作っていくと理解する。これに対して関係主義的な存在論は、この身体と外部の境界とを画す場における「身体」の生成を論じる。そのとき身体は、機械論的、因果論的な実体ではなく、器官なき身体でありリゾームとして捉えられる（ドゥルーズ、ガタリ 一九九四）。つまり、言説が書き込まれる身体はそれ自体がつねに「不安定な身体 volatile body」（Grosz 1994）であり、言説的かつ物質的な物質‐記号的身体（ハラウェイ 二〇一三）なのである。

カレン・バラッドが関係性をとおした事物と人間の生成を内的行為性と名付けたように（第一〇章参照）、身体もまたさまざまな事物との関係をとおしてその表皮が作られる。既製服のサイズとの関係性をとおして感じられ、肥満の表皮が作られることで、肥満の身体となっていく（Colls 2007）。物との関係のなかで人は己れの身体を知り、それとなる。

これは一般的には奇妙に聞こえる。というのも、人間の身体は水と脂肪とタンパク質でできた有機体であり、事物という言葉から連想される、動かない、変化しないものとは相容れないように思われるからだ。しかし、有機体はどの程度まで「有機体」であり、身体はどの程度まで「身体」なのだろうか。薬を摂取することで生えてくる毛髪は「自然」なのだろうか（森 二〇一三）。パソコンやスマート・フォンがなければ文章を思いつくことがない身体や「脳」は生体なのだろうか。わたしたちの身体が食べたものによって作られるのであれば、その身体は「わたしたち」なのだろうか。

哲学者としてフェミニズムに取り組むモイラ・ゲイトンがスピノザを参照しつつ「人間の身体は根本的にその周辺環境に開かれ、ほかの身体によって構成され、再構成され、構成からほどかれうる」（Gatens 1996: 110）と書き付けるように、身体はつねに関係性に対して開かれ、つねに身体に「なる」。そうして生成される身体はつねに身体の外皮を越境している越境-身体なのである（Alaimo 2010）。

身体から考える正常と異常

このように身体を不安定なものとして考えるなら、身体や精神の「正常」と「異常」の区分もまた不安定なものと見なすことができる。なお、ここでは差別化された「症状」に対して「障害」を、そうでない場合は「障がい」を用いる。

そもそも、「精神障害」とは一九世紀のヨーロッパで「発明」された症状である。一七世紀半ばのヨーロッパ全土では監禁施設が創設され始め、「狂人」は理性や道徳や社会秩序に対して変調の兆候を示す存在としてそこに収容された。一八世紀半ばにこの制度が経済的、政治的な要因で解体するとき、「狂人」は家族や社会に対して危険な存在と見なされて、精神病院という新しい施設、空間に閉じ込められ続けた。そして一九世紀、精神医学という医学の分野や心理学が、収容された人間の内面へ接近し、観察し、それを症状として客体化した。これにともない、「狂人」、つまり精神障害が発見されたのである（フーコー 一九七四）。

精神障がい者は「普通の人間」の心から「理性」が引かれた存在であり、身体障がい者は身体の一部が形態的、あるいは機能的に「不足」する存在である。つまり、彼らは「普通の人間」から精神の状態や身体の様態をもとに「引かれた」存在なのである（第七章も参照）。そして、精神障がい者と身体障がい者は、普通とは異なるもの、「異常者」として差延作用によって差異化された存在である。どのような、どの程度の「不足」が「障害」と見なされるのか、また障がいがどのように社会的に扱われるのかは、歴史的に一定しているわけではない。

精神障がい《メンタルヘルス》の地理学（松岡 二〇二〇）、身体障がい《ディサビリティ》の地理学（久島 二〇一五）は、ともにこの差異化されつつ発見された精神と身体に照準を合わせる。当初は精神障害者収容施設の分布を分析していた精神障がいの地理学は、一九七〇年代に起こった障害者の施設外での「治療」、つまり脱施設化の潮流のなかで、地域のコミュニティがどのようにそれを受け入れ、それが患者にとってどのような意味を持つのかを論じるようになった。それによりこうした福祉サービスが合理的で計画的なものではありえず、むしろ政治的かつ経済的利害関係に巻き込まれたものであることが明らかになった。また脱施設化にともなう新しい形態でのサービス提供の場所の設立はしばしば地域住民によって拒否されるために、都市内部の貧しい地区に見られることも明らかにした（Wolch and Philo 2000）。身体障がいの地理学もまた、その施設の分布の政治性を問うてきた。それはつまり、その深奥に「障害」という診断が医学によって書き込まれた身体が、異常なるものとして社会やローカルにおいて再度書き込まれていることを意味する。

こうした施設の立地をめぐる政治経済学を障がいの地理学の第一波とすると、個々人の知覚、精神、希望、恐怖といった感情がどのように空間をとおして作られていくのか、障がい者の場所へのアイデンティティがどのように刺激され作られていくのかを議論する「第二波」が一九九〇年代に登場する。ここでは精神障がい者の「障害」は自明のものとも、単に言説実践をとおして構築されるものとも、受動的なものとも見なされない。代わりにそれは、正常と異常との境界線上を不安定に行き来するものであり、またそれが地域コミュニティや（Parr 2008）ケアホームの空間性を作り上げる行為能力が議論される。東京都のとある、限定された期間内での障がい者の自立を支援する「通過型グループホーム」の例は、そうした場所化、空間化のプロセスを示している（三浦 二〇一六）。入所者たちは職員や他の入居者との関係性を通して、その地域で居心地の良い場所を作り出していく。そうした場所化は、このホームにおける他人との遭遇とそこでの他人への配慮によってなされるものであり、遭遇と配慮という一連の実践をとおして「ケアの空間」が現れるのである。

精神障がいの地理学と身体障がいの地理学は、とくに身体と情動への関心の上に交差する。というのも障がいの身体もまた自明ではなく、行為能力を持ち存在論的に現れるからである（ホール、ウィルトン二〇二〇）。身体は物質的に存在するが、身体障がいは言説の書き込みとともに、特定の契機に身体の外側にある特定の事物との遭遇をとおして作られる。たとえば道路の段差やエレベータの欠如に遭遇すると、身体機能の「不足」が立ち現れるのだ。

　こうした身体の関係主義的な理解は、たとえば妊娠後につわりに苦しむとき女性が「妊婦」に「なる」、女性が安心して利用できるトイレが少ないとき「女性」に「なる」プロセスを論じるフェミニズムの身体論と結びついている（Longhurst 2000）。さらには外見上の性別と心の性別が一致しない人が男性用トイレへの入りづらさを感じるとき「トランス・ジェンダー」に「なる」のとよく似ている。つまり、正常も異常もあらゆる身体は物質的–記号的身体なのである。

情動的身体——身体群に「なる」

　形而上学では理性や精神への二次的なものとして、身体や物質のほかに感情 emotion が置かれる。とりわけ、合理主義を建前に掲げる資本主義社会においては、つねに合理的判断を下すことのできる経済《ホモエコノミ》人《クス》が人間のモデルとされた。反対に、感情は理性によって吟味される以前に暴発するものであり、感情的であることは合理的判断を欠く劣った人間とされる。さらに、感情的な人間は人種化されてもきた。

　しかし、人間主体や理性の優位性を掘り崩してきたポスト人間中心主義は、理性と感情の二元論も掘り崩す。人間は自分の心の動きを把握しておらず、自覚のないままに意志決定を下すのである。それゆえ、人間の感情が人間の行動を形作る。たとえばメディアが人間の意識下に潜む心理を刺激することで、特定の感情を刺激し、特定の行動を取らせることができる。これを情動《アフェクト》の政治学と呼ぶ（下條 二〇〇八）。そして情動とは「外側」を持たない自律的なものなのである（Massumi 2002）。

言語のみならず誘発された感情、情動は身体の表皮を作る（Ahmed 2004）。つまり、自己と他者を分け隔てる境界線は、感情の循環をとおして引かれる。そして主体は感情の強度と動き、すなわち情動の結節点として揮発的に、不安定に立ち現れる。これを「情動のエコノミー」と呼ぶ（Ahmed 2004）。たとえば、たしかに人種主義は言語をとおして構築される。しかし同時に、記号化された有色の身体の「近接性」に対する恐怖の感情が循環することで、人種主義は再生産されるのである。恐怖や嫌悪の感情を作り出すのは、臭いや音でもある。たとえば、カナダのヴァンクーバー市でのチャイナタウンが人種差別の対象となったのは、「白人」との近接性のほかに、彼らが食する米飯や豚小屋の臭いへの白人たちの嫌悪でもあった（Anderson 1987）。同じことは、豚小屋の臭いや音（全 二〇一八）、ニンニクの臭いこそが「朝鮮人」や「朝鮮人集落」の象徴とされ、「日本人」と「朝鮮人」との間に差延的に表皮が作られていく過程に見て取れるだろう。あるいは、汗の臭いの染みついた野宿者たちの身体への「嫌悪」も挙げられる。差別の表徴とされたニンニクや豚の臭いが染みついた身体を認識し、それを取り除こうとする営為は、自らの身体の「表皮」を作り上げつつ、取り除こうとする両義的なものだ。ゆえに、物質-記号的身体は情動のエコノミーであり、だからこそ感情と刺激変様への注目は、権力がどのように世界と同時に身体の表面や境界線を作り出し、近接性の感覚を作り出すのかという新たな文化の政治学を展開することとなる。

ドゥルーズとガタリは情動を「群れの力能」と表現する（第九章参照）。個々の身体が刺激され、一つの群れを形成するからである。つまり、個々の身体が自由に遊離するのではなく、一定の粘性を持ちつつ集団化していく。この粘的《ヴィスコス》な身体、情動的《アフェクティブ》身体は、そのときどきに決定された方向に向かって、一定の速度、リズム、経路で、移動したり止まったりする。どのようなテクノロジー、権力によって粘的な身体、情動的身体が生成されるのかは政治-地理的な問題なのである（Saldanha 2007）。

出来事としての身体

身体はこのように刺激され身体に「なり」、なった個々の身体は、「なること」を通して一つの塊に「なる」。こうして作られた一であり多である情動的な身体（群）は、意味を作り出す一つの出来事である。意味《センス》とは感覚《センス》である。文化地理学において場所への感覚を前景化した人間主義地理学は、主体をめぐる問題によって乗り越えられたが、他方で環境という「外的な世界」を身体を用いて感覚する「生きられた世界」を解釈する方向性が残されていた（松本 一九八九）。それは人間の身体という場所をとおして、外部の世界と関わりを持ち、その関わりをとおして身体が変様し、変様した身体が外部世界に働きかけをする、終わりのない関係性である。トレス海峡諸島の人びとは、特定の時空間において自らの身体をとおして風と対話し、風を、自然を分節化する（松本 二〇〇四）。身体の実存が、人間中心主義的なものとは異なる、意味と感覚を奏でていく。

身体は共感の場所でもある。戦争で息子を兵士に取られ、殺されたその母親たちは、息子の身体と自らの身体を石という物質をとおして結びつける。東日本大震災後のボランティア活動において除去される泥やゴミが、そこに集ったボランティアの身体を結びつける。それは特定の時間、空間にある有限で傷つきやすい身体が、ともに苦しむという経験を、物質との出会いをとおして確認し、それによって越境的身体、情動的身体として生成されるのである（中島 二〇一四）。

情動的身体は部分的に結びつく。命令器官から指令を受け、ぴったりと接合するのではない。それぞれが、災害や障害、風や泥と遭遇し、異なる刺激を受け、異なる身体となり、その異なる身体同士が、部分的につながりながら塊としての情動的身体ができあがる。それぞれの身体の特異性をそのままにして、部分的に結びつくのである（ストラザーン 二〇一五）。

こうした身体を結んでいくのは、身体の有限性である。頭で理想としている行動を、身体の有限性が妨げる。速く走る、高く飛ぶ、車椅子なしで移動する、生理痛のない生活、そして永遠の命。国籍、年齢、性差といったものを越えて誰もが等しく共有するしかない身体の有限性は、こうした「理想」を妨げるのだ。だからこそ、この身体の有限性ゆえに、国家のためでも資本のためでも、資本主義に対抗するためでもない、つまり何か特別な目的に向かうためではない「無為の共同‐体」が潜在的に出現するのである（ナンシー 二〇〇一）。

身体は生物学的、有機的であり、人工的、機械的、化学的、科学的、そして政治的でもある。

まとめ

人間の移動は決して所与ではなく、さまざまな権力関係のなかで引き起こされる。またその移動は一様ではなく、さまざまな経験や表象を引き起こす。そして移動が社会を再構成する。こうした移動の複雑さを移動性と呼ぶ。

移動性への注目は移動する主体である人間の自明性を問う。デジタル・テクノロジーの進展は、人間あらざる、しかも自律したデジタルが人間の移動を作り出すことを可能にした。人間の身体を取り巻くだけでなく、その内部に浸透し、身体が作り出される。移動性は人間の生体、身体、有機体の自明性も審問に付す。

身体は地理学において空間として議論されてきた。とりわけポスト構造主義のフェミニズムと、ポスト人間中心主義における存在論的フェミニズムや物質性の議論が、身体の概念を再構成してきた。ポスト構造主義は身体空間を、言説が書き込まれ、規範が実践されることで、行為遂行的に作られると考える。存在論は、人間の身体は身体の外部にあると想定されてきたさまざまな事物や客体との関係において、たえず作り直されると考える。

身体への存在論的な問いかけは、感情の効果に目を向ける。感情のエコノミーが人間を刺激することで変様させ、行動を作り、群れとする。そうして群れ化した情動的身体、粘的身体が移動することで、さらに空間、場所、風景が作り直されるのである。

《終章》　空間にともに投げ込まれていることの地理

本章はここまで考えてきた地理学の展開を踏まえるとともに、とくに二〇一〇年代に登場したいくつかの議論を紹介しながら、空間とは、地理とは何かを考える。

キーワード：人間、生命と非生命、地存在論、コンポスト、ともに投げ込まれていること

地理学の終焉

『種の起源』で一躍有名になった英国の生物学者チャールズ・ダーウィンは、自宅の庭を舞台にして長期にわたるとある実験を行った。庭に放ったミミズが耕す土を計測したのだ。結果として、ミミズの排出した糞によって地表面が上昇し、腐植土が作られることが分かった。しかも、ミミズは適当な葉を選び穴を塞ぐ「知能」を有していることも判明した。人間だけでなく、人間ではないミミズも知能を持ち、大地の改変に役割を果たす（ダーウィン 二〇二〇）。

文化地理学は、文化をとおした人間の活動が地表面に残す痕跡を記述する学問分野である。バークレー学派はこの人間《マン》を「自律した」文化の媒介者と考え、人間主義地理学は文化を人間の言語による象徴化と考えた。一九八〇年代末からの新しい文化地理学はこの自律した文化などないと、その政治性を批判的に捉えた。そして、二〇〇〇年代にとくに展開したポスト人間中心主義では自律した人間という前提すらも批判的に分析される。「人間」に関わるすべての自明とされてきた前提は、米国で文化地理学が産声を上げてからの一〇〇年でめまぐるしく変転し、文化地理学だけでなくそれを含む人文学において不安定にされている。

そうであれば、文化地理学の意義はどこにあるのだろうか。もっと広く言えば、「文化」を研究する意義はどこにあるのだろうか。これに対する普遍的な回答は難しい。というのも、この一世紀の間に、当然で普遍・不変的とされた、文化に限らぬ、多くの前提が疑われてきたからである。地理学は状況に置かれた知に過ぎない。そのため、その時代、その場で「意義」を作り出す必要がある。

とはいえ、地理学が分析対象としてこれまで注目してきた空間、場所、風景、自然は、たとえ地理学が学問分野としては失効したとしても、その重要性を失うことはないだろう。

あり合わせの人間

生物学者のスティーヴン・J・グールドの「パンダの親指」(一九九六)というエッセイは、パンダの身体と自然との即興的な関係性を記している。パンダが肉食にもかかわらず、ササを手に持って囓る姿は愛らしいと表現される。しかし、パンダがササを持つのは親指ではない。パンダの親指は離れたところにあり、だからパンダは、撓側種子骨《とうそくしゅしこつ》という出っ張った骨の部分を器用に用いてササを挟んでいる。グールドはパンダが当座のあり合わせとして撓側種子骨を使ったと指摘する。

ここには地理学的含意がある。パンダとササがそこに生きることを可能にする環境が、あるときにある場所にできあがる。その環境のとある空間は、パンダとササを遭遇させ、あるときに肉食のパンダがササによって食欲を刺激されたのだった。手に持とうとしたパンダの身体の形状は、しかしササを持つには適していなかった。パンダはそれでもササを持とうとして、自らの身体空間にできた撓側種子骨をあり合わせで用いる。撓側種子骨を介したパンダとササのブリコラージュ的集合体により、パンダがササの栄養を取り込み、パンダの身体空間を再構成する。パンダとササの集合体は、あるとき人びとの審美性を刺激し、中国国家の象徴的風景として取り上げられる。政治化したパンダの身体は外交の手段として移動する。日本に移動したパンダ、とりわけササを頬張るパンダは、日本の人びとの感情を刺激し、それを見物するために移動させる。これは、バルト的に言えば、パンダの「神話作用」である。

疑いなく、最初にササに刺激されたパンダは自らの子孫がそんな風に影響を持つとは「思って」いなかった。しかしパンダとササが遭遇した空間、そしてその時のパンダの身体空間が、それを作り出したのだ。

わたしたち生物はみんな変化の途上にある。それこそダーウィンが『種の起源』で示したことである。動物とは特徴によって規定されるのではなく、ある環境から別のそれに移行するにあたって変化する（ドゥルーズ、ガタリ 一九九四）。むろん、その変化はわたしたちが「種」として区分しているそのカテゴリーを越えていく。広く家畜として飼育される雄のロバと雌のウマの交雑種のラバは言うに及ばず、雄のライオンと雌のトラの交雑種のライガー、そしてかつては異なる種とされていた「白色」と「有色」の間にはいくつもの「色」がある。日本では「交雑」を半分を示す「ハーフ」と呼ぶことの人種主義が広く認知されていないのだが、そもそも自律し首尾一貫した純粋な種という前提そのものが問われている。その変化は予期せぬ出来事＝事件である。

わたしたちはみんな親族である

この世界が混淆の生成物であるとすれば、ガン治療のために作られたオンコマウスも、腐敗を遅らせるために作られた遺伝子組み換え食品も、種や水、農薬を独占するモンサント社によって作られたM1種も認められるのだろうか。人間が世界を支配するのでなければ、温暖化をはじめとする気候変化や人新世に対する人間の責任はどうなるのだろうか。とりわけ気候変化でまず犠牲になるのは資本主義的、ポスト植民地主義的、家父長制的な体制において、もの言わぬ「客体」とされてきた人びとである。

これらは言うまでもなく倫理的な問題（丹羽 一九九八b）を惹起している。ただし、倫理的問題もまた社会的な産物である。だからこそ、イデオロギーや言説への批判的介入は、ポスト人間中心主義の興隆においても依然として、決してその重要さを失うことはない。ただし、ウヨクかサヨクかという二元論的世界が一九八〇年代末に失効したはずの「ポスト・ポリティクス」の時代において、その批判的介入もまた社会的産物であることを、さらに批判的に捉える立ち位置が必要になる。その立ち位置からは誰が見えているのか、誰が依然として見えないのか。

そうした立ち位置から見るとき、安易な過去への懐古的な回帰を慎むことも必要だと思われる。それこそがウヨクとサヨクの行ってきたことの一つであるからだ。さまざまな遺伝子レベルの交雑は技術的に可能になっている現状を認めつつ、そしてそのなかで作られた「越境的身体」（Alaimo 2010）であるオンコマウスや遺伝子組み換え食品は怪物などではなく、人間と同じ「親族」(Haraway 2016)と認めつつ、なおかつ、その倫理性を過去に回帰せずに問い直すことがわたしたちの「政治的責任」である。

こうした問いのなかで、地理学は誰がその空間や場所で風景として可視化されているのかを捉える学問であるために、依然として重要さを失わない。しかし、同時に「地表面」を対象とした従来の地理学では、地表の下や「形」のなかでの生成には目を向けてこなかった。ダーウィンがミミズの行為能力を見出すように、有害な外敵を取り込み共生することで多細胞生物ができたように(マーギュリス 二〇〇三)、わたしたちは見える/見えない、地表/地中にかかわらずさまざまなものたちとこの星にある親族の一員であり、他で多の存在だと言えるだろう。

地存在論《ジオントロジー》と地質学的生

親族の議論で不在の実在物がある。それは「地《ジオス》」と「非生命」である。

カントは歴史が演じられる土台、基礎として地の重要性を説いた。しかし、彼はまた「地」を「演じられる」客体として捉えていたことも事実である(第一章参照)。これに対して、ジェイムズ・ラブロックは、地球を自律的自己調節能力を有するひとつの生命体(有機体)であるとみなすガイア仮説を提唱している(ラヴロック 一九八九)。地球が自律した調整能力を持つのであれば、地理は動いていることになる。このガイア仮説を引き継ぎつつ、ブリュノ・ラトゥールは環境破壊や気候変化に対して単純に過去の生活へ懐古的に回帰することなしに、人間と地(理)なるものの相互的な関わりをとおして「ガイア」としての地球を作り続けるプロセスの重要性を説いている(ラトゥール 二〇一九b)。むろん、彼は環境保護や気候変化など気にもせずに「人間」の思いどおりに繁栄を謳歌してよいのだという（ドナルド・トランプ的保守主義の）考えに与することはない。しかし、単純に人間の繁栄を批判し、かつ過ぎ去りし時間を美化しながら、過去への回帰を強いる環境左翼的運動もまた、人間のエゴという点で同じだと反省を迫る。ラトゥールらのアクター・ネットワーク理論、それに刺激を受けた異種混淆の地理、フェミニズムに刺激を受けた新しい唯物論は、客体と考えられてきた事物や自然、女性などの行為能力を重視することで、形而上学的前提を掘り崩してきた。しかしそれはまた、客体が生気を持ち振動している限りにおいてでもある。ここには二つの含意がある。

第一は、客体はつねに振動しながらネットワークを作り出しているわけではない。これはラトゥールを批判しながらオブジェクト指向存在論を提唱する、グレアム・ハーマン（二〇一七）によって提起された問いである。オブジェクト指向型存在論では、物質は基本的に振動せず、何かのきっかけにしかネットワークを作るために振動することはない。しかし、この考えでは客体とされた者と物たちがとりわけ政治的な場面において沈黙を強いられたままになってしまう。第二に、振動する事物の行為能力を強調することは、「生きている」ことを前提し、「動かないこと」「死んでいること」が議論の外側に置かれたままになってしまう。そしてそれは誰が生き、死ぬのかをめぐる新しい形式の生政治学を再構成することになる。

哲学から文化人類学者へと転じたエリザベス・ポヴィネッリは、白人中心主義のオーストラリアにおける、オーストラリア先住民をめぐる地存在権力 geontopower を論じる。彼女が問題にするのは、とりわけ先住民の土地に眠る鉱物資源を狙う採掘資本主義が好き放題に振る舞う二〇〇〇年代以降の後期自由主義において、先住民が見たり聞いたりすることのできる風や小川、岩や砂漠といった「地」の存在論的力が無視されてきたことである。先住民も、また彼らが先祖から受け継いだこれら「地」の声や姿も、近代的な法制度、植民地主義政策において政治を構成する市民《デモス》と見なされない。なぜなら、彼らは人間あらざるものでもない、非生命と見なされているからだ。これは振動する事物の生気を前提にするアクター・ネットワーク理論や新しい唯物論にも対峙する（Povinelli 2016）。

ポヴィネッリは生命と非生命の区分を乗り越えるために、フランスの思想家、ジャック・ランシエールの「感性的なるものの分割共有《パルタージュ》」の議論を参照する。ランシエールは当たり前にされている「美」といった感性的なものは、ある時と場においてそれを決定する声が配分されることで決められたものと考え、そこで声が配分されなかった人や物がそれを訴えることでできあがる不一致の契機を「政治」と定義する（ランシエール 二〇〇九）。その政治が新しい合意の形を生み出すのだ。ポヴィネッリは、従来無視されてきた先住民だけでなく、死んでしまった先祖、生きていない風や岩、砂漠や先住民のドリーミングといった「非生命」の存在論を、自明視された近代という感性的なものが配分された場の外側からそっと差し込むことで、「政治」を再編成しようとする。これを彼女は地《ジオ》と存在論《オントロジー》を結びつけた地存在論《ジオントロジー》と呼ぶのだ。

生命と地なるもの（非生命）は幾重にも褶曲している。太古、生命が水中から陸へと向かったのは、水中のカルシウムを摂取して骨を形成することに成功したからだ。カルシウムは水が含む炭酸カルシウムが溶け出し沈殿したものと、生物の殻に含まれる炭酸カルシウムが堆積したものである（De Landa 1997）。暮らしを支える石炭や石油燃料は古代植物と生物に由来し、それを作り上げるのは、水と地質的圧縮である。ここには、生命を非生命（死んだもの）が作り上げるプロセスが存在する。わたしたちは有機体であると同時に、「地質学的生」なのである（Yusoff 2013）。

ともに投げ込まれている空間——政治的なるものの再創造

生きていることと生きていないことの区分の不安定さは、人間なるものの再検討を刺激するとともに、人間とそれ以外を区分する前提とされた「文化」の再検討を促している。文化の政治学は日常的実践や価値観の政治性を曝露したものだが、ポスト人間中心主義を経た今、その「政治」へ参画する者と物の配分の様式の検討をとおして新しい「政治的なるもの」を再創造する必要がある。そのとき、地理や空間は決して歴史が上演される舞台に留まることはない（丹羽　一九九八b）。時間と空間をともに考えることで（マッシー　二〇一四）、世界を別の方法で、その都度に捉える。

本書で何度か言及したダナ・ハラウェイは地中にある者たちとの親族関係を「コンポスト」という概念で示している。コンポストとは堆肥を作る器具である。このなかでわたしたちは人間あらざるものとともに、人間以外のものも含めた何かを作り上げていく。なぜ人間以外の何かを含める必要があるのか。それは「同じもの」の生産にこだわることは、生産の場と局面、そしてその「種」の純粋性への幻想を特権化することになるからである。

ハラウェイは、人間 human とは、男《マン》の「同一 homo」を暗黙の前提とする概念だと批判する。なるほど、旧約聖書の人間アダマーは土から作られる。human の語源はインド・ヨーロッパ語の大地 dhghem にあり、ここからほかに hums、humble などが出来る。ハラウェイは human の男性中心主義を批判し、腐植 hums を代案とする。人間が腐植と同じというのは、土のなかですべてが食べ、食べられる関係にあり、それによって別の何かを作ることに否応なしに巻き込まれているということである。そして、フェミニズムを女性を超えた他者化されたものたちの当事者主権の要求と見るのであれば、human の hums への置換は、「人間なるもの」を単に捨て去るのみならず、「他者なるもの」をとおしてつねに問い直され、書き換えられるべきものと見なすことを意味する（Haraway 2016）。しかも、地存在論を認めれば、ポストを占めるものには、生なきものも含まれねばならない。土から生まれた人間は地質学的生命体であり、土のなかで混ぜ合わされる。

コンポストの「コン」とは「ともに」を、「ポスト」は場所や位置を意味する。一つの場所を他の者／物たちとともに占めることとなく共有する。同時に「ポスト」は過ぎ去ったことも意味する。過ぎ去った時間は取りもどすことができない。わたしたちは場所だけでなく、親族として過ぎ去った時間も共有する。

コンポストは一つの場所、空間であり、時間である。それはドリーン・マッシーが提起する「ともに投げ込まれていること throwntogetherness」を想起させる。マッシーはおそらく、開かれた自己の世界への投げ込みを意味するハイデッガーの投企 thrown together を参照しつつ、より政治化するためにこの言葉を作り出した。それは特定の空間、場所に投げ込まれたときの、自分自身と同時に隣り合う人との存在の仕方とそこでの関係性を指し示す。ここでは身体も、自己も、場所も開かれている。そこでどのような関係性が作られるのかは不均等な権力幾何学に依るのだが、そのなかで新しい関係性を紡ぎながら場所と空間を変えていく可能性も〈ある〉。そしてそのとき、わたしたちは自分が投げ込まれていると思っていた場所を越えた、別の場所との繋がりも見出す。それは「場所を越えた場所の政治学」（マッシー 二〇一四）なのだ。

人間、人間あらざるもの、非生命がともに空間を占めて、繋がりながら何かになっていく。こうした議論で忘れてはならないものこそが「地《ジオス》」である。第一〇章で地理の物質性について論じたように、地は生きる者たちに土地、温度、水分、時間などの機会と条件を提供する「コズミックな力」（グロス 二〇二〇）を有し、それによって生きる者たちを変様させつつ、生きる者たちの触発する力を受けながら、ともに何かになっていく。脱領域化と再領域化を繰り返しつつ、刺激し、変様する大地の力《ジオパワー》と生あるものの折り重なりを読み解くことが、「文化」の地理学なのである。

時間と空間をともに考える（マッシー 二〇一四）。地理こそが問題なのだ。

参考文献

[邦語文献]

アガンベン、G（二〇〇三）『ホモ・サケル――主権権力と剥き出しの生』以文社（高桑和巳訳）

――（二〇〇四）『開かれ――人間と動物』平凡社（岡田温司・多賀健太郎訳）

麻生　将（二〇一六）「近代日本におけるキリスト教集団をめぐる排除の景観――一九三〇年代の二つの排撃事件を事例として」E-journal GEO、一一―一、二一九―二四三頁。

阿部　一（一九九〇）「景観・場所・物語――現象学的景観研究に向けての試論」地理学評論六三A―七、四五三―四六五頁。

――（一九九一）「景観・法令・建築――風俗宿泊施設からみた人間と景観の相互関係」地理学評論六四A―四、二六五―二七九頁。

――（一九九二）「近代日本の教科書における富士山の象徴性」地理学評論六五A―三、二三八―二四九頁。

阿部亮吾（二〇〇三）「フィリピン・パブ空間の形成とエスニシティをめぐる表象の社会的構築――名古屋市栄ウォーク街を事例に」人文地理五五―四、三〇七―三二九頁。

アミン、A（二〇〇八）「開かれた地域――場所の新しい政治学に向けて」空間・社会・地理思想一二、五九―七二頁（森正人訳）。

荒又美陽（二〇一一）『パリ神話と都市景観――マレ保全地区における浄化と排除の論理』明石書店

――（二〇二〇）「グローバル・シティのオリンピック――脱工業化、リスケーリング、ジェントリフイケーション」経済地理学年報六六―一、二九―四八頁。
荒山正彦（一九九五）「文化のオーセンティシティと国立公園の成立――観光現象を対象とした人文地理学研究の課題」地理学評論六八A―一二、七九二―八一〇頁。
アルチュセール、L（一九九四）『マルクスのために』平凡社（河野健二・田村俶・西川長夫訳）
アンダーソン、B（一九九七）『想像の共同体――ナショナリズムの起源と流行』NTT出版（白石さや・白石隆訳）
アンダーソン、B（二〇一〇）「希望の生成と現存――情動の理論に向けて」空間・社会・地理思想一三、七五―九四頁（森正人訳）。
イ・ヨンスク（一九九六）『「国語」という思想――近代日本の言語認識』岩波書店
イーグルトン、T（一九九九）『イデオロギーとは何か』平凡社（大橋洋一訳）
泉谷洋平（二〇〇三）「人文地理学におけるポストモダニズムと批判的実在論――英語圏における理論的論争をめぐって」空間・社会・地理思想八、二一―二二頁。
伊藤俊治（二〇〇二）『バリ島芸術をつくった男――ヴァルター・シュピースの魔術的人生』平凡社
今里悟之（一九九九）「村落空間の分類体系とその統合的検討――長野県下諏訪町萩倉を事例として」人文地理五一―五、四三三―四五六頁。
――（二〇〇四）「景観テクスト論をめぐる英語圏の論争と今後の課題」地理学評論七七―七、四八三―五〇二頁。
今村仁司（一九九四）『近代性の構造――「企て」から「試み」へ』講談社
ウィニッチャクン、T（二〇〇三）『地図がつくったタイ――国民国家誕生の歴史』明石書店（石井米雄訳）
ウィリアムズ、R（一九八三）『長い革命』ミネルヴァ書房（若松繁信他訳）
――（一九八五）『文化とは』晶文社（小池民男訳）
――（二〇〇二）『完訳キーワード辞典』平凡社（椎名美智・武田ちあき・越智博美・松井優子訳）

ヴィダル・ド・ラ・ブラーシュ、P（一九七〇）『人文地理学原理　上』岩波書店（飯塚浩二訳）

上野千鶴子（一九九〇）『家父長制と資本制――マルクス主義フェミニズムの地平』岩波書店
――（一九九四）『近代家族の成立と終焉』岩波書店
上杉和央（二〇一八）「沖縄県八重瀬町の戦没者慰霊空間」人文地理七〇―四、四五七―四七六頁。

ウォーラステイン、I（一九九七）『史的システムとしての資本主義（新版）』岩波書店（川北稔訳）

内田順文（一九八七）「地名・場所・場所イメージ――場所イメージの記号化に関する試論」人文地理三九―五、三九一―四〇五頁。

――（一九八九）「軽井沢における「高級避暑地・別荘地」のイメージの定着について」地理学評論六二A―七、四九五―五一二頁。

内田忠賢（二〇一三）「よさこいが生み出すコミュニティ」都市問題一〇四、二二―二五頁。

及川裕子（二〇一六）「都市空間をめぐる地域アートプロジェクトの政治性――東京文化発信プロジェクト「墨東まち見世」を事例に」年報カルチュラルスタディーズ四、二二四―二四四頁。

大城直樹（一九九四）「墓地と場所感覚」地理学評論六七A―三、一六九―一八二頁。

――（一九九二）「村落景観の社会性――沖縄本島北部村落の祭祀施設の場合」歴史地理学一五九、二―二〇頁。

――（一九九八）「現代沖縄の地域表象と言説状況」荒山正彦・大城直樹編『空間から場所へ』古今書院、一九八―二一一頁。

大城直樹・中島弘二（二〇〇二）「ファンタジーの風景」池田紘一・眞方忠道編『ファンタジーの世界』九州大学出版会、一七三―一八八頁。

大平晃久（二〇一五）「長崎平和公園の成立――場所の系譜の諸断片」長崎大学教育学部紀要一、一五―二八頁。

――（二〇一七）「長崎原爆落下中心碑にみるモニュメントの構築」長崎大学教育学部紀要三、一―一六頁。
小口千明（一九八五ａ）「農村集落における精神的ムラ境の諸相――茨城県桜村における虫送りと道切りを事例として」城西人文研究一二、三七―五一頁。
――（一九八五ｂ）「日本における海水浴の受容と明治期の海水浴」人文地理三七―三、二一五―二三九頁。
織田武雄（一九七四）『地図の歴史――世界篇』講談社
遠城明雄（一九九八ａ）「近代的都市空間の形成と「社会的規律」――一八九〇～一九二〇年代の福岡県門司港を事例として」大城直樹・荒山正彦編『空間から場所へ』古今書院、四六―五七頁。
――（一九九八ｂ）「『場所』をめぐる意味と力」大城直樹・荒山正彦編『空間から場所へ』古今書院、二二六―二三六頁。
香川雄一（一九九八）「近代期川崎の公害問題をめぐる地域住民による社会運動」地理学評論七一Ａ―一〇、七一一―七二九頁。
影山穂波（二〇〇〇）「１９３０年代におけるジェンダー化された空間――同潤会大塚女子アパート」人文地理五二―四、三二一―三四〇頁。
カステル、Ｍ（一九九九）『都市・情報・グローバル経済』青木書店（大澤善信訳）
葛川絵図研究会（一九八八）『絵図のコスモロジー　上』地人書房
――（一九八九）『絵図のコスモロジー　下』地人書房
加藤秀一（二〇〇六）『知らないと恥ずかしいジェンダー入門』朝日新聞社
加藤政洋（一九九九ａ）「明治中期の大都市における地区改良計画とその帰結」歴史地理学四一―三、二一―三九頁。
――（一九九九ｂ）「ポストモダン人文地理学とモダニズム的「都市へのまなざし」」人文地理五一―二、一六四―一八二頁。

――（二〇〇九）『敗戦と赤線――国策売春の時代』光文社
――（二〇一一）『那覇――戦後の都市復興と歓楽街』フォレスト
姜　尚中（一九九六）『オリエンタリズムの彼方へ――近代文化批判』岩波書店
神田孝治（二〇〇一）「南紀白浜温泉の形成過程と他所イメージの関係性――近代期における観光空間の生産についての省察」人文地理五三―五、四三〇―四五一頁。
カント、I（一九六六）『カント全集　第一五巻　自然地理学』理想社（三枝充悳訳）
ギアツ、C（一九八七）『文化の解釈学二』岩波書店（吉田禎吾・中牧弘允・柳川啓一・板橋作美訳）
北川眞也（二〇〇七）「現代の地政学における例外空間としての収容所――イタリアの不法移民収容所へ「歓待」する生権力」人文地理五九―二、一一一―一二九頁。
――（二〇一二）「文化論的転回以後の政治地理学のために――イタリア・北部同盟の『パダニア分離』をめぐる実践地政学」、人文地理六四―五、三八一―四〇〇頁。
――（二〇一八）「移民たちの船の物質性とモビリティ――地中海・ランペドゥーザ島の「船の墓場」からの問い」観光学評論六―一、六九―八六頁。
木村オリエ（二〇〇六）「郊外地域における男性退職者のコミュニティ活動への参加プロセス――多摩市桜ヶ丘団地の事例」地理学評論七九―三、一一一―一二三頁。
久島桃代（二〇一五）「空間・身体・「障害」――英語圏地理学における障害研究の動向から」人文地理六七―一二、一〇七―一二五頁。
グラムシ、A（一九九九）『知識人と権力』みすず書房（上村忠男編訳）
クラング、M・トーリア＝ケリー、D（二〇一二）「国民、人種、そして情動――国民的遺産の場における感覚と情緒」空間・社会・地理思想一五、七七―九一頁（森正人訳）。
クラング、P（二〇〇四）「文化論的転回と経済地理学の再構成」空間・社会・地理思想九、五四―七一頁（森正人訳）。

グロス、E（二〇二〇）『カオス・領土・芸術――ドゥルーズと大地のフレーミング』法政大学出版局（檜垣立哉監訳）
クロスビー、A.（二〇〇三）『数量化革命――ヨーロッパ覇権をもたらした世界観の誕生』紀伊國屋書店（小沢千重子訳）
葛野浩昭（一九九八）『サンタクロースの大旅行』岩波書店
グールド、S（一九八九）『人間の測りまちがい――差別の科学史』河出書房新社（鈴木善次・森脇靖子訳）
――――（一九九六）『パンダの親指　進化論再考　上』早川書房（桜町翠軒訳）
クレーリー、J（二〇〇五）『観察者の系譜――視覚空間の変容とモダニティ』以文社（遠藤知巳訳）
小島千佳（二〇二一）「ベルリンにおける場所喪失の経験――文学作品を題材とした人文主義的なジェントリフィケーション研究」神戸大学文学研究科提出修士論文
コスグローブ、D・ダニエルス、S（二〇〇一）『風景の図像学』地人書房（千田稔・内田忠賢監訳）
小谷真千代（二〇一四）「業務請負業者の事業戦略と日系ブラジル人労働市場――岐阜県美濃加茂市を中心に」人文地理六六―四、三三〇―三五一頁。
小寺廉吉・岩本英夫（一九三九）「大井川下流の散居制村落（1）」地理学評論一五―九、六八六―七一〇頁。
小林茂（二〇〇三）『農耕・景観・災害――琉球列島の環境史』第一書房
小原真史（二〇一九）「「人類館」の写真を読む」photographers' gallery press 一四、三一―五五頁。
米家泰作（二〇一九）『森と火の環境史――近世・近代日本の焼畑と植生』思文閣出版
サイード、E（一九九三）『オリエンタリズム　上』平凡社（今沢紀子訳）
サウアー、C（一九九一）「地表への人間の働きかけ一」獨協大学教養諸学研究二六、九一―一〇八頁（山本正三・篠原秀一訳）。
酒井直樹（一九九六）『死産される日本語・日本人――「日本」の歴史――地政的配置』新曜社
佐々木正人（二〇〇八）『アフォーダンス入門――知性はどこに生まれるか』講談社

サッセン、S（二〇〇四）『グローバル空間の政治経済学――都市・移民・情報化』岩波書店（田淵太一・原田太津男・尹春志訳）
佐藤香寿実（二〇一九）「『スケールのパフォーマティヴィティ』とストラスブールの大モスク建設――アクターの言説実践に着目して」人文地理七一―四、三九三―四一六頁。
シェイビン、S・シャッファー、S（二〇一六）『リヴァイアサンと空気ポンプ――ホッブズ、ボイル、実験的生活』名古屋大学出版会（吉本秀之完訳）
島津俊之（二〇〇二）「明治政府の地誌編纂事業と国民国家形成」地理学評論七五―二、八八―一一三頁。
――（二〇〇七）「明治・大正期における「熊野百景」と風景の生産――新宮・久保写真館の実践」人文地理五九―一、七―二六頁。
下條信輔（二〇〇八）『サブリミナル・インパクト――情動と潜在認知の現代』筑摩書房
ジャクソン、P（一九九八）「男らしさの文化のポリティクス――一つの社会地理学にむけて」空間・社会・地理思想三、一一〇―一二七頁（丹羽弘一訳）。
――（一九九九）『文化地理学の再構築――意味の地図を描く』玉川大学出版部（徳久球雄・吉富亨訳）
シュタインメッツラー、J（一九八三）『ラッツェルの人類地理学――その課題と思想』地人書房（山野正彦・松本博之訳）
全ウンフィ（二〇一八）「戦後宇治市の地域新聞にみる在日像の変遷過程――不法占拠地区への空間的黙認はいかに続いたか」コリアンスタディーズ六、二六―四一頁。
全ウンフィ（二〇二一）「宇治市A地区にみる高度成長期以降の「不法占拠」の存続要因」都市文化研究二三、三―一四頁。
杉江あい（二〇一七）「ムスリムの被差別集団から見たバングラデシュ農村のコミュニティ――タンガイル県南部の村を事例として」人文地理六九―二、一九一―二一一頁。
杉山和明（二〇〇二）「社会問題のレトリックからみた「有害」環境の構築と地理的スケール――富山県に

おけるテレホンクラブ等規制問題から」地理学評論七五―一一、六四四―六六六頁。
ズーキン、S（二〇〇四）「ジェントリフィケーションとヌーベル・キュイジーヌ」社会学雑誌三、一〇八―一二六頁（森正人・松田いりあ訳）。
須崎成二（二〇一九）「「新宿二丁目」地区におけるゲイ男性の場所イメージとその変化」地理学評論九二―二、七二―八七頁。
ストラザーン、M（二〇一五）『部分的つながり』水声社（大杉高司・浜田明範・田口陽子他訳）
スピヴァク、G（一九九八）『サバルタンは語ることができるか』みすず書房（上村忠男訳）
スピノザ、B（一九五一）『エチカ上下』岩波書店（畠中尚志訳）
スミス、N（二〇一四）『ジェントリフィケーションと報復都市――新たなる都市のフロンティア』ミネルヴァ書房（原口剛訳）
スリフト、N（二〇〇七）「感情の強度――情動の空間的政治学にむけて――」空間・社会・地理思想一一、五八―八二頁（森正人訳）。
瀬川真平（一九九五）「国民国家を見せる――「うつくしいインドネシア・ミニ公園」における図案・立地・読みの専有」人文地理四七―三、二一五―二三六頁。
関戸明子（一九八九）「山村社会の空間構成と地名からみた土地分類――奈良県西吉野村宗川流域を事例に」人文地理四一―二、一二二―一四三頁。
――（二〇〇七）『近代ツーリズムと温泉』ナカニシヤ出版
――（二〇一八）『草津温泉の社会史』青弓社
セール、M（一九八七）『パラジット――寄食者の論理』法政大学出版局（及川馥・米山親能訳）
千田　稔（一九八〇）「地理的「場」の始原性を求めて――記号論的アプローチ」人文地理三二―一、四七―六二頁。
ソベル、D（二〇一〇）『経度への挑戦』角川書店（藤井留美訳）

ダーウィン、C（二〇二〇）『ミミズによる腐植土の形成』光文社（渡辺政隆訳）
高木博志（二〇〇〇）「近代における神話的古代の創造――畝傍山・神武陵・橿原神宮、三位一体の神武「聖蹟」」人文学報八三、一九―三八頁。
高橋春成（一九八九）「再野生化ブタの分布と発生過程」地理学評論六二A、五一三―五三七頁。
竹内啓一（一九八〇）「ラディカル地理学運動と「ラディカル地理学」」人文地理三二―五、四二八―四五一頁。
立岡裕士（二〇一三）「近世節用集における「地理」の掲出状況」鳴門教育大学研究紀要二八、三五六―三六七頁。
田和正孝（一九八一）「越智諸島椋名における延縄漁業の漁場利用形態――水産地理学における生態学的研究の試み」人文地理三三―四、三二三―三三三頁。
千葉徳爾（一九九一）『はげ山の研究（増補改訂）』そしえて
チン、A（二〇一九）『マツタケ――不確定な時代を生きる術』みすず書房（赤嶺淳訳）
辻　茂（一九九五）『遠近法の誕生――ルネサンスの芸術家と科学』朝日新聞社
土屋健治（一九九一）『カルティニの風景』めこん
手塚　章（一九九一）『地理学の古典』古今書院
デリダ、J（一九七七）『エクリチュールと差異　上下』法政大学出版局（若桑毅・梶谷温子訳）
――（一九八一）『ポジシオン』青土社（高橋允昭訳）
――（二〇一四）『動物を追う、ゆえに私は〈動物で〉ある』筑摩書房（鵜飼哲訳）
ド・セルトー、M（一九八七）『日常的実践のポイエティーク』国文社（山田登世子訳）
トゥアン、Y・F（一九九二）『トポフィリア――人間と環境』せりか書房（小野有五・阿部一訳）
ドゥルーズ、G・ガタリ、F（一九九四）『千のプラトー――資本主義と分裂症』河出書房新社（宇野邦一・小沢秋広・田中敏彦他訳）

中川祐希（二〇一七）「国家儀礼を契機とした景観形成――近代期における京都駅前を事例として」人文地理六九―三、三七三―三九四頁。

――（二〇一九）「近代における都市空間形成を通じた「市民」形成――米騒動後の湊川公園の変容過程を事例として」人文地理七一―三、二二一―二四四頁。

中島弘二（一九八六）「脊振山麓東脊振村における伝統的環境利用――主体的環境区分をとおして」人文地理三八―一、四一―五五頁。

――（一九九八）「戦後日本の緑化推進運動と「みどり」の風景」荒山正彦・大城直樹編『空間から場所へ』古今書院、九二―一〇七頁。

――（二〇〇〇）「十五年戦争期の緑化運動――総動員体制下の自然の表象」北陸史学四九、一―二三頁。

――（二〇一四）「泥、石、身体――身体と物質性をめぐるポリティクス」空間・社会・地理思想一七、一九―三三頁。

長尾洋子（二〇〇九）「地域芸能の改造と博覧会的空間――越中おわら節の振付をめぐって」人文地理六一―三、一八七―二〇六頁。

中西雄二（二〇〇七）「奄美出身者の定着過程と同郷者ネットワーク――戦前期の神戸における同郷団体を事例として」人文地理五九―二、一七二―一八七頁。

永渕康之（一九九八）『バリ島』講談社
成瀬　厚（一九九三）「商品としての街、代官山」人文地理四五―六、六〇―七五頁。

――（一九九四）「わが国の地理学における文化研究に向けて」地理科学四九―二、九五―一〇八頁。

――（一九九七）「地政学的意識と批評」地理学評論七〇A―三、一五六―一六六頁。

ナンシー、J＝L（二〇〇一）『無為の共同体――哲学を問い直す分有の思考』以文社（西谷修・安原伸一朗訳）

西川長夫（二〇〇一）『国境の越え方――国民国家論序説（増補）』平凡社
丹羽弘一（一九九八ａ）「風景と場所のあいだ――ジェンダーの風景、地、そして第三の場」荒山正彦・大城直樹編『空間から場所へ』古今書院、一六二―一七四頁。
――（一九九八ｂ）「路上からの地理学　大阪ミナミからニシナリ釜ヶ崎へ」荒山正彦・大城直樹編『空間から場所へ』古今書院、一七八―一九七頁。
ハーヴェイ、Ｄ（一九九九）『ポストモダニティの条件』青木書店（吉原直樹監訳）
――（二〇〇六）『パリ――モダニティの首都』青土社（大城直樹・遠城明雄訳）
パーク、Ｋ・ダストン、Ｌ（一九八二）「反―自然の概念――十六、七世紀イギリス・フランスにおける畸型の研究」思想七〇一、九〇―一一八頁（渥海和久訳）。
バージャー、Ｊ（一九八六）『イメージ――視覚とメディア』ＰＡＲＣＯ出版（伊藤俊治訳）
バトラー、Ｊ（一九九九）『ジェンダー・トラブル――フェミニズムとアイデンティティの攪乱』青土社（竹村和子訳）
パノフスキー、Ｅ（二〇〇二）『イコノロジー研究　上』筑摩書房（浅野徹・塚田孝雄他訳）
濱田琢司（一九九八）「産地変容と「伝統」の自覚――福岡県小石原陶業と民芸運動との接触を事例に」人文地理五〇―六、六〇六―六二二頁。
――（二〇〇二）「維持される産地の伝統――大分県日田市小鹿田陶業と民芸運動」人文地理五四―五、四三一―四五一頁。
ハーマン、Ｇ（二〇一七）『四方対象　オブジェクト指向存在論入門』人文書院（岡嶋隆佑・山下智弘・鈴木優花・石井雅巳訳）
原口　剛（二〇〇三）「「寄せ場」の生産過程における場所の構築と制度的実践――大阪・「釜ヶ崎」を事例として」人文地理五五―二、一二一―一四三頁。
――（二〇一一）「労働運動による空間の差異化の過程――１９６０―７０年代の「寄せ場」釜ヶ崎に

おける日雇労働運動を事例として」人文地理六三―四、三二四―三四三頁。
――――（二〇一六）『叫びの都市――寄せ場、釜ヶ崎、流動的下層労働者』洛北出版
原田ひとみ（一九八四）「〝アンアン〟〝ノンノ〟の旅情報――マスメディアによるイメージ操作」地理二九―一二、五〇―五七頁。
ハラウェイ、D（二〇〇〇）『猿と女とサイボーグ――自然の再発明』青土社（高橋さきの訳）
――――（二〇一三）『伴侶種宣言――犬と人の「重要な他者性」』以文社（永野文香訳）
バリバール、E（二〇〇八）『ヨーロッパ市民とは誰か――境界・国家・民衆』平凡社（松葉祥一・亀井大輔訳）
バルト、R（一九六七）『神話作用』現代思潮新社（篠沢秀夫訳）
パレーニャス、R（二〇〇二）「グローバリゼーションの使用人――ケア労働の国際的移動」現代思想三〇―七、一五八―一八一頁（小ヶ谷千穂訳）。
ハンチントン、E（一九三八）『気候と文明』岩波書店（間崎万里訳）
久武哲也（二〇〇〇）『文化地理学の系譜』地人書房
ビニー、J・バレンタイン、G（二〇〇〇）「セクシュアリティの地理――進展のレビュー」空間・社会・地理思想五、一〇五―一一七頁。
平田　周・仙波希望編（二〇二一）『惑星都市理論』以文社
フォスター、H（二〇〇七）『視覚論』平凡社（榑沼範久訳）
フーコー、M（一九七〇）『知の考古学』河出書房新社（中村雄二郎訳）
――――（一九七四）『言葉と物――人文科学の考古学』新潮社（渡辺一民・佐々木明訳）
――――（一九七七）『監獄の誕生――監視と処罰』新潮社（田村俶訳）
――――（一九八六）『性の歴史一――知への意志』新潮社（渡辺守章訳）
――――（二〇〇七）『ミシェル・フーコー講義集成〈6〉社会は防衛しなければならない』筑摩書房（石

田英敬・小野正嗣訳）
福田珠己（一九九一）「場所の経験――林芙美子『放浪記』を中心として」人文地理四三―三、二六九―二八一頁。
――――（一九九六）「赤瓦は何を語るか――沖縄県八重山諸島竹富島における町並み保存運動」地理学評論六九A―九、七二七―七四三頁。
――――（二〇〇八）「「ホーム」の地理学をめぐる最近の展開とその可能性――文化地理学の視点から」人文地理六〇―五、四〇三―四二二頁。
福本　拓（二〇一三）「アメリカ占領期における「密航」朝鮮人の取締と植民地主義の継続――佐世保引揚援護局における「密航者」収容所に着目して」蘭信三編『帝国以後の人の移動――ポストコロニアリズムとグローバリズムの交錯点』勉誠出版、四七七―五一〇頁。
藤塚吉浩（二〇一七）『ジェントリフィケーション』古今書院
ブラック、J（二〇〇一）『地図の政治学』青土社（関口篤訳）
プリゴジン、I・スタンジェール、I（一九八七）『混沌からの秩序』みすず書房（伏見康治他訳）
ペイン、R（一九九九）「女性が犯罪に抱く恐怖についての社会地理」空間・社会・地理思想四、一〇九―一二六頁（吉田容子訳）。
ベンヤミン、W（二〇〇一）『ドイツ・ロマン主義における芸術批評の概念』筑摩書房（浅井健二郎訳）
ボードリヤール、J（二〇一五）『消費社会の神話と構造』（今村仁司・塚原史訳）
ホブズボウム、E・レンジャー、T編（一九九二）『創られた伝統』紀伊國屋書店（前川啓治・梶原景昭他訳）
ホール、E・ウィルトン、R（二〇二〇）「障害の関係論的地理学に向けて」空間・社会・地理思想二三、一四九―一六四頁（田中雅大訳）。
マーギュリス、L（二〇〇三）『細胞の共生進化　上　第二版』学会出版センター（永井進訳）

マクドウェル、L（一九九八a）「空間・場所・ジェンダー関係第1部――フェミニスト経験主義と社会的関係についての地理学」空間・社会・地理思想三、二八―四六頁（吉田容子訳）。

――（一九九八b）「空間・場所・ジェンダー関係第2部――アイデンティティ、差異、フェミニスト幾何学と地理学」空間・社会・地理思想三、四七―五九頁（影山穂波訳）。

松岡由佳（二〇二〇）「英語圏の人文地理学におけるメンタルヘルス研究の展開」地理学評論九三―四、二四九―二七五頁。

マッシー、D（二〇〇二）「権力の幾何学と進歩的な場所感覚」思想九三三、三二―四四頁。

――（二〇一四）『空間のために』月曜社（森正人・伊澤高志訳）。

マッシィ、D（二〇〇〇）『空間的分業――イギリス経済社会のリストラクチャリング』古今書院（富樫幸一・松橋公治訳）

松本博之（一九八九）「環境と認識――生態学的アプローチと人間主義的アプローチ」大島襄二・浮田典良・佐々木高明編『文化地理学』古今書院、一一七―一四五頁。

――（二〇〇四）「〈都市的なるもの〉の襞――身体性からの逆照射」関根康正編『〈都市的なるもの〉の現在――文化人類学的考察』東京大学出版会、三九四―四二一頁。

マルクス、K（一九六一）『資本論　第一巻』大月書店（マルクス＝エンゲルス全集刊行委員会訳）

丸山圭三郎（一九八一）『ソシュールの思想』岩波書店
ミッチェル、D（二〇〇二）「文化なんてものはありゃしねえ――地理学における文化観念の再概念化に向けて」空間・社会・地理思想七、一一八―一三七頁。

三浦尚子（二〇一六）「精神障害者の地域ケアにおける通過型グループホームの役割――「ケア空間」の形成に注目して」人文地理六八―一、一―二一頁。

皆見和彦・久武哲也（二〇〇〇）「旱魃と保安林」甲南大学紀要　文学編一一七、八四―一三八頁。

――（二〇〇三）「日本における森林水源枯渇論の成立2」甲南大学紀要　文学編一三四、一九―九一頁。
村田陽平（二〇〇〇）「中年シングル男性を疎外する場所」人文地理五二―六、五三三―五五一頁。
――――（二〇〇二ａ）「日本の公共空間における「男性」という性別の意味」地理学評論七五―一三、八一三―八三〇頁。
――――（二〇〇二ｂ）「男性・異性愛をめぐる空間のポリティクス――１９９９年の「西村発言」問題を事例に」人文地理五四―六、五五七―五七五頁。
――――（二〇〇五）「現代のたばこ広告にみる男性の身体と空間」人文地理五七―五、五三一―五四八頁。
本岡拓哉（二〇一九）『「不法」なる空間にいきる：占拠と立ち退きをめぐる戦後都市史』大月書店
森　正人（二〇〇六）「ミシェル・ド・セルトー――民衆の描かれえぬ地図」大城直樹・加藤政洋編『都市空間の地理学』ミネルヴァ書房、七〇―八四頁。
――――（二〇〇九）「リゾートと自宅のアジア的なるもの」神田孝治編『観光の空間』ナカニシヤ出版、一七六―一八七頁。
――――（二〇一〇）『昭和旅行誌――雑誌「旅」を読む』中央公論新社
――――（二〇一二ａ）『歴史発見！ロンドン案内』洋泉社
――――（二〇一二ｂ）『英国風景の変貌――恐怖の森から美の風景へ』里文出版
――――（二〇一三）『ハゲに悩む――劣等感の社会史』筑摩書房
――――（二〇一五）「祈りの意味・物質・身体――四国遍路の政治学」史林九八―一、一四三―一七一頁。
――――（二〇一六）『戦争と広告――第二次大戦、日本の戦争広告を読み解く』ＫＡＤＯＫＡＷＡ
――――（二〇一七）『展示される大和魂――〈国民精神〉の系譜』新曜社
――――（二〇一八ａ）「スマートなるものと確率化される現実社会――人と物のデジタル的管理への批判的視角のために」観光学評論六―一、五三―六七頁。
――――（二〇一八ｂ）『「親米」日本の誕生』ＫＡＤＯＫＡＷＡ

――（二〇一九）『豊かさ幻想――戦後日本が目指したもの』KADOKAWA
モーリス＝スズキ、T（二〇〇二）「国民国家の形成と空間意識」大貫隆編『歴史と空間』岩波書店、一一一―一三〇頁。

森滝健一郎（一九八七）「地理学における環境論」水資源・環境研究一、三四―四七頁。

八木康幸（一九九〇）「村境の象徴論的意味」人文論究（関西学院大学）三四―三、一―二三頁。

――（一九九〇）「葬式道・御旅道――村の道の空間論ノート」関西学院史学二三、一一八―一三三頁。

――（一九九四）「ふるさとの太鼓――長崎県における郷土芸能の創出と地域文化のゆくえ」人文地理四六―六、五八一―六〇三頁。

彌永信美（一九八八）「アメリカの怪物たち」現代思想一六―一〇、五四―六〇頁。

柳父　章（一九八二）『翻訳語成立事情』岩波書店
山口　覚（一九九八）「高度成長期における出郷者の都市生活と同郷団体――尼崎市の鹿児島県江石会を事例として」人文地理五〇―五、四四九―四六九頁。

山口弥一郎（一九四一）「陸中胆沢扇状地に於ける散居と其の生活」地理学評論一七、三三三―三五三頁。

山﨑孝史（二〇〇七）「戦後沖縄の境界・領域と政治行動――領土の分離・統合と闘争のイデオロギー」史林九〇―一、一七九―二〇九頁。

――（二〇一〇）『政治・空間・場所――「政治の地理学」にむけて』ナカニシヤ出版
山野正彦（一九七九）「空間構造の人文主義的解読法――今日の人文地理学の視角」人文地理三一―一、四六―六八頁。

――（一九八五）「日常景観のなかの恐怖の場所」石川栄吉・岩田慶治・佐々木高明編『生と死の人類学』講談社、二七―五一頁。

山野正彦（一九九八）『ドイツ景観論の生成――フンボルトを中心に』古今書院
山室信一（二〇一一）「国民帝国日本における異法域の統合と格差」人文学報一〇一、六三―八〇頁。

吉田道代（二〇一五）「同性愛者への歓待――見出された商業的・政治的価値」観光学評論三―一、三五―四八頁。
吉見俊哉（一九八七）『都市のドラマトゥルギー――東京・盛り場の社会史』弘文堂
ラトゥール、B（一九九九）『科学が作られているとき――人類学的考察』産業図書（川崎勝・高田紀代志訳）
――（二〇一九a）『社会的なものを組み直す――アクターネットワーク理論入門』法政大学出版局（伊藤嘉高訳）
――（二〇〇八）『虚構の「近代」――科学人類学は警告する』新評論（川村久美子訳）
――（二〇〇七）『科学論の実在――パンドラの希望』産業図書（川崎勝・平川秀幸訳）
――（二〇一九b）『地球に降り立つ――新気候体制を生き抜くための政治』新評論（川村久美子訳）
ラヴロック、J（一九八九）『ガイアの時代――地球生命圏の進化』工作舎（星川淳訳）
ランシエール、J（二〇〇九）『感性的なもののパルタージュ――美学と政治』法政大学出版局（梶田裕訳）
ルクセンブルク、R（一九九七）『資本蓄積論』同時代社（太田哲男訳）
ルフェーヴル、H（二〇〇〇）『空間の生産』青木書店（斎藤日出治訳）
レルフ、E（一九九九）『場所の現象学――没場所性を越えて』筑摩書房（高野岳彦・阿部隆・石山美也子訳）
ローズ、G（二〇〇一）『フェミニズムと地理学』地人書房（吉田容子訳）

【外国語文献】

Ahmed, S. 2004. *The Cultural Politics of Emotion*. New York: Routledge.
Alaimo, S. 2010. *Bodily Natures: Science, Environment, and the Material Self*. Bloomington: Indiana University Press.

Amoore, L. and de Goede, M. 2005. Governance, risk and dataveillance in the war on terror. *Crime, Law and Social Change*, 43 (2-3): 149-173.

Appadurai, A. 1988. *The Social Life of Things: Commodities in Cultural Perspective*. Cambridge: Cambridge University Press.

Anderson, K. 1987. The idea of Chinatown: the power of place and institutional practice in the making of a racial category. *Annals of the Association of American Geographers*. 77: 580-598.

Barad, K. 2007. *Meeting the Universe Halfway: Quantum Physics and the Entanglement of Matter and Meaning*. Durham: Duke University Press.

Barnett, C. 1998. The cultural turn: Fashion or progress in human geography?. *Antipode*, 30: 379-394.

Bennett, J. 2009. *Vibrant Matter: A Political Ecology of Things*. Durham: Duke University Press.

Braun, B. 2002. *The Intemperate Rainforest: Nature, Culture, and Power on Canada's West Coast*. Minneapolis: University of Minnesota Press.

——— 2004. Modalities of posthumanism. *Environment and Planning A*, 36: 1352-1355.

Callon, M. (ed.) 1998. *The Laws of the Markets*. Oxford: Blackwell Publishers.

Campbell, D. 2007. Geopolitics and visuality: sigthting the Darfur conflict. *Political Geography*, 26: 357-382.

Castree, N. 2005. *Nature*. London: Routledge.

——— 2006. A congress of the world. *Science as Culture*, 15: 159-170.

Castree, N. and Braun, B. (eds.) 2001. *Social Nature: Theory, Practice, and Politics*. Malden, Mass: Blackwell Publishers.

Castree, N. and Nash, C. 2004. Introduction: posthumanism in question. *Environment and Planning A*, 36: 1341-1343.

Coleman, S. and Crang, M. (eds.) 2002. *Tourism: Between Place and Performance*. New York: Berghahn

Books.

Colls, R. 2007. Materialising bodily matter: intra-action and the embodiment of 'fat'. *Geoforum*, 38: 353–365.

Cook, I., Crang, P and Thorpe, M. 2004. Tropics of consumption: 'Getting with the fetish' of 'exotic' fruit?. In Hughes, A. and Reimer, S. (eds.) *Geographies of Commodity Chains*. New York: Routledge: 173–192.

Coole, D. and Frost, S. (eds.) 2010. *New Materialisms: Ontology, Agency, and Politics*. Durham: Duke University Press.

Cosgrove, D. 1984. *Social Formation and Symbolic Landscape*. Madison, Wis: The University of Wisconsin Press.

——— 1994. Contested global visions: one-world, whole-earth, and the Apollo space photographs. *Annals of the Association of American Geographers*, 84: 270–294.

Cosgrove, D. and Jackson, P. 1987. New directions in cultural geography. *Area*, 19: 95–101.

Crang, M. and Cook, I. 1995. *Doing Ethnographies*. Norwich: Geobooks.

Cresswell, T. 2010. Towards a politics of mobility. *Environment and Planning D: Society and Space*, 28: 17–31.

Cronon, W. 1995. *Uncommon Ground: Toward Reinventing Nature*. New York: W W Norton & Co Inc.

De Landa, M. 1997. *A Thousand Years of Nonlinear History*. New York: Zone Books.

Driver, F. 2004. Imagining the tropics: views and visions of the tropical world. *Singapore Journal of Tropical Geography*, 25: 1–17.

Duncan, J. 1980. The Superorganic in American cultural geography. *Annals of the Association of American Geographers*, 70: 181–198.

——— 1990. *The City as Text: The Politics of Landscape Interpretation in the Kandyan Kingdom*.

Cambridge: Cambridge University Press.

Duncan, J. and Duncan, N. 1988. (Re) reading the Landscape. *Environment and Planning D: Society and Space*, 6: 117-126.

Duncan, J. and Ley, D. 1982. Structural Marxism and human geography: A critical assessment. *Annals of the Association of American Geographers*. 72: 30-59.

Duncan, N. (ed.) 1996. *BodySpace: Destabilising Geographies of Gender and Sexuality*. New York: Routledge.

Dwyer, C. and Crang, P. 2002. Fashioning ethnicities: The commercial spaces of multiculture. *Ethnicities*, 2-3: 410-430.

Gatens, M. 1996. *Imaginary Bodies: Ethics, Power and Corporeality*. New York: Routledge.

Gibson-Graham, J.K. 1996. *The End of Capitalism (as we knew it): A Feminist Critique of Political Economy*. Oxford: Blackwell.

———. 2006. *A Postcapitalist Politics*. Minneapolis, Minn: University of Minnesota Press.

———. 2011. A feminist project of belonging for the Anthropocene. *Gender, Place & Culture*, 18: 1-21.

Gregory, D. 1994. *Geographical Imaginations*. Cambridge, MA: Blackwell Publisher.

Gregson, N., Crang, M. et all. 2010. Following things of rubbish value: end-of life ships, 'chock-chocky' furniture and the Bangladeshi middle class consumer. *Geoforum* 41, 845-854.

Gregson, N., Crang, M. and Watkins, H. 2011. Souvenir salvage and the death of great naval ships. *Journal of Material Culture*, 16: 301-324.

Grosz, E. 1994. *Volatile Bodies: Toward a Corporeal Feminism*. Bloomington: Indiana University Press.

Hall, S. 1980. Race, articulation and societies structured in dominance. In *Sociological Theories: Race and Colonialism*: 305-345.

——— 1999.Whose heritage? : un-settling 'the heritage', re-imagining the post-nation. *Third Text*, 49: 3-13.

Hall, S. (ed.) 1997. *Representation: Cultural Representations and Signifying Practices*. London: Sage.

Haraway, D. 2016. *Staying with the Trouble: Making Kin in the Chthulucene*. Durham: Duke University Press Books.

Hartsock, N. 1987. Rethinking modernism: minority vs. majority theories. *Cultural Critique*, 7: 187–206.

Harvey, D. 1974. Ideology and population theory. *International Journal of Health Services*, 4: 515–537.

——— 1997. *Justice, Nature and the Geography of Difference*. Cambridge, Mass: Blackwell Publishers.

Hinchliffe, S. 2007. *Geographies of Nature: Societies, Environments, Ecologies*. Los Angeles: Sage Publications.

Hughes, A. 2001. Global commodity networks, ethical trade and governmentality: organizing business responsibility in the Kenyan cut flower industry. *Transactions of the Institute of British Geographers NS*, 26: 390–406.

Iovino, S. and Oppermann, S. 2014. *Material Ecocriticism*. Bloomington: Indiana University Press.

Jackson, J. B. 1986. A sense of place, a sense of time. *OZ*, 8: 6–9.

Jackson, J. B., Lewis, P. and Lowenthal, D. et al. 1979. *The Interpretation of Ordinary Landscapes: Geographical Essays*. New York: Oxford University Press.

Jackson, P. 1991. The crisis of representation and the polities of position. *Environment and Planning D: Society and Space*, 9: 131–134.

——— 2000. Rematerializing social and cultural geography. *Social & Cultural Geography*, 1: 9–14.

Jackson, P., Evans, D. M., Truninger, M. et. al. 2018. The multiple ontologies of freshness in the UK and Portuguese agri-food sectors. *Transaction of the Institute of British Geographers NS*, 44: 79–93.

Jackson, P., Cosgrove, D., Duncan, J., Duncan, N. and Mitchell, D. 1996. Exchange: There's no such thing as culture? *Transactions of the Institute of British Geographers NS*, 21: 572–582.

Jazeel, T. 2005. 'Nature', nationhood and the poetics of meaning in Ruhuna (Yala) National Park, Sri Lanka. *cultural geographies* 12: 199–227.

Kitchin, R. and Dodge, M. 2011. *Code/Space: Software and Everyday Life*. Cambridge, Mass: The MIT Press.

Kroeber, A. 1917. The SuperOrganic. *American Anthropologist NS*, 19: 163–213.

Ley, D. and Samuels, M. 1978. *Humanistic Geography (RLE Social & Cultural Geography): Problems and Prospects*. London: Routledge.

Lewis, P. 1979. Axioms for reading the landscape: some guides to the American scene. In Jackson, J. B., Lewis, P. and Lowenthal, D. et al. 1979. *The Interpretation of Ordinary Landscapes: Geographical Essays*. Oxford University Press: 11–32.

Livingstone, D. 1992. *The Geographical Tradition*. Cambridge, MA: Blackwell.

Longhurst, R. 2000. *Bodies*. New York: Routledge.

Mansvelt, J. 2005. *Geographies of Consumption*. London: Sage.

Manzo, K. 2010. Imaging vulnerability: the iconography of climate change. *Area*, 42: 96–107.

Massey, D. 1991. Flexible Sexism. *Environment and Planning D: Society and Space*. 9: 31–57.

——— 2004. The political challenge of relational space: introduction to the Vega Symposium. *Geografiska Annaler. Series B*, 86: 3–4.

Massumi, B. 2002. *Parables for the Virtual: Movement, Affect, Sensation*. Durham: Duke University Press.

McDowell, L. 1994 The transformation of cultural geography. In Gregory, D., Martin, R. and Smith G. (eds.) 1994 *Human Geography*. London: Macmillan: 146–173.

Meinig, D. 1979a. The beholding eye: ten versions of the same scene. In Jackson, J. B., Lewis, P. and Lowenthal, D. et al. 1979b. *The Interpretation of Ordinary Landscapes: Geographical Essays*. New York: Oxford University Press: 33–48.

——— 1979b. Reading the Landscape An appreciation of W. G. Hoskins and J. B. Jackson. In Jackson, J. B., Lewis, P. and Lowenthal, D. et al. 1979. *The Interpretation of Ordinary Landscapes: Geographical Essays*. New York: Oxford University Press: 195–244.

Miller, D. 2005. *Materiality: Politics, History, and Culture*. Durham: Duke University Press.

Miller, D., Jackson, P., Thrift, N., Holbrook, B. and Rowlands, M. 1998. *Shopping, Place and Identity*. London: Routledge.

Minca, C. and Oakes, T. (eds.) 2006. *Travels in Paradox: Remapping Tourism*. Lanham: Rowman & Littlefield Publishers.

Mori, M. 2008. Environmental pollution and bio-politics: the epistemological constitution in Japan's 1960s. *Geoforum*, 39: 1466–1479.

——— 2014. The Localness, materiality, and visuality of landscape in Japan. *Japanese Journal of Human Geography*, 66: 522–535.

——— 2020. Mobilising pilgrim bodily space: the contest between authentic and folk pilgrimage in the interwar period. In Endo, H. (ed.) *Understanding Tourism Mobilities in Japan*. New York: Routledge: 170–181.

Mirzoeff, N.2009. *An Introduction to Visual Culture*. Routledge.

Neumann, R. 1998. *Imposing Wilderness: Struggles over Livelihood and Nature Preservation in Africa*. Berkeley: University of California Press.

Parr, H. 2008. *Mental Health and Social Space: Towards Inclusionary Geographies*. Malden, Mass:

Blackwell Publishing.

Peet, R. and Thrift, N. 1989. *New Models in Geography: The political-economy perspective*. London: Routledge.

Phillips, J. 1999. *Earth Surface Systems: Complexity, order, and scale*. Malden, Mass: Blackwell Publishers.

Philo, C. 1991. *New Words, New Worlds: Reconceptualising Social and Cultural Geography*. Cardiff: St David's University College.

Povinelli, E. 2016. *Geontologies: A Requiem to Late Liberalism*. Durham: Duke University Press.（『ジオントロジー』以文社（森正人訳）として出版予定）

Rose, G. 2003. On the need to ask how, exactly, is geography "visual"?, *Antipode* 35: 212–221.

Rowntree, L. 1988. Orthodoxy and New Directions: cultural/humanistic geography. *Progress in Human Geography*, 12: 576–586.

Saldanha, A. 2007. The political geography of many bodies. In Cox, K., Low, M. and Robinson, J. (eds.) *The Sage Handbook of Political Geography*. London: Sage: 323–333.

Sauer, C. 1962. Cultural geography. In Wagner, P. and Mikesell, M. (eds.) 1962. *Readings in Cultural Geography*. Chicago: University of Chicago Press: 30–34.

——— 1963. *Land and Life: A Selection from the Writings of Carl Ortwin Sauer*. Berkeley: University of California Press.

——— 1971. The agency of man on the earth. In Thomas, W. (ed.) *Man's Role in Changing the Face of the Earth*. Chicago: The University of Chicago Press: 49–69.

Sayer, A. 1984. *Method in Social Science: A Realist Approach*. London: Hutchinson.

Schein, R. H. 1997. The place of landscape: a conceptual framework for interpreting an American scene. *Annals of the Association of American Geographers* 87: 660–680.

Shields, R. 1992. *Places on the Margin: Alternative Geographies of Modernity*. London: Routledge.

Silvey, R. and Bissonnette, J-F. 2013 Bodies. London: *The SAGE Handbook of Human Geography*, 610-626.

Slack, J. 1996. The theory and method of articulation in cultural studies. In Morley, D. and Chen, K-H. (eds.) 1996. *Critical Dialogues in Cultural Studies*. London: Routledge: 112-127.

Smith, N. 1992. Contours of a spatialized politics: homeless vehicles and the production of geographical scale. *Social Text*, 33: 54-81.

——— 1996. Space of vulnerability: the space of flows and the politics of scale. *Critique of Anthropology*, 16: 63-77.

Smith, N. and O'Keefe, P. 1980. Geography, Marx and the Concept of Nature. *Antipode*, 12: 30-39.

Tachibana, S., Daniels, S. and Watkins, C. 2004. Japanese gardens in Edwardian Britain: landscape and transculturation. *Journal of Historical Geography*, 30: 364-394.

Takeuchi, K. 2000. *Modern Japanese Geography: An Intellectual History*. Tokyo: Kokon Shoin Publishers.

Thrift, N. 2008. *Non-Representational Theory: Space, Politics, Affect*. New York: Routledge.

Tolia-Kelly, D. 2004a. Materializing post-colonial geographies: examining the textual landscapes of migration in the South Asian home. *Geoforum*, 35: 675-688.

——— 2004b. Landscape, race and memory: Biographical Mapping of the Routes of British Asian Landscape Values. *Landscape Research*, 29: 277-292.

Tuan, Y.-F. 1979. Thought and landscape: the eye and the mind's eye. In Jackson, J. B., Lewis, P. and Lowenthal, D. et al. 1979. *The Interpretation of Ordinary Landscpaes: Geographical Essays*. New York: Oxford University Press: 89-102.

Tuana, N. 2008. Viscous porosity: witnessing Katrina. In S. Alaimo& S. J. Hekman. (eds.) 2008. *Material Feminisms*. Bloomington. IN: Indiana University Press: 323-333.

Urry, J. 2005. The complexity turn. *Theory, Culture & Society*, 22: 1–14.

Wagner, P. and Mikesell, M. (eds.) 1962. *Readings in Cultural Geography*. Chicago: University of Chicago Press.

Whatmore, S. 2002. *Hybrid Geographies: Natures Cultures Spaces*. London: Sage.

——— 2006. Materialist returns: practising cultural geography in and for a more-than-human world. *cultural geographies*, 13: 600–609.

Wolch, J. and Philo, C. 2000. From distributions of deviance to definitions of difference: past and future mental health geographies. *Health & Place*, 6: 137–157.

Yeoh, B. and Kong, L. 2012 Singapore's Chinatown: Nation building and heritage tourism in a multiracial city. *Localities*, 2, 117–159.

Yusoff, K. 2013. Geologic life: prehistory, climate, futures in the Anthropocene. *Environment and Planning D: Society and Space*, 31: 779–795.

Zelinsky, W. 1973. *The Cultural Geography of the United States*. Englewood Cliffs, N. J.: Prentice Hall.

あとがき

文化地理学のテクストはこれまでいくつか編まれてきたし、人文地理学の教科書は数多ある。それらに比べると、二〇〇〇年代に現れた新しい考えに多くを割いた本書は偏りがある。人によっては、これは「地理学」ではないと思うことだろう。では、地理学とは何なのだろうか。

一九四一年の一二月に、ルイジアナ州で催されたアメリカ地理学会年期大会において、会長のカール・O・サウアーが演説を行った。米国の地理学の出来を振り返りつつ、彼は次のような言葉を置いている。

ある主題が好奇心ではなくてそれぞれの分野の境界によって支配されるとき、それは絶滅に向かっているようなものだ。これは学ぶことの死である。(Sauer 1963: 355)

このあとに彼は健全な科学は発見、分類、比較、一般化へと向かうものだと続ける。本書が見てきたように地理学の発見、分類、比較、一般化という学問的営為は政治的であり、そのまま受け取ることはできない。しかし、発見を身近な「自明のもの」を疑うこととすれば、強烈な好奇心をもってその発見が続けられるのであれば、そしてそれによって場所や空間、風景や自然を理解することができれば、それは「地理学」なのではないだろうか。

こう書くのには理由がある。院生時代に先輩から又聞きでとある著名な思想家が次のように言っていたと聞いた。本当にそう言っていたのかどうか確証がないので、名前はあえて書かないが、その言葉は、「定義を意味で充たさなければならない」というものだった。

発見も定義も指導教員や大学の得意分野、境界によって決定されるべきではない。それはあらかじめ決められたものでもない。「偶然の出会い」であるべきだ。大学は発見と自分で学ぶ技術ときっかけを提供する場であるはずだ。

わたしの話をしておきたい。大学入試では世界史を選択しマチュピチュの遺跡を掘りたいと考古学を希望していたわたしが、他に行ける大学なく地理学専修コースに入ったとき、その魅力が分からずわたしは大学を受け直そうと思ったものだった。しかし、大学一年生の後期で米国の民家についての発表を担当するはずだったその日の朝に大地震に見舞われ、わたしは大学で地理学を学び続けることにした。地理学が面白いと思ったのはそれから一年以上後の大学三年生の前期に、長野県への巡検に出かけたときだった。大阪から長野県まで鉄道に揺られる車窓から、墓地が田畑から少し離れたところに置かれているのを見た。巡検後にそれを指導教員に尋ねたところ、彼の研究室で『両墓制と他界観』という本を貸してくれた（ただし、それは民俗学であり、地理学ではなかったのかもしれないが）。本が渡された瞬間は今でも覚えている。答えが教えられなかったのはありがたかった。

偶然はなおも続く――。大学院に入ると、大阪市立大学と京都大学の院生たちで企画していた *Thinking Space* という本の読書会に誘われ、同世代と思想的な問題を議論する機会を得た。このときの経験は今も続いている。二〇〇三年に運良く三重大学のしかも人文学部に採用されなかったら、たった二年半働いただけで英国に一年滞在することを認めなどしてくれなかっただろう。二〇〇六年に英国のダラム大学の奨学金に応募したのは、憧れのマイク・クラングがいたからだった。そしてそこがポスト人間中心主義の議論がもっとも熱い場所であることを知ったのは、ダラム到着後である。

地震、墓の位置、関西圏の勉強会、三重大学人文学部、ダラム。どれも地理的な事象である。それが地理学に興味のなかったわたしを、この本を書き上げるまでに作り上げた。わたしにとって地理学とは、この思いもよらない地上での人間と人間あらざるものとの遭遇をもたらすプロセスを書き記すことである。

しかし、地理学との関係がいつも幸運だったわけではない。わたしが地理学会ではじめて研究発表したときの質疑応答では、「こんな研究して何の意味があるんですか。私だったら……」と質問を受けた。「……」のあとは覚えていないのではなくて、価値がないと判断し、聞くことを止めたので、そもそも知らない。

アンフェアな質問である。第一に、質問とは、相手の土俵に一度は立って行うもので、それでいえば、それは質問ではなかった。第二に、家父長制が依然として幅を利かす日本の学会で、ずっと年下の大学院生の発表に対してそうした質問をすることはアカハラ以外の何物でもない。しかし、そうした「質問」は後を絶たない。自分だったら……というのは、静かに自分で問うてほしいものだ。自分にとって自分の研究はどう「地理学」なのか。地理学の講座に所属しているから、指導教員や先輩たちが同じような論文を書いてきたから、地理学の雑誌に投稿しているから、ではない定義はもちろん難しい。

わたしが大学院に進学した一九九八年、とても大切なテクストが出版された。『空間から場所へ』である。わたしの世代でこの本に影響を受けなかった人はおそらくいない。そして、わたしが卒業論文にした山中他界観と山岳信仰の信仰圏とはまったく違ったことがそこに書かれていた。わたしが学部時代に自分でせっせと読んでいた民話研究や両墓制、村落領域論の静的な議論とは対極だった。焦っていろいろ読むものの、どうすればいいか分からない。そのうえ、卒業論文の内容を兵庫地理学会で八月一日に発表することになった。

卒論の内容は捨て、それなりに新しく勉強した成果を見せたいのに、『空間から場所へ』の痕跡一つすら見せられない。前日の深夜にレジュメをつくるために信仰圏の地図を見ていたとき、これほど多様な習俗があるのになぜ「同じ」信仰と言われるのか。誰がどのようなコンテクストと定義でこれを同じ習俗だと報告したのかと頭によぎった。前日だったので、結局それを発表することはなかったが、自分のなかで「定義を意味で充たした」瞬間だった。それはずいぶん後に『日本民俗学』に発表した（ただし、発表終了後の飲み会は良くも悪くも「修羅場」だった）。

二〇〇六年、運良くダラム大学のカレッジと地理学部の両方から研究奨励金を受給できたことで、英国の片田舎に住むことになった。ダラムに北上する前、ロンドンでのイギリス地理学者協会の大会でふと目にして買い求めたのがドリーン・マッシーの *For Space* だった。手にしてサウス・ケンジントンの駅に向かう途中、坂を登ってきたのがマッシーだった。すれ違った――。声を掛ける勇気などなかった。

ダラム大学では Lived and Material Culture という研究グループに入った。そして滞在中に情動の学会が開催された。物質性、情動、存在論、アクター・ネットワーク理論。そういう議論があるのは大学院生時代から知っていたし、発表もしていた。しかし、その概念の枠組みを意味で充たすのには、ダラムでの日々が必要だった。毎日、午前中は *For Space* の翻訳に費やした。

言うまでもなく、誰もがわたしのような恵まれた研究環境や研究生活を与えられるわけではない。パワハラ、アカハラで地理学を去った同級生がいる。「文化なんてありゃしねえ」を訳したときには、「原文を読むよりはマシだった」とわざわざ手紙が送られてきた。英文で読んだほうがマシだと言われたこともある。だからとくに学部生や院生は、ハラスメントの網から必死で逃げ、助けを求めてほしいと切に願う。そしてまた、とても残念なことに、わたし自身がそうしたパワハラを行使する側にいる。学部時代には体育会系で、家父長制的で、人種差別的で、フェミニズムが大嫌いだったわたしは、しかし、それなりに刺激＝変様してきた。そして変様し続けねばならないとも思っている。そうした刺激は地理学や人文学の知見から受けている。だから、地理学も人文学も「役に立つ」のだと言いたい。

ところで、最近の大学院生の数は少ない、論文の質が高くない、という声を聞く。数が少ない、質が低いのが事実とすれば、指導する側にも問題があるのではないのだろうか。

大学院時代の指導教員、八木康幸先生は、つねづね自分は大学院生から教わるのだと口にした。金言だと思う。彼に教えるほどのレベルにわたしは到達しなかったことが、ただただ悔やまれる。

旧来の知識教授の方法を見直していく時期に来ている。英国の大学院生らは理論や方法論がどう自分の議論に役立つか、ワークショップでディスカッションしている。この本を読んだ若手の研究者たちが、あれやこれやのアプローチや理論、議論に関心を持って、自分でいろいろと試行錯誤してほしいと思う。学閥のシステムで一定数の「査読付き論文」を揃えて大学教員を作り出すことはできる。しかし、「研究者」になるのは「教えられない」。

学問と概念の定義を吟味する訓練は九八年から大学院を修了するまでの五年間、故久武哲也先生、小松和彦先生、石塚道子先生から受けたことも記しておきたい。久武先生の授業は *Dictionary of Human Geography* の cultural geography の項目を第一版から順に院生が全訳して、先生からその解説を聞くというものだった。ある年度は本書第一章に述べた、人間と自然の境界をめぐる内容だった。当時、彼は大著『文化地理学の系譜』の執筆に取りかかっていて、授業後、午後一〇時に閉館するまで、大学図書館のコピー機の前に立ち、ものすごい量の複写をするその姿は忘れられない。

また、あの日の夕暮れどき、サウス・ケンジントンへ向かう坂道ですれ違った故ドリーン・マッシーにも多くを負っている。彼女がいなければ、物質性を空間性の問題と結び付けられなかっただろう。二〇〇七年のロンドンで勇気を振り絞って話しかけて以降、二〇一四年三月の来日時も含めて多くを彼女から学んだ。

本書はわたしの責任で書いたもので、批判はわたしに帰すことは言うまでもない。他方で、わたしは指導教員、所属していた／している大学のスタッフ、先輩後輩、研究会で一緒の人たち、遠く離れた国で出会った人たちに多くを負っている。名前は出さないが、そのすべての人に感謝している。

本書は、わたしが勤務する三重大学で担当する「地理学概論」、「日本の風土と地誌B」、そして二〇二〇年度に神戸大学で担当した「社会地理学」の内容を修正してまとめたものです。新曜社の高橋直樹さんには『展示される大和魂』に続いて、企画段階からお世話になりました。伊藤健太さんには書籍刊行までお世話いただきました。

もし学会などでわたしを見かけることがあれば、気軽に声を掛けてください。見た目は近寄りがたく、しかも人見知りですが、どこかで出会えることを実は楽しみにしています。

二〇二一年四月

著者紹介

森　正人（もり・まさと）

1975年香川県生まれ。三重大学人文学部教授。専攻は文化地理学。

2003年関西学院大学大学院博士課程後期課程文学研究科修了。博士（地理学）。

2003年三重大学人文学部講師、2018年より現職。

『四国遍路の近現代』（創元社、2005年）以後、『展示される大和魂』（新曜社、2017年）、『豊かさ幻想』（KADOKAWA、2019年）など著書多数。

新曜社

文化地理学講義
〈地理〉の誕生からポスト人間中心主義へ

初版第1刷発行　2021年9月24日
初版第3刷発行　2022年3月14日

著　者　森　正人

発行者　塩浦　暲

発行所　株式会社　新曜社
101-0051　東京都千代田区神田神保町3-9
電話（03）3264-4973（代）・FAX（03）3239-2958
E-mail : info@shin-yo-sha.co.jp
URL : https://www.shin-yo-sha.co.jp/

印刷所　星野精版印刷
製本所　積信堂

ISBN978-4-7885-1739-4　C1025